자연 과학 철학

Philosophy of Natural Science
by
Carl G. Hempel

Authorized translation from the English language edition,
entitled PHILOSOPHY OF NATURAL SCIENCE, 1st Edition,
9780136638230 by HEMPEL, published by Pearson Education, Inc., publishing as
Pearson, Copyright © 1966

KOREAN language edition published by SEOKWANGSA PUBLISHING COMPANY,
Copyright © 2010

자연 과학 철학

PHILOSOPHY OF NATURAL SCIENCE

C. G. 헴펠 지음 | 곽강제 옮김

서광사

이 책은 Carl G. Hempel의 *Philosophy of Natural Science* (Upper Saddle River, New Jersey; Prentice-Hall, Inc., 1966)를 완역한 것이다.

자연 과학 철학

C. G. 헴펠 지음
곽강제 옮김

펴낸이 — 김신혁, 이숙
펴낸곳 — 도서출판 서광사
출판등록일 — 1977. 6. 30.
출판등록번호 — 제 406-2006-000010호

(10881) 경기도 파주시 회동길 77-12 (문발동)
대표전화 · (031) 955-4331 / 팩시밀리 · (031) 955-4336
E-mail · phil6161@chol.com
http://www.seokwangsa.co.kr / http://www.seokwangsa.kr

제1판 제1쇄 펴낸날 · 2010년 6월 30일
제1판 제3쇄 펴낸날 · 2017년 9월 30일

ISBN   978-89-306-2084-0   93160

옮긴이의 말

철학하는 사람은 답을 알고 싶은 "철학적 물음"을 갖고 있게 마련이다. 이 철학적 욕구는 철학하는 사람으로 하여금 인간의 경험과 사고의 여러 측면과 수준 가운데 어느 것인가를 강조하도록 만들고, 그래서그 사람의 철학적 물음을 결정한다. 여기에다 그 물음의 답을 발견할수 있게 해준다고 여겨지는 방법이 채택되면 하나의 **철학 개념**이 서게된다. 다시 말해 철학이 무엇을 어떻게 하는 학문인가에 대한 그 사람의 생각이 모습을 갖추게 된다.

따라서 철학이 어떤 일을 어떻게 해야 하는가에 대해서는 예로부터 여러 가지 견해가 주장되어오고 있다. 흔히들 서로 다른 철학 개념은 양립할 수 없다고들 하지만, 철학 개념들이 때로 특정한 주제에 대해 상충하고 경쟁한다고 해서 경쟁하는 다른 철학 개념의 성립조차 부정할 필요는 없을 것이다. 왜냐하면 여러 가지 철학 개념은 어쩌면 인간의 경험의 다양성과 사고 수준의 다층성을 보여주면서 인간을 이해하는 일에 서로 상보적 역할을 한다고 볼 수 있기 때문이다.

"과학 철학"(科學 哲學, philosophy of science)을 자신의 "철학하는 일"

의 일부로 여기는 철학자들은 지적 통찰에 도달하려는 마음을 근본적
인 철학적 욕구로 지니고 있다. 그들은 철학을 "인간과 세계와 인간의
행위에 관한 **고도로 일반적인 신념**이나 **지극히 근본적인 신념**이 과연 정
당화되었는지 비판적으로 음미하고(논리적 분석), 그런 신념들을 주장하
거나 그에 대해 물음을 제기할 때에 사용되는 **기초 개념들의 의미**를 명
료하게 파악하려고 노력한 다음(개념적 분석), 명확하고 정당화된 신념들
로 이루어지는 **신념 체계**를 이루는 일(새로운 개념 형성과 이론 구성, 즉 새로운
세계관의 형성)"로 본다. 이러한 분석과 구성은 인간의 경험이 보여주는
다양한 측면에 관하여 사고의 여러 수준에서 주장되는 모든 신념에 대
해 수행될 수 있다. 이와 같은 지적 관심이 과학에로 향하게 되면 과학
철학이라는 한 분야의 철학하는 현장이 열리게 된다. 과학 철학의 "철학
으로서의 성격"은 이러한 **일반적 철학 개념** 아래에서 이해되어야 한다.

　　과학 철학은 과학 철학자가 어떤 과학을 대상으로 하느냐에 따라
영역이 나누어진다. 그래서 **형식 과학**(形式 科學, formal science) 쪽에서는
논리 철학, 수리 철학 등으로 나뉘고, **경험 과학**(經驗 科學, empirical sci-
ence) 쪽에서는 자연 과학 철학, 사회 과학 철학, 역사학 철학 등으로 나
뉜다. 이런 분야는 더욱 세분될 수도 있다. "과학 철학"이라는 말은 이
모든 분야를 통틀어 부르는 이름이다. 과학 철학을 경험 과학이나 그
가운데 한 영역인 자연 과학에 대한 반성으로만 생각하는 사람을 종종
볼 수 있는데, 이 생각은 과학 철학을 너무 좁게 보고 있다. 먼저 과학
철학의 일반적 개념에 생각이 미쳐야 할 것이다.

　　그러나 과학 철학자들은 어떤 학문을 대상으로 하든 대체로 세 종
류의 문제를 다루고 있다. 첫 번째 종류의 문제는 새로운 과학적 발견
이 철학의 전통적 문제들에 대해 어떤 의의를 갖는가에 관한 물음이다.

예컨대 현대 논리학의 발전이 전통적 형이상학의 이론들에 어떤 영향을 주는가, 순수 수학의 발전에 따라 밝혀진 수학 지식의 본성이 종래의 인식론에 어떤 영향을 미치는가, 양자 역학의 불확정성 원리가 인간의 행위에 관한 결정론에 어떤 영향을 끼치는가, 인공두뇌에 대한 최근의 연구 성과는 인간에 대한 기계론을 입증하는가 등등의 물음이다. 두 번째 종류의 문제는 여러 가지 과학의 기초 개념에 대한 분석에 관련된 것이다. 과학 철학자들은 이 종류의 물음을 통해 의미, 진리성, 명제, 수, 집합, 공간, 시간, 힘 등 기초 용어의 의미를 명료하게 밝히려고 분석을 시도한다. 세 번째 종류의 문제는 과학이 이루려는 목표의 본성과 과학자들이 그 목표를 이루기 위해 사용하는 방법의 본성을 문제 삼는다. 예컨대 논리학과 수학의 기초와 본성은 무엇인가, 과학자는 관찰된 자료를 다룰 때에 관찰되지 않은 것을 반드시 가정해야 하는가, 법칙과 이론에 의한 설명과 이해의 본성는 무엇인가, 여러 가지 자연 과학은 통일될 수 있는가 등의 문제가 여기에 속한다.

　　과학 철학은 크게 보면 완전히 새로운 철학 활동은 아니다. 이미 플라톤과 아리스토텔레스가 과학자들의 목표와 방법에 대해 언급했고, 근세의 과학자와 철학자 가운데에도 이런 문제에 대해 옳든 그르든 발언한 사람들이 있다. 그러나 이들은 과학 철학을 독립된 연구 분야로 확립하지는 못했다. 그 이유는 여러 가지 과학 체계에 고유한 모습이나 특별한 모습으로 나타나는 논리적 문제와 인식론적 문제와 형이상학적 문제가 많이 있다는 사실과, 이런 문제가 전통 철학의 그런 문제와 다르다는 사실을 분명하게 파악하지 못했기 때문이다. 이 생각이 분명해진 것은 19세기 초반의 일이다. 19세기 동안에는 허셸, 휘웰, 밀, 제번스, 퍼스, 마흐, 헤르츠, 푸앵카레, 뒤앙, 피어슨 등이 이 분야에 기여하였다. 그러나 이들이 주장했던 대부분의 생각은 오늘날의 과학에는 적용되기 어렵다.

과학 철학에서 가장 중요한 업적을 이룬 철학자들은 20세기의 논리 실증주의 학파이다. 1920년대에 오스트리아와 독일에서 시작된 이 철학 운동은 1930년대에 영국과 미국에 확장되어 20세기 철학계에 거대한 영향을 끼쳤다. 이 학파는 전통 철학이 다룬 대부분의 문제가 무의미한 **사이비 문제**이며, 따라서 철학자들은 과학의 목표와 방법의 본성에 관한 문제들을 탐구하는 것이 당연하다고 주장하였다. 이렇게 과학 철학에 대한 강한 관심이 일어나고, 현대 논리학으로부터 날카로운 분석 도구들이 제공되자, 과학에 관해서 강력하고 설득력 있는 철학적 연구 성과가 많이 이루어지게 되었다. 이 연구 성과는 논리 실증주의의 일반적 기본 주장에 동의하지 않는 사람도 모두 인정하고 있다. 이 철학적 연구 성과는 실은 논리실증주의자로 불리는 모든 철학자의 업적이라고 보아야 하겠지만, 그중에서도 카르납, 헴펠, 네이글, 라이헨바흐, 포퍼 등은 업적이 뛰어난 학자이다.

이 책은 헴펠 교수의 *Philosophy of Natural Science*(1966)를 옮긴 것이다. 이 책은 자연 과학을 대상으로 삼고, 앞에서 말한 세 종류의 문제 가운데 세 번째 종류의 문제에 대하여 주로 논의하고 있다. 그러나 대부분의 내용은 모든 경험 과학에 실제로 적용될 수 있는 것이다. 헴펠 교수는 자신이 정식화한 "법칙-연역적 설명 방식"을 중심으로 삼고, 가설, 법칙, 이론, 과학적 개념 형성, 과학들의 통일 문제 등을 개관하고 있는데, 자신의 주장을 반드시 과학사의 유명한 실례를 들어 구체적으로 설명하고 있으므로 누구나 생동감을 느낄 수 있으며, 또 특별한 과학 지식의 도움 없이도 저자의 요점을 쉽게 깨달을 수 있을 정도로 간명하고 조직적으로 서술하고 있다.

　　옮긴이는 과학 철학에의 길을 안내해주신 송현주 교수께 감사드
린다. 항상 내 원고의 최초의 독자이자 교열자인 아내의 훌륭한 조언에
고마움을 전한다. 흔쾌히 출판을 맡아주신 서광사 김찬우 부장님과 교
정에 애써주신 편집부 최민희 님께 감사드린다.

2010년 4월

곽강제

「철학의 기초」 총서에 대하여

　　철학이 해결하려는 대부분의 문제는 인간의 여러 관심사에 광범위하게 관련되어 있고, 더욱이 그 문제들에서 파생되는 다른 문제들이 매우 복잡하기 때문에, 문제 자체가 여러 가지 형태로 끊임없이 제기되어오고 있다. 이러한 문제들은 시간의 경과에 따라서 부분적으로 철학적 연구 성과를 낳는다 할지라도, 더욱 확장된 과학적 지식과 더욱 심화된 윤리적 경험과 종교적 경험에 비추어 각 시대마다 다시 생각해볼 필요가 있다. 더 훌륭한 해결책은 더 세련되고 더 엄밀한 방법에 의해서 발견되기 때문이다. 따라서 철학이 제공하는 최고의 것을 이해하고자 하는 희망을 가지고 철학이란 학문을 알고자 노력하는 사람은 근본적인 문제점들과 지금까지의 연구 성과들을 둘 다 찾을 것이다.

　　저명한 철학자들을 필진으로 하여 이루어진 이 「철학의 기초」 총서(Foundations of Philosophy Series)는 철학의 여러 분야가 안고 있는 주요한 문제들을 철학사의 현 단계에서 그것들이 처해 있는 모습을 그대로 보여주는 것을 목표로 삼고 있다. 상당수의 철학 분야가 대개의 철학 개론 강의에서 다루어지겠지만, 대학의 강의는 강조점, 교수법, 강의 진도에서 커다란 차이를 지니고 있다. 강의를 하는 사람은 누구나 그 자신의 철학적 관심, 학급의 크기나 성격, 학생들의 요구가 해마다 변하기 때문에 강의 내용을 조정할 수 있는 재량권을 필요로 한다. 이 총서를 이루고 있는 열다섯 권의 책은 제각기 그 자체로서 완결된 저술이면서 서로 다른 책을 보완해주므로 강의하는 사람에게 새로운 융통성을 주고 있다. 이 총서를 강의에 사용하는 사람은 자기가 원하는 대로 몇 권의 책을 연결해 자신의 교재를 꾸밀 수 있을 것이고, 사정이 바뀌면 다른 관점에서 선택하여 다른 교재를 편성할 수 있을 것이다. 개론 수준의 강의에서 사용하지 못할 책은 더욱 전문화된 높은 수준의 강의를 위해서 다른 교재나 참고 자료와 함께 사용하면 그 가치를 깨닫게 될 것이다.

엘리자베스 비어슬리 / 몬로 비어슬리

머리말

    이 책은 최근의 자연 과학 방법론과 자연 과학에 관한 철학에서 논의의 중심이 되어 있는 몇 가지 주제를 소개하려고 꾸몄다. 나는 계획된 지면을 최대한 유효적절하게 사용하려고 광범위한 주제에 대해 개략적으로 설명하기보다는 몇 가지 중요한 주제를 골라 상당히 자세히 다루는 쪽을 택했다. 이 책은 과학 철학의 기초 입문서라고 보아야 할 것이다. 그러나 나는 독자에게 오해를 일으킬 정도로 논의가 지나치게 단순해지지 않도록 주의를 기울였으며, 현재 연구와 토론이 진행되고 있는 주제가 안고 있는 몇 가지 아직 해결되지 않은 문제점도 지적하였다.

    이 책에서 검토한 문제들을 더욱 세밀히 탐구하고자 하거나 과학 철학에 속하는 다른 문제들을 자세히 알고 싶은 독자는 이 책의 끝에 있는 간추린 도서 목록에서 앞으로의 독서에 대한 지침을 얻을 수 있을 것이다.

    나는 이 책의 주요 부분을 행동과학 고등연구소의 특별 연구원으로 지냈던 1964년의 마지막 몇 달 동안에 썼다. 나는 그런 기회를 마련해준 데 대해 사의를 표할 수 있게 되어 기쁘다.

끝으로 유익한 조언을 베풀어준 이 총서의 편집자 엘리자베스 비어슬리(E. Beardsley) 교수와 몬로 비어슬리(M. Beardsley) 교수, 그리고 빈틈없이 교정을 보아주고 효율적인 찾아보기를 만들어준 제롬 뉴(J. B. Neu) 씨에게 깊이 감사드린다.

C. G. 헴펠

차례

이 책의 의도와 목표

1

과학적 탐구는 여러 분야로 나뉘어 진행되지만 크게 두 부류, 즉
경험 과학(經驗 科學, empirical science)과 **비경험 과학**(非經驗 科學, non-empirical
science)으로 가를 수 있다. 경험 과학은 우리가 살고 있는 세계 속에서
일어나는 일들을 탐사하고, 기술하고, 설명하고, 예언하고자 노력한다.
그러므로 경험 과학의 진술들은 경험된 사실에 어긋나는지 검사되어야
하며, 경험적 증거에 의해 정확하게 입증될 경우에만 승인될 수 있다.
이러한 증거는 여러 가지 방식 — 실험, 조직적 관찰, 면담이나 설문,
심리 검사나 임상 조사, 문서 · 명문 · 동전 · 고고학적 유물에 대한 면
밀한 조사 등 — 을 통해서 얻어진다. 경험 과학이 경험적 증거에 의존
한다는 사실이야말로 경험 과학이 논리학과 순수 수학이란 비경험적
탐구 분야와 다른 특징이다. 논리학과 순수 수학의 명제들은 경험에 의
해 발견되는 사실에 전혀 관계없이 증명된다.

경험 과학은 다시 **자연 과학**(自然 科學, natural science)과 **사회 과학**(社
會 科學, social science)으로 나뉘는 경우가 흔하다. 이 구분의 기준은 경험
적 탐구와 비경험적 탐구를 구별한 기준보다는 훨씬 덜 분명해서 정확

하게 어디에다 구분선을 그어야 하는지에 대해 일반적으로 의견의 일치를 못 보고 있다. 보통 자연 과학이라 하면 물리학, 화학, 생물학과 이런 학문의 인접 영역을 포함하는 것으로 이해되고, 사회 과학은 사회학, 정치학, 인류학, 경제학, 역사학 그리고 이런 학문과 연관되어 있는 분야를 포함하는 것으로 이해된다. 심리학은 때로는 자연 과학 때로는 사회 과학으로 분류되는데, 양쪽에 동시에 속한다고 말하는 경우도 드물지 않다.

이 총서는 **자연 과학 철학**(philosophy of natural science)과 **사회 과학 철학**(philosophy of social science)을 각기 다른 책으로 다루고 있다. 이처럼 주제를 갈라서 다루는 것은 **과학 철학**(philosophy of science)이라는 넓은 영역에 대해서 그에 적절할 만큼 충분한 논의를 할 수 있도록 해준다는 실제적 목적에 도움이 된다. 그러나 이 말은 이 구분이 학문을 체계적으로 분류하는 경우에도 적절한가라는 문제, 즉 자연 과학이 주제나 목표나 방법이나 기본 가정에서 사회 과학과 근본적으로 다른가 어떤가라는 문제에 대해 필자가 갖고 있는 견해를 뜻하는 것이 아니다. 자연 과학과 사회 과학이라는 두 넓은 분야 사이에는 위에 언급된 몇 가지 점에서 근본적 차이가 있다는 생각이 여러 가지 흥미로운 근거에 입각해서 널리 주장되어왔다. 이런 주장에 대해 철저한 검토를 하는 일은 자연 과학뿐만 아니라 사회 과학에 대한 면밀한 분석을 필요로 하기 때문에, 이 작은 책의 범위를 벗어나 있는 일이다. 그렇긴 하지만 이 책 속의 논의가 위의 문제에 대해서도 상당히 많이 밝혀줄 것이다. 왜냐하면 자연 과학 철학에 대해 검토하다 보면, 때로 비교하기 위해 사회 과학을 넘겨다보는 경우가 있을 텐데, 그때 우리는 과학적 탐구의 방법과 이론적 근거에 관해서 발견되는 많은 사항이 자연 과학은 물론이고 사

회 과학에도 적용된다는 것을 깨닫게 될 것이다. 그러므로 이 책에서는
"과학"과 "과학적"이란 말이 대개의 경우 경험 과학의 전 영역을 가리
키도록 사용될 것이다. 그러나 선명한 구별이 필요할 때에는 한정하는
어구를 덧붙이겠다.

과학이 오늘날 누리고 있는 높은 명성은 주로 과학이 눈부신 성공
들을 거두고 있고, 또 응용의 범위를 신속하게 확장하고 있다는 사실
덕분이라는 것은 의심의 여지가 없다. 경험 과학의 많은 분야가 그와
관련 있는 공업 기술에 기초를 제공하는데, 공업 기술은 과학적 탐구로
얻은 결과를 실제로 유익하게 쓰이도록 할 뿐만 아니라, 순수 연구나
기초 연구에 다시 새로운 자료와 새로운 문제 그리고 과학적 탐구에 필
요한 새로운 도구를 제공하는 경우가 흔하다.

그러나 환경을 지배하려는 인간의 노력에 힘이 되어 주는 일은 별
문제로 하고, 과학은 순수하고 공평무사하면서도 절실하고 끊임없는
또 하나의 강한 충동, 즉 인간의 삶의 현장인 이 세계에 관해 지금까지
의 지식보다 더 해박한 **지식**과 더 심오한 **이해**에 도달하고자 하는 인간
의 **지적 욕구**를 충족시켜준다. 다음 장에서부터는 이러한 과학적 탐구
의 여러 가지 근원적 목표가 어떻게 이루어지는지 고찰하고자 한다. 우
리는 어떻게 과학적 지식에 도달하며, 과학적 지식은 어떻게 입증되고
또 어떻게 변하는지 살펴볼 것이다. 또한 과학이 어떻게 경험적 사실을
설명하며, 과학적 설명이 어떤 종류의 이해를 우리에게 줄 수 있는지
고찰할 것이다. 이런 논의가 진행되어감에 따라 독자는 **과학적 탐구**와
과학적 지식 그리고 **과학적 이해**가 지닌 여러 가지 근본 전제와 한계에
관한 훨씬 더 일반적인 문제에 대해서도 생각하게 될 것이다.

과학적 탐구 - 발명과 시험

2

2.1 과학적
탐구 과정의
한 실례

과학적 탐구가 지닌 몇 가지 중요한 측면을 보여주는 단순한 실례로 산욕열(産褥熱)에 관한 젬멜바이스(I. P. Semmelweis, 1818-1865)의 연구를 살펴보는 것이 좋겠다. 젬멜바이스는 헝가리 태생의 의사였는데, 1844년부터 1848까지 5년 동안 비엔나 종합병원에서 산욕열에 대하여 연구하였다. 젬멜바이스는 이 병원의 제1산부인과 의사들 가운데 한 사람으로 근무하면서, 제1산부인과에서 분만하는 산모가 산욕열이라는 심각한 정도를 넘어 치명적인 질병에 걸리는 비율이 매우 높다는 사실 때문에 고민하였다. 1844년에는 제1산부인과에서 분만한 3,157명의 산모 가운데 8.2퍼센트에 이르는 260명의 산모가 산욕열로 사망하였다. 1845년에는 사망률이 6.8퍼센트, 1846년에는 11.4퍼센트였다. 이 사망률은 같은 병원의 옆 건물에 있는 제2산부인과가 제1산부인과와 거의 같은 수효의 산모를 수용했는데도 산욕열로 인한 사망률이 매우 낮았기 때문에 더욱 놀라운 것이었다. 제2산부인과의 산욕열 사망률은 같은 해에 각각 2.3퍼센트, 2.0퍼센트, 2.7퍼센트였다. 젬멜바이스는 나중에 산욕열의 원인과 예방에 관해 쓴

책에서 이 무서운 난문제를 해결하려고 기울인 자신의 노력을 설명하고 있다.[1]

젬멜바이스는 산욕열에 관한 연구를 그 당시 널리 알려져 있던 여러 가지 설명을 검토하는 일로부터 시작하였다. 그는 이런 설명들 가운데 이미 확인된 사실과 맞지 않는 것은 버리고, 나머지 설명은 구체적으로 시험해보는 일을 시작하였다.

그 당시 널리 인정받고 있던 한 견해는 산욕열의 창궐 원인을 "악기(惡氣)의 영향" 탓이라고 주장하였다. 이 견해는 분만 중의 산모가 한 지역 전체에 퍼져 있는 "천지의 혼탁한 기운"에 영향을 받아 산욕열을 일으킨다고 막연하게 설명하였다. 그러나 젬멜바이스는 그런 작용력이 제1산부인과는 수년 동안이나 괴롭히면서 제2산부인과에는 퍼지지 않는 일은 있을 수 없다고 추리하였다. 게다가 이 견해는 산욕열이 비엔나 종합병원에서는 창궐하면서도 병원 바깥 비엔나 지역과 비엔나 주변 지역에서는 거의 발생하지 않는 사실을 설명할 수 없다고 젬멜바이스는 생각하였다. 산욕열이 콜레라처럼 진짜 유행병이라면 그처럼 장소를 고르지는 않을 것이다. 마지막으로 젬멜바이스는 제1산부인과에 입원하기로 되어 있던 산모들 가운데 약간의 산모는 병원으로부터 멀리 떨어져 살기 때문에 병원으로 오던 도중에 진통이 일어나 길에서 분

---

[1]   젬멜바이스의 연구와 그가 부딪혔던 여러 가지 곤경에 관한 이야기는 의학의 역사에서 아주 재미있는 실례를 보여주고 있다. 자세한 이야기는 W. J. Sinclair가 지은 *Semmelweis: His Life and His Doctrine* (Manchester, England: Manchester University Press, 1909)에 기록되어 있는데, 이 책은 젬멜바이스의 저술 대부분을 번역하여 싣거나 알기 쉽게 바꾸어 서술하고 있다. 이 장에서 간추려 인용한 대목도 이 책에서 뽑은 것이다. 젬멜바이스의 연구 성과들 가운데 중요한 부분은 P. de Kruif가 지은 *Men Against Death* (New York: Harcourt, Brace and World, Inc., 1932)의 1장에도 실려 있다.

만했다는 사실을 주목하였다. 그러나 이런 불운한 사정에 처했으면서도 "노상에서 분만한" 산모들의 경우 산욕열에 의한 사망률은 제1산부인과의 평균 사망률보다 훨씬 낮았다.

다른 견해는 정원 초과를 제1산부인과 사망률의 원인이라고 주장하였다. 그러나 젬멜바이스는 산모들이 악명 높은 제1산부인과에 입원하지 않으려고 필사적으로 노력하기 때문에 실은 제2산부인과가 더 많이 정원을 초과하고 있다는 것을 발견하였다. 또한 그는 당시 떠돌던 두 가지 비슷한 추측, 즉 환자의 식사와 일반적 간호 사항에 관해서도 두 산부인과 사이에 차이가 없다는 것을 확인하자 이 생각을 버렸다.

1846년에 이 문제를 조사하기 위해 구성된 조사 위원회는 제1산부인과에서의 산욕열 유행의 원인은 의학과 학생들의 거친 진찰에 의해 생긴 상처라고 지적했는데, 의학과 학생들은 모두 제1산부인과에서 산부인과 실습을 하고 있었다. 그러나 젬멜바이스는 a) 분만 과정에서 자연히 생기는 상처가 거친 진찰에 의해 일어날 수 있는 상처보다 훨씬 더 크고, b) 제2산부인과에서 실습하는 조산사들도 제1산부인과에서 하는 방식과 똑같은 방법으로 환자를 진찰했지만 그런 나쁜 결과를 일으키지 않았으며, c) 조사 위원회의 보고에 따라 의학과 학생의 수를 반으로 줄이고 진찰 횟수도 최소로 줄이는 조치를 취했더니, 사망률은 잠시 떨어지다가 나중에는 전례 없이 높이 올라갔다는 세 가지 사실이 확인되자 이 견해도 버렸다.

한편 여러 가지 심리학적 설명도 검토되었다. 그 가운데 한 설명은 제1산부인과의 건물 구조상 사제가 임종에 가까워진 산모에게 종부성사를 행하려고 임종실에 갈 때에 다섯 개의 병실을 지나가야 한다는 사실에 주목했다. 그러니까 종을 울리는 시자(侍者)를 따라 사제가 병실을 지나가는 일이 병실의 환자에게 공포감을 일으키고 마음을 약하게 만들어 환자로 하여금 더 쉽게 산욕열에 희생되도록 만들었다는 것이다. 제2산부인과에서는 사제가 직접 임종실에 갈 수 있었기 때문에 이런 불리한 요인은 없었다. 젬멜바이스는 이 가정을 시험해보기로 작정하였다. 그는 사제에게 임종실에 드나드는 소리나 모습이 산모들에게 들리거나 보이지 않도록 다른 길로 돌아서 다닐 뿐만 아니라 종소리도 울리지 말고 다녀달라고 부탁하였다. 하지만 제1산부인과의 산욕열 사망률은 떨어지지 않았다.

　　젬멜바이스는 제1산부인과에서는 산모가 바로 누워서 분만하는데, 제2산부인과의 산부는 옆으로 누워서 분만한다는 사실을 관찰하고서 새로운 생각을 떠올렸다. 그는 그럴 리는 없다고 생각하면서도 "물에 빠진 사람이 지푸라기라도 붙잡는 심정"으로 이 분만 자세의 차이가 사망률에 영향을 미치는지 시험해보았다. 그는 제1산부인과의 산모들도 옆으로 누워서 분만하도록 해보았으나 역시 사망률에는 영향이 없었다.

　　마침내 1847년 초에 일어난 우연한 사건이 이 문제의 해결에 대한 결정적 실마리를 젬멜바이스에게 주었다. 동료 의사인 콜레슈카가 검시를 하다가 그를 도와주던 학생의 칼에 손가락이 찔려 상처를 입었는데, 그 후 콜레슈카는 산욕열 희생자들에게서 젬멜바이스가 관찰했던 것과 똑같은 증상을 보이는 병을 앓다가 죽었다. 당시에는 그런 식의 감염이 미생물에 의해 일어난다는 사실이 아직 알려져 있지 않았지만, 젬멜바이스는 학생의 칼에 의해 콜레슈카의 혈관에 투입된 "죽은 사람에서 나온 물질"이 콜레슈카의 생명을 빼앗아간 병을 일으켰다고 확신하였다. 더욱이 콜레슈카의 증세가 진행된 과정과 산욕열 환자를 치료하면서 확인했던 증세의 진행 과정의 유사성은 젬멜바이스로 하여금 산욕열 환자도 똑같은 종류의 패혈증 때문에 죽는다는 결론에 이르게 하였다. 그러고 보니 자기 자신과 동료 의사들 그리고 의학과 학생들이 산욕열을 전염시키는 물질을 옮기는 장본인이었다. 왜냐하면 그와 동료 의사들은 검시실에서 사체를 해부하고서 곧장 병실로 돌아가 손만 대충 씻은 채 사체에서 나는 특유의 불쾌한 냄새가 사라지기도 전에 진통하는 산모들을 진찰하는 것이 상례였기 때문이다.

이번에도 젬멜바이스는 자신의 생각을 시험에 붙였다. 그는 자신의 생각이 옳다면 손에 묻은 전염성 물질을 화학적으로 파괴시킴으로써 산욕열이 예방될 수 있을 것이라고 추론하였다. 그래서 그는 모든 의학과 학생에게 진찰하기 전에 손을 표백분 용액으로 씻으라는 명령을 내렸다. 그러자 산욕열에 의한 사망률은 급속도로 떨어지게 되었는데, 1848년에는 제2산부인과의 사망률은 1.33퍼센트인 반면에 제1산부인과의 사망률은 1.27퍼센트까지 내려갔다.

젬멜바이스는 자신의 생각, 즉 **가설**(假說, hypothesis)을 훨씬 더 확실하게 입증하는 근거를 깨달았는데, 그건 앞으로 살펴보게 되는 바와 같이 제2산부인과의 사망률이 계속 그처럼 낮았던 사실을 자신의 가설이 설명할 수 있다는 것이었다. 제2산부인과에 입원한 산모들은 조산사에게 진찰을 받았는데, 조산사의 교육 과정에는 사체를 해부하는 해부학 실습이 없었던 것이다.

또한 이 가설은 "노상 분만"의 경우가 더 낮은 사망률을 보였던 이유도 설명할 수 있었다. 신생아를 안고 도착한 산모는 입원 후에 거의 진찰을 받지 않기 때문에 산욕열의 전염을 피하기에 더 좋은 조건에 있었던 것이다.

마찬가지로 젬멜바이스의 가설은 신생아들 가운데서 산욕열에 희생된 어린이가 모두 진통 중에 산욕열에 전염된 산모에서 태어난 아이들 가운데 일부라는 사실도 설명할 수 있었다. 산모가 산욕열에 전염되면 모체와 태아에게는 같은 피가 순환하기 때문에 출생 이전에 산욕열에 감염될 수 있는 반면에, 산모가 건강하다면 이런 일은 일어날 수 없기 때문이다.

젬멜바이스는 자신의 다른 임상 경험과 연결시켜 곧 자신의 가설을 확장하였다. 예컨대 언젠가 그와 동료 의사들이 세밀히 손을 소독하고 자궁경부에 생긴 화농성 종양으로 고생하는 진통 중의 산모를 진찰한 다음, 손을 새로 소독하지 않고 그저 형식적으로 씻고 같은 병실에 있는 열두 명의 다른 산모를 진찰한 적이 있었는데, 그 열두 명의 산모 가운데 열한 사람이 산욕열로 죽은 일이 있었다. 젬멜바이스는 이런 사실을 근거로 삼고 산욕열이 "죽은 사람에서 나온 물질"에 의해서 일어날 뿐만 아니라 "산 사람에서 나온 부패한 물질"에 의해서도 일어난다고 결론을 내렸다.

**2.2 가설을
시험하는
기본 절차**

우리는 앞에서 젬멜바이스가 산욕열의 원인을 탐구하는 과정에서 가능한 해답으로 제안되었던 여러 가지 가설을 어떻게 검사하였는지 살펴보았다. 이런 **가설이 사람들의 마음에 처음 어떻게 떠올랐는가**라는 문제는 흥미로운 문제이긴 하나 나중에 살펴보기로 하겠다. 우선 여기서는 **가설이 일단 제안되면 어떻게 시험을 받게 되는가**를 검토하고자 한다.

가설에 대한 시험은 때로 **직접적 방법**으로 곧장 이루어지는 경우도 있다. 붐비는 정도의 차이나 식사의 차이나 일반적 간호 사항의 차이가 두 산부인과의 사망률의 차이를 설명한다는 가설의 경우가 그렇다. 젬멜바이스가 지적한 바와 같이 이런 가설은 쉽게 관찰할 수 있는 사실과 모순을 일으킨다. 두 산부인과에는 그런 일에 차이가 전혀 없고, 그러므로 위의 세 가설은 그르다고 거부되었다.

그러나 가설에 대한 시험은 직접 확인으로 단순하게 이루어지지 못하는 것이 보통이다. 제1산부인과의 높은 사망률의 원인을 사제가 시자를 데리고 나타남으로써 환자에게 일어나는 공포감 탓이라고 주장하는 가설을 생각해보자. 이 공포감의 강도와 특히 공포감이 산욕열에 일으키는 효과는 붐비는 정도의 차이나 식사의 차이와는 달리 직접 확인할 수 없는 것이기 때문에, 젬멜바이스는 이 가설의 시험에 **간접적 방법**을 사용하였다. 우선 그는 만일 그 가설이 옳다면 반드시 나타나고 쉽게 관찰될 수 있는 어떤 결과가 있는지 자문해보았다. 그리고 나서 그는 만일 그 가설이 옳다면 사제의 행동 절차를 적당한 정도로 변경하는 일이 사망률을 감소시켜야 한다고 추리하였다. 그는 단순한 실험에 의해 이 결론을 검사해보고 그르다는 것을 깨달았다. 따라서 젬멜바이스는 이 가설을 거부하였다.

젬멜바이스는 분만 중의 산모의 자세에 관한 가정을 시험할 때에도 이와 같은 방식으로 **만일** 이 가정이 옳다면 제1산부인과의 산모들에게 옆으로 누운 자세를 취하도록 하는 것이 사망률을 떨어뜨려야 한다고 추론하였다. 이번에도 추리의 결론은 실험을 통해서 그르다고 밝혀졌고, 그래서 젬멜바이스는 이 가설을 버렸다.

위의 두 경우에 젬멜바이스의 시험은 **만일 숙고된 가설**(H)이 옳다면 관찰할 수 있는 **일정한 사건**(I) — 예컨대 사망률의 감소 — 이 **특정**

한 상황 — 이를테면 사제가 병실을 지나가는 일을 그만둔다든가 산모가 옆으로 누운 자세로 분만하는 상황 — 에서 반드시 일어나야 한다는 식으로 진행되는 **논증**(論證, argument)에 근거를 두고 있다. 요컨대 만일 가설 H가 옳으면, 관찰할 수 있을 것으로 예상되는 현상을 기술하는 진술인 결론 I도 옳아야 한다는 것이다. 편의상 결론 I는 가설 H로부터 **추리되거나** H 속에 **함의된다**고 하고, 결론 I를 **가설 H에 대한 시험 명제**(試驗 命題, test implication)라고 부르겠다. (가설과 시험 명제의 관계에 대해서는 나중에 좀 더 자세히 설명하겠다.)

위의 두 예를 살펴보면 실험이 시험 명제가 그르다는 것을 밝히고, 이를 근거로 삼아 가설이 거부되었다. 따라서 가설을 거부한 이 추론은 다음과 같은 형식을 지니고 있다고 볼 수 있다.

2a]   만일 H가 옳다면 I도 옳다.

그러나 (증거가 알려주는 바와 같이) I가 옳지 않다.

H는 옳지 않다.

논리학에서 **후건 부정 논법**(後件 否定 論法, modus tollens)이라고 불리는 이 **논증 형식**(論證 形式, argument form)을 지닌 모든 논증은 연역적으로 타당하다.[2] 다시 말해서 위의 논증에서 만일 가로줄 위에 있는 두 문장, 즉 **전제**(前提, premiss)가 모두 옳다면 가로줄 아래에 있는 문장, 즉 **결론**(結論, conclusion)도 옳지 않을 수 없다. 그러므로 (2a)의 모든 전제가 정확

---

[2]   자세한 내용을 알고 싶은 독자는 이 총서 가운데 하나인 W. C. Salmon의 *Logic* 24–25쪽을 참조하기 바란다.

하게 확립된 진술이라면 시험받고 있는 가설 H는 당연히 거부되어야
한다.

이번에는 관찰이나 실험이 시험 명제 I를 입증하는 경우를 생각해
보자. 젬멜바이스는 산욕열의 원인이 "죽은 사람으로부터 나온 물질"
에 의해 일어나는 패혈증이라는 자신의 가설로부터 적절한 소독 조치
가 이 병의 사망률을 감소시킬 것이라고 추리하였다. 이 경우에는 실험
이 시험 명제가 옳다는 것을 밝혀주었다. 그러나 이 긍정적 결과는 가
설이 옳다는 것을 결정적으로 증명하지 못한다. 왜냐하면 이 논증이 아
래와 같은 형식을 지니고 있기 때문이다.

    2b]   만일 H가 옳다면 I도 옳다.
        (증거가 알려주는 바와 같이) I가 옳다.
        H는 옳다.

이 논증 형식은 **후건 긍정 오류**(後件 肯定 誤謬, fallacy of affirming the conse-
quent)라 불린다. 이 논증 형식은 연역적으로 부당한 형식이다. 왜냐하
면 이 논증의 전제가 모두 옳을지라도 결론이 그를 수 있기 때문이다.[3]
이 점은 젬멜바이스 자신의 경험에 의해서 실제로 예증되었다. 산욕열
에 대한 설명에서 젬멜바이스의 맨 처음 생각은 산욕열이 "죽은 사람
에서 나온 물질"에 감염되어 일어나는 일종의 패혈증일 뿐만 아니라
그 물질이 이 병의 유일한 원인이라는 것이었다. 그래서 그는 이 가설
이 정말로 옳다면 사체로부터 손에 묻은 물질을 소독에 의해 파괴하는

---

[3] W. C. Salmon의 *Logic* 27–29쪽에 있는 설명을 참조하기 바란다.

일이 사망률을 감소시켜야 한다고 추론했는데, 이는 올바른 추론이었
다. 게다가 그의 실험은 시험 명제가 옳다는 것을 입증하였다. 그러므
로 이 경우 (2b)의 두 전제는 모두 옳다. 그렇지만 그가 나중에 발견한
바와 같이 "살아 있는 사람으로부터 나온 부패한 물질"도 산욕열을 일
으킬 수 있기 때문에 그의 가설은 그른 가설이었다.

그래서 시험에서 얻은 유리한 결과, 즉 가설로부터 추리된 시험
명제가 옳다고 밝혀진 사실은 가설이 옳다는 것을 증명하지 못한다. 가
설로부터 끌어낸 많은 시험 명제가 주의 깊은 시험을 통과했을지라도
여전히 가설은 그를 수 있다. 왜냐하면 아래와 같은 논증은 아직도 후
건을 긍정하는 오류를 범하고 있기 때문이다.

2c]   만일 H가 옳다면, $I_1, I_2, \cdots, I_n$이 옳다.
(증거가 알려주는 바와 같이) $I_1, I_2, \cdots, I_n$은 옳다.
H는 옳다.

이 논증 형식의 부당성도 산욕열의 원인은 죽은 사람에서 나온 물질의
전염이라는 젬멜바이스의 처음 가설을 예로 들어 밝힐 수 있다. 이미
알고 있는 것처럼, 그의 가설은 노상에서 분만한 다음 제1산부인과에
입원한 산모의 경우에는 산욕열에 의한 사망률이 제1산부인과의 평균
사망률보다 낮아야 하고, 또 산욕열에 걸리지 않은 산모에게서 태어난
아이는 산욕열에 걸리지 않는다는 시험 명제도 추리될 수 있도록 되어
있는데, 이 시험 명제들 역시 — 젬멜바이스의 이 가설이 그른 것임에
도 — 증거에 의해서 입증되었기 때문이다.

그러나 아무리 많은 시험을 통해 얻은 긍정적 결과라 할지라도 가

설을 결정적으로 증명하지 못한다는 이 생각을 확대해서 어떤 가설을
수많은 시험에 붙여 얻은 모든 시험 결과가 긍정적일지라도 **그 가설을
전혀 시험해보지 않은 상태나 마찬가지라고 믿어서는 안 된다**. 왜냐하면
실제로 행해진 시험 하나하나는 그 가설에 불리한 결과를 가져올 수 있
었고, 그 시험들 가운데 어느 한 시험에서라도 불리한 결과가 나왔다면
그 가설은 거부되었을 것이기 때문이다. 어떤 가설에서 추리된 서로 다
른 시험 명제 I_1, I_2, $\cdots$, I_n을 시험하여 얻은 일련의 긍정적 결과는 바로
이 시험 명제들에 관한 한 그 가설이 입증되었음을 보여주고 있다. 그
래서 이 결과가 그 가설에 대한 **완전한 증명**을 제공하지는 못하지만, 이
가설에 적어도 어느 정도의 입증 또는 어느 정도의 확인이나 확증을 제
공하고 있다. 이 **입증의 정도**는 그 가설과 시험을 통해 얻은 자료의 다
양한 성격에 의해 결정될 것이다. 이런 문제는 4장에서 검토하게 될 것
이다.

　　이제 과학적 탐구 과정에 관한 다른 실례를 살펴보겠는데, 이 실
례 역시 과학적 탐구의 다른 측면에 대하여 우리의 주의를 환기시켜
준다.[4]

　　"단순 압축 펌프"는 갈릴레오(Galileo Galilei, 1564-1642) 시대에는 잘
알려져 있었는데, 아마 이보다 더 일찍 만들어진 것으로 추정된다. 이
펌프는 통 속에 있는 피스톤을 끌어올리면 물이 따라 올라오도록 되어

---

[4]　독자는 이 예에 관한 훨씬 더 완전한 해설을 J. B. Conant의 매력적인 책 *Science and Common Sense* (New Haven: Yale University Press, 1951)의 제4장에서 볼 수 있을 것이다. 토리첼리가 자신의 가설을 정립하고, 이에 대한 시험을 구상한 일을 적어 보낸 토리첼리의 편지와 퓌드돔 산의 실험을 목격한 사람의 보고서가 W. F. Magie, *A Source Book in Physics* (Cambridge: Harvard University Press, 1963) 70-75쪽에 수록되어 있다.

있는데, 우물의 수면으로부터 약 34피트 이상은 물을 끌어올릴 수 없었다. 갈릴레오는 이 한계에 흥미를 느끼고, 이 사실에 대한 설명을 내놓았다. 그러나 그의 설명은 부적절한 것이었다. 갈릴레오가 죽은 뒤 갈릴레오의 제자 토리첼리(Evangelista Torricelli, 1608-1647)는 새로운 해답을 제시하였다. 토리첼리는 지구가 "공기의 바다"(대기층)로 둘러싸여 있고, 이 대기층은 자신의 무게로 인해서 지구의 표면에 압력을 가하는데, 우물의 수면에 가해진 이 압력이 피스톤 운동이 시작되면 펌프 통 속으로 우물의 물을 밀어올린다고 주장하였다. 그러므로 펌프 통 속의 물 기둥의 높이가 최대 34피트라는 사실은 우물의 수면에 가해진 공기 압력의 총량이 바로 그 만큼이라는 것을 보여줄 뿐이라고 주장하였다.

　이 설명이 과연 올바른 설명인가를 결정하는 일은 **직접 검사나 직접 관찰**에 의해서는 분명히 불가능하다. 그래서 토리첼리는 이 가설을 간접적으로 시험하였다. 그는 자신의 추측이 옳다면, 공기 압력이 수은 기둥을 물 기둥보다는 짧지만 물 기둥의 무게에 해당하는 높이까지 밀어올릴 수 있어야 한다고 추론하였다. 수은의 비중은 물의 비중보다 약 14배이므로, 수은 기둥의 높이가 34/14피트, 즉 2.5피트보다 약간 작아야 한다는 것은 확실하다. 그는 독창적으로 만든 단순한 장치를 사용하여 이 시험 명제를 조사하였다. 이 장치는 실은 오늘날의 "수은 기압계"이다. 우물은 수은을 담은 주발로 대치되었고, 압축 펌프의 통은 한쪽 끝을 막은 유리관으로 대치되었다. 토리첼리는 이 유리관에 수은을 가득 채운 다음 유리관의 터진 입구를 엄지손가락으로 꽉 막은 채 거꾸로 들어 엄지손가락으로 막고 있는 입구를 주발 속의 수은에 잠기게 한 후에 엄지손가락을 떼었다. 그러자 유리관 속의 수은주 길이는 약 30인치가 될 때까지 내려갔다. 이 길이는 토리첼리의 가설에 의해서 예언된 바로 그 길이였다.

파스칼(Blaise Pascal, 1623-1662)은 이 가설에서 끌어낼 수 있는 다른 시험 명제를 주목하였다. 그는 토리첼리의 기압계 속에 있는 수은이 주발 속의 수은 위에 있는 공기의 압력과 평형을 이룬다면, 수은주의 길이는 해발 고도가 증가함에 따라 줄어들어야 한다고 추론하였다. 고도가 높아짐에 따라 공기의 무게가 감소하는 것은 당연하기 때문이다. 파스칼은 처남인 페리에(F. Périer)에게 이 시험 명제를 검사해달라고 부탁하였다. 페리에는 높이 4,800피트의 퓌드돔 산의 기슭에서 토리첼리의 기압계 속의 수은주를 측정하고 나서, 그 자리에 대조해볼 다른 기압계를 조수의 감독 아래 설치해놓고, 처음의 기압계를 주의 깊게 산꼭대기에 옮겨서 다시 측정하였다. 페리에는 산꼭대기에서 기압계의 수은주가 산기슭에서보다 3인치 이상 짧아지는 것을 발견하였다. 이에 반하여 대조하기 위해서 산기슭에 남겨둔 기압계의 수은주는 하루 종일 변함이 없었다.

2.3 귀납이 과학적 탐구에서 하는 역할   지금까지 살펴본 과학적 탐구들은 잠정적 해답을 가설의 형태로 제시함으로써 어떤 문제와 맞붙게 되고, 그다음 가설로부터 적절한 시험 명제를 끌어내어 관찰이나 실험에 의해 검사함으로써 가설을 시험하였다.

그런데 과학적 탐구를 하는 사람은 애초에 어떻게 적절한 가설을 떠올릴 수 있는 걸까? 때로 가설은 이미 수집된 자료에서 **귀납 추리**(歸納 推理, inductive inference)라는 절차에 의해 추리된다고 주장된다. 귀납 추리는 **연역 추리**(演繹 推理, deductive inference)와 대비되는 추리인데, 여러 가지 중요한 면에서 다르다.

연역적으로 타당한 논증에서는 전제와 결론 사이의 관계가 **만일 전제가 옳다면 결론이 그를 수 없는 방식**으로 이루어져 있다. 이 필수 조건은 예를 들어 다음과 같은 일반적 형식을 지닌 어떤 논증에서나 성립한다.

> 만일 p라면 q다.
> q가 성립하지 않는다.
> ───────────────
> p가 성립하지 않는다.

잠깐만 생각해보면, 위의 형식 속의 p와 q로 표시된 자리에 어떠한 진술이 대입되더라도, 만일 전제가 옳으면 결론이 확실히 옳을 것이라는 것을 알 수 있다. 사실 이 형식은 앞에서 지적한 후건 부정 논법이라는 논증 형식을 보여주고 있다.

아래 논증은 연역적으로 타당한 추리의 다른 형태를 보여주고 있다.

> 식용 나트륨을 분젠등의 불꽃에 넣으면 불꽃이 노란색으로 변한다.
> 이 암염 조각은 식용 나트륨이다.
> ───────────────────────────────────
> 이 암염 조각을 분젠등의 불꽃에 넣으면 불꽃이 노란색으로 변할 것이다.

이런 종류의 논증은 **일반적 주장**(모든 식용 나트륨에 관한 전제)으로부터 **특수한 주장**(특정한 암염 조각에 관한 결론)에 도달하도록 한다고 흔히 설명된다. 이와 반대로 귀납 추리는 특수한 경우에 관한 전제로부터 일반 법칙이나 일반 원리의 성격을 띠는 결론에 도달하게 한다고 종종 설명된다. 예컨대 귀납 추리는 이제까지 분젠등 불꽃의 시험을 받은 여러 개의 식용 나트륨 조각이 모두 불꽃을 노란색으로 바꾸었다는 전제로부터 분젠등 불꽃 속에 놓이는 모든 나트륨 소금이 불꽃을 노란색으로 바꾼다는 일반적 결론에 도달하게 하는 것 같다. 그러나 이 경우에는 **전제의 진리성**(眞理性, truth, 옳음)은 **결론의 진리성**을 보증하지 못하는 것이 분명하다. 왜냐하면 지금까지 시험된 식용 나트륨의 견본 모두가 분젠등 불꽃을 노란색으로 바꾼 것이 사실이라 할지라도, 이 일반 명제를 확증하지 않는 새로운 종류의 나트륨이 발견될 수 있다는 것이 분명히 가능하기 때문이다. 실제로 이미 시험되어 이 일반 명제에 긍정적 결과를 나타낸 나트륨들 가운데 어떤 종류의 것이 지금까지 실험되지 않는 특수한 물리적 조건 — 이를테면 강력한 자기장 같은 조건 — 에서는 이 일반 명제를 만족시키지 못한다는 것을 상상해볼 수 있기 때문이다. 이런 이유로 연역 추리의 전제는 결론을 확실하게 함의하는 반면에, 귀납 추리의 전제는 결론을 단지 상당히 높은 정도의 확률로 함의한다고 말할 수 있을 뿐이라고 설명되는 경우가 흔하다.

과학적 탐구에서 귀납 추리가 이미 수집된 자료를 근거로 해서 적절한 일반 원리를 만들게 한다는 생각은 과학자가 탐구를 어떻게 이상적으로 진행하는지 설명하고 있는 아래의 글 속에 분명하게 표현되어 있다.

사고의 능력과 활동 범위는 초인간적 수준이지만 사고의 논리적 과정은 보통 수준인 사람이 과학적 방법을 어떻게 사용할 것인가를 상상해본다면, 그 과정은 다음과 같을 것이다. 우선 첫째 단계에서는 모든 사실이 그것들 사이의 상대적 중요성을 고려한 **선택이나 선천적 선입견에 영향을 받지 않으**

면서 관찰되고 기록될 것이다. 둘째 단계에서는 관찰되어 기록된 사실들이 분석되고 비교되고 분류될 텐데, 이 일에는 분석과 비교와 분류에 필요한 논리적 원리 이외에는 **어떠한 가설이나 공준도 관여하지 않는다.** 셋째 단계 에서는 사실들에 대한 위의 분석으로부터 사실들 사이의 관계, 즉 분류 관계나 인과 관계에 관한 일반 명제가 귀납적으로 도출될 것이다. 마지막 넷째 단계에서는 이미 정립된 일반 명제를 전제로 삼고 전개되는 추리를 통해서 그 이상의 연구가 진행될 텐데, 이 연구는 귀납 추리만이 아니라 연역 추리까지 사용하면서 진행될 것이다.[5]

위의 글은 이상적인 과학적 탐구가 네 단계 즉 (1) 모든 사실을 관찰하여 기록하는 단계, (2) 사실들을 분석하고 분류하는 단계, (3) 사실들로부터 일반 명제를 귀납적으로 끌어내는 단계, (4) 일반 명제를 더욱 정밀하게 시험해보는 단계로 진행된다고 주장하고 있다. 이 네 단계 가운데 처음 두 단계에서는 관찰된 사실들이 어떻게 서로 관련되어 있는가에 관해서는 어떠한 추정이나 가설도 사용되지 않아야 한다는 점을 강조하고 있다. 이 제한 조건은 그런 선입견이 자료를 한쪽으로 편향되게 만들어 탐구의 과학적 객관성을 위태롭게 할 것이라는 신념을 갖고 있기 때문에 부과된 것으로 보인다.

그러나 위에 인용된 구절 속에 피력되어 있는 견해는 앞으로 **과학적 탐구에 대한 좁은 귀납주의**(narrow inductivist conception of scientific inquiry)라고 부르겠는데, 이 견해는 여러 가지 이유로 실제로는 유지될 수 없

---

[5]   A. B. Wolfe, "Functional Economics," in *The Trend of Economics*, ed. R. G. Tugwell (New York: Alfred A. Knopf, Inc,. 1924), p. 450. (볼드체 부분은 원문에 이탤릭체로 되어 있다.)

는 주장이다. 그 이유를 음미해보면 과학적 탐구 절차에 대해 앞에서 지적했던 몇 가지 사항을 좀 더 자세히 이해하고 보완하는 데 도움을 받을 수 있다.

첫째로 지적해야 할 점은 위의 인용문이 보여주는 것과 같은 과학적 탐구는 출발조차 할 수 없다는 것이다. 탐구를 위한 첫 걸음조차 내딛을 수 없는 이유는 **모든 사실**을 수집하는 일이 이 세상의 마지막 날에나 이루어질 수 있는 일이기 때문이다. 또 **지금까지 일어난 모든 사실**이라 할지라도 그 사실이 무수히 많고 무한히 다양하기 때문에 모조리 수집될 수는 없기 때문이다. 예컨대 우리는 모든 사막과 모든 해변에 있는 모래알 하나하나에 대해 검사해야 하고, 또 모래알 하나하나의 모양, 무게, 화학적 성분, 서로 간의 거리, 계속 변하는 온도, 달의 중심까지의 계속 변하는 거리를 기록해야 할까? 우리는 그 지루한 일을 해나가는 동안에 마음에 떠오르는 이런저런 생각도 기록해야 하는가? 머리 위에 떠도는 구름들의 모양, 하늘의 변하는 색깔은? 우리가 사용하고 있는 필기도구의 구조나 상표는? 우리 자신의 성장 경력과 동료 연구자의 경력은? 요컨대 이 모든 것과 아직 나열하지 않은 다른 무수히 많은 사실이 "지금까지 일어난 모든 사실"에 속한다.

그렇다면 첫째 단계에 대해 요구할 수 있는 것은 **관련 있는 모든 사실**을 수집해야 한다는 것이 전부일 것이다. 그러나 도대체 무엇에 관련이 있단 말인가? 좁은 귀납주의를 주장한 사람은 이 점에 대해 언급하지 않았지만 탐구는 어떤 구체적 문제와 관련된 활동이라고 생각해야 한다. 그렇다면 우리는 그 문제와 관련 있는 모든 사실, 더 정확히 말하면 그 문제의 해결에 쓸모 있는 모든 자료를 수집하는 일로부터 시작해야 하지 않을까? 하지만 이 생각은 아직도 분명하지 않다. 젬멜바이스는 하나의 특수한 문제를 해결하려고 노력하였지만, 그의 탐구가 거쳐나간 여러 단계에서 전혀 성질이 다른 자료를 수집하였다. 그리고 그렇게 한 것이 옳았다. 왜냐하면 어떤 종류의 자료를 수집하는 것이 합리적인가는 연구하고 있는 문제에 의해서 결정되지 않고, 탐구자가 그 문제에 대해서 추측이나 가설의 형태로 제시하는 **잠정적 해답**에 의해서 결정되기 때문이다. 사제와 시자가 죽음의 종소리를 울리면서 나타나는 일이 공포감을 일으킴으로써 산욕열에 의한 사망률이 증가된다는 추측이 제기되었을 때에는 사제가 늘 해오던 일을 변화시켜 얻는 결과에 관한 자료를 수집하는 것이 적절하다. 그러나 이 경우에는 만일 의사와 의학과 학생이 환자를 진찰하기 전에 손을 소독하면 어떤 일이 일어날 것인가를 조사하는 것은 전혀 관련이 없는 것이다. 그러나 젬멜바이스가 마지막에 도달한 오염 가설의 관점에서 보면 뒤의 자료가 분명히 관련 있는 자료이고 앞의 자료는 전혀 관련이 없다.

그러므로 "경험적 사실"이나 "경험적 발견"은 오직 **어떤 가설과 관련해서** 논리적으로 적절하거나 적절하지 않다고 규정할 수 있을 뿐이지, 주어진 문제와 관련해서 적절하거나 적절하지 않다고 규정할 수는 없는 법이다.

이제 가설 H가 연구하고 있는 문제에 대한 잠정적 해답으로 제안되었다고 가정해보자. 어떤 종류의 자료가 이 가설 H에 관련 있는 것일까? 이에 대한 답은 이미 앞에서 들었던 예들이 암시하고 있다. 즉 가설 H로부터 어떤 현상의 발생이나 발생하지 않음을 추리할 수 있다면, 이런 현상의 발견은 가설 H와 관련 있는 발견이다. 토리첼리의 가설을 예로 들어보면 — 이미 살펴본 것처럼 — 파스칼은 그 가설로부터 기압계가 산 위에 옮겨지면 기압계의 수은주가 짧아져야 한다는 것을 추리하였다. 그러므로 이 일이 특정한 상황에서 실제로 일어난다는 발견은 모두 토리첼리의 가설과 관련이 있다. 그러나 수은주의 길이가 전혀 변하지 않았다든가 산에 올라가는 동안에 처음에는 줄어들다가 나중에는 늘어난다는 것 역시 토리첼리의 가설과 관련이 있을 것이다. 왜냐하면 그런 일이 발견되었다면 그 사실은 파스칼의 시험 명제를 반박하는 자료로 사용되었을 것이고, 그래서 토리첼리의 가설을 반증했을 것이기 때문이다. 앞의 것과 같은 자료를 그 가설에 긍정적으로 관련 있거나 유리하게 관련 있는 자료라 하고, 뒤의 것과 같은 자료를 부정적으로 관련 있거나 불리하게 관련 있는 자료라고 한다.

요컨대 자료가 연구되고 있는 사실들 사이의 관련성에 관해서 미리 설정된 가설의 안내 없이 수집되어야 한다는 주장은 스스로 무너지지 않을 수 없으며, 과학적 탐구에 전혀 맞지 않는다는 것이 확실하다. 오히려 반대로 먼저 잠정적 가설이 과학적 탐구의 방향을 잡기 위해서 필요하다. 바로 그런 가설이 다른 무엇보다도 현재 과학적으로 탐구되고 있는 문제를 해결하기 위해서 어떤 자료가 수집되어야 하는가를 결정해주기 때문이다.

사회 과학자들은 미국의 인구 조사국이나 다른 자료 수집 기관에 의해 기록되어 남아 있는 엄청나게 많은 사실을 참고하여 어떤 가설을 검사하려고 시도하는 수가 있는데, 그 가설에서 중심 역할을 하고 있는 어떤 변항의 값이 어디에도 체계적으로 기록되어 있지 않아서 실망하는 경우가 가끔 있다는 사실은 주목할만한 가치가 있다. 물론 이 말은 그런 자료 수집에 대해서 비판하고자 하는 말이 아니다. 그 자료 수집 과정에 종사한 사람들이 미래의 가설과 틀림없이 관련이 있을 법한 사실을 가려서 모으려고 노력한다는 것은 의심의 여지가 없다. 위의 사실을 지적한 의도는 자료가 관련을 맺어야 하는 가설이 확인되어 있지 않으면 "모든 관련 있는 자료"를 모으는 일이 불가능하다는 것을 단적으로 예시하는 데 있을 뿐이다.

앞에서 인용했던 글이 묘사하고 있는 둘째 단계도 비슷한 비판을 면할 수 없다. 일련의 경험적 "사실들"은 여러 가지 다른 방식으로 분석되고 분류될 수 있지만, 대부분의 방식은 특정한 탐구 목표를 달성하는 데 이바지하지 못할 것이다. 젬멜바이스는 산부인과에 입원한 산모들을 나이, 주소, 남편의 지위, 음식 습관 등의 기준에 따라 분류할 수도 있었다. 그러나 이렇게 얻은 정보는 산욕열에 희생되는 환자들에 대한 예측에는 아무런 실마리도 주지 못했을 것이다. 젬멜바이스가 추구한 것은 그런 예측과 유효하고 적절하게 관련을 맺고 있는 기준이었다. 그리고 이 목적을 위해서는 마침내 그가 발견했던 바와 같이 손이 오염되어 있는 의료진에게 진찰을 받은 부인들을 선발하는 일이 유효하였다. 왜냐하면 산욕열에 의한 높은 사망률은 의료진의 이 특성 또는 이 특성을 지닌 의료진의 진찰을 받은 환자 집단과 관련되어 있었기 때문이다.

이런 까닭에 만일 경험에 의해 발견된 사실들을 분석하고 분류하는 어떤 특정한 방식이 문제의 현상을 설명할 수 있다면, 이 방식은 그 현상이 어떻게 관련되어 있는가에 관한 가설에 근거를 두어야 한다. 이런 가설 없이 이루어지는 분석과 분류는 맹목적인 것이다.

과학적 탐구 과정에 대해 앞의 인용 구절이 서술하고 있는 처음 두 단계에 대한 비판적 음미는 처음 두 단계에 대한 생각이 그를 뿐만 아니라, 가설이 미리 수집된 자료를 근거로 하는 귀납 추리에 의해서 오직 세 번째 단계에서만 도입된다는 생각까지 근본적으로 틀렸다는 것을 알려준다. 하지만 이 문제에 관한 몇 가지 사항을 추가해서 자세히 설명하지 않으면 안 된다.

귀납(歸納, induction)은 관찰된 사실을 근거로 삼고 기계적으로 적용할 수 있는 규칙에 따라 그 사실에 적합한 일반 원리에 도달하는 방법이라고 생각하는 사람을 가끔 볼 수 있다. 이 말이 사실이라면 귀납 추리의 규칙은 과학적 탐구가 따라야 할 효과적인 규범을 제공할 것이다. 귀납은 우리가 정수의 곱셈에서 늘 사용하는 방식, 즉 미리 정해져 있어 기계적으로 진행되는 약간의 단계를 거쳐 정확한 답에 도달하는 방식과 비슷한 기계적 절차일 것이기 때문이다. 그렇지만 현재로서는 실제로 이렇게 이용될 수 있는 일반적이면서 기계적인 귀납 추리 절차는 전혀 없다. 만일 이런 절차가 있다면 엄청난 연구를 해온 질병의 원인을 찾는 문제들이 오늘날까지 풀리지 않은 채 남아 있지 않을 것이다. 이런 절차, 즉 방법을 발견하는 일은 전혀 기대조차 할 수 없는 일이다. 그 이유들 가운데 한 가지만 든다면, 과학적 가설과 이론은 그것이 기초로 삼고 있고 또 설명하려고 하는 경험적 발견을 기술할 때에는 전혀 나타나지 않는 용어로 표현되는 것이 보통이기 때문이다. 예를 들면 물질의 원자 구조와 소립자 구조에 관한 이론은 "원자" "전자" "양자" "중성자" "파동 함수"와 같은 용어를 포함하고 있다. 그렇지만 그 이론은 여러 가지 기체의 스펙트럼, 안개 상자와 거품 상자 속의 흔적, 화학 반응에 대한 양적 측정 등 실험적으로 발견된 사실에 기초를 두고 있는데, 이 모든 것은 위에서 든 "이론적 용어"(理論的 用語, theoretical term)를 사용하지 않고 기술될 수 있다. 그러므로 우리가 문제 삼고 있는 종류의 귀납 규칙은 주어진 자료를 기초로 하지만, 그 자료 자체에 대한 기술에는 전혀 사용되지 않는 완전히 새로운 개념들에 의해서 진술되는 가설이나 이론을 구성하는 기계적 절차를 제공하지 않으면 안 된다. 이런 일을 해낼 수 있으리라고 기대되는 일반적이면서 기계적인 규칙을 지닌 절차는 없는 것이 확실하다. 예를 들어 어떤 일반 법칙이 갈릴레오가 압축 펌프의 제한된 능력에 관해서 연구할 때에 이용할 수 있었던 자료에 적용되어 "공기의 바다"라는 개념에 기초를 둔 가설을 기계적 과정에 따라서 만들어낼 수 있었을 것인가를 생각해보라.

특수하고 비교적 단순한 사실의 경우에 대해서는 주어진 자료에 기초를 둔 가설을 귀납적으로 "추리하는" 기계적 절차를 구체적으로 말할 수 있다는 것은 확실하다. 예컨대 만일 구리 막대의 길이를 여러 가지 다른 온도에서 측정하면, 그 결과 얻어진 온도와 길이의 값은 서로 대응하며 짝을 이루는 값이 되고, 이 값들은 평면 좌표에 제각기 점으로 표시될 수 있다. 그리고 나서 이 점들을 잇는 하나의 곡선이 확인되면, 우리는 이 곡선을 그리는 특정한 규칙을 찾을 수 있다. 이렇게 되면 그림표 속의 곡선은 구리 막대의 길이를 구리 막대가 지닌 온도에 관한 특성 함수로 표현하는 일반적인 정량적 가설을 대신하게 된다. 그러나 이 가설은 새로운 용어를 전혀 포함하고 있지 않다는 점에 주의해야 한다. 이 가설은 온도와 길이라는 개념에 의해서 표현될 수 있는데, 이 두 개념은 자료를 기술하는 데에도 역시 사용된다. 더욱이 온도와 길이의 "짝을 이룬 값들"을 자료로 선택하는 일 자체가 그 선택을 지도하는 가설을 이미 가정하고 있다. 즉 온도의 값 하나하나에 대해서 구리 막대의 길이의 값이 정확하게 하나씩 결합된다는 것, 그래서 구리 막대의 길이는 오직 그것이 지닌 온도만의 함수라는 것을 가정하고 있는 것이다. 그렇다면 곡선을 기계적으로 그리는 틀에 박힌 절차는 어떤 특수한 함수를 적절한 함수로 선택하는 데에만 도움을 주고 있다. 이

점이 중요하다. 왜냐하면 이제 우리가 구리 막대 대신에 움직일 수 있는 피스톤이 뚜껑 역할을 하고 있는 원통형의 용기 속에 들어 있는 질소 가스를 연구하기 위해 여러 다른 온도에서 부피를 측정한다고 가정해보자. 만일 우리가 그 자료로부터 기체의 부피를 그 기체가 지닌 온도의 함수로 나타내는 일반적 가설을 얻어보려고 이 절차를 사용한다면 실패할 것이다. 그 이유는 기체의 부피는 두 가지 요인, 즉 기체가 지닌 온도와 기체에 가해지는 압력의 함수이므로, 어떤 기체든 동일한 온도에서 여러 가지 부피를 가질 수 있기 때문이다.

위에서 살펴본 바와 같이 이처럼 단순한 경우조차도 가설을 구성하기 위한 기계적 절차는 탐구하는 일의 일부분을 차지할 뿐이다. 왜냐하면 그 절차는 선행하는 개략적 가설, 즉 어떤 물리적 변수는 다른 물리적 변수의 함수라는 생각을 전제로 삼고 있는데, 이 가설은 바로 그 기계적 절차에 의해 얻어질 수 없기 때문이다.

따라서 가설이나 이론을 경험적 자료로부터 항상 기계적으로 끌어내거나 추리할 수 있게 해주는 "귀납 규칙"은 없다. 자료로부터 이론으로의 전환은 **창조적 상상**을 필요로 한다. 과학적 가설과 이론은 관찰된 자료로부터 끌어내는 것이 아니라 관찰된 자료를 설명하기 위해서 발명되는 것이다. 과학적 가설과 이론은 연구되고 있는 현상들 사이에서 얻어질 법한 결합 관계에 관한 추측이나 그 현상들의 발생의 근저에 있는 "한결같은 관계"(uniformity)와 "원형"(原型, pattern)에 대한 추측을 만들어낸다. 이런 종류의 추측이 딱 맞아떨어져 "행운의 추측"(happy guess)[6]이 되려면 커다란 창의성이 필요한 법인데, 그 추측이 — 상대성

6   가설의 성격을 이처럼 이해하는 견해는 이미 William Whewell의 책 *The Philosophy of*

이론과 양자론이 그랬던 것처럼 — 그 당시의 과학적 사고 방식과 근본
적으로 다른 것인 경우에는 특히 그렇다. 탐구되고 있는 영역에 관해
현재까지 이루어진 지식을 철저히 아는 일은 과학적 탐구에 요구되는
발명의 노력에 도움이 될 것이다. 과학을 전혀 모르는 초심자가 중요한
과학적 발견을 하는 경우는 거의 없다. 왜냐하면 초심자에게 떠오르는
생각이 이전에 시도되었던 생각과 중복되거나 초심자가 모르고 있는
확실한 사실이나 이론에 충돌을 일으키기 쉽기 때문이다.

　　그렇지만 성과 있는 과학적 추측에 도달하는 방식은 어떠한 체계
적 추리 과정과도 아주 다르다. 예를 들어 화학자 케쿨레(F. A. Kekulé,
1829-1896)는 다음과 같은 이야기를 전하고 있다. 그는 오랜 세월 동안
벤젠 분자의 구조식을 연구했으나 성공하지 못하고 있었는데, 1865년
어느 날 저녁에 난롯가에서 졸다가 이 문제에 대한 해답을 찾았다고 한
다. 난로의 불꽃을 지긋이 바라보고 있는 그의 눈에 원자들이 뱀처럼
열을 지어 춤추는 모습이 보이는 듯했다. 갑자기 그 뱀들 가운데 한 마
리가 제 꼬리를 물고 고리 모양이 되어 조롱이나 하듯이 빙빙 돌았다.
그 순간 케쿨레는 깨달았다. 지금은 누구나 잘 알 정도로 유명해진 육
각형의 고리로 벤젠의 분자 구조를 나타낸다는 생각이 케쿨레의 머리

the Inductive Sciences, 2nd ed. (London: John W. Parker. 1847); II, 41쪽에 제시되어 있
다. Whewell 역시 "발명"을 "귀납의 부분"으로 언급하고 있다(46쪽). 같은 생각에 따라 K.
Popper는 과학적 가설과 이론을 "추측"(conjecture)이라 부른다. 한 예로 Popper의 책
Conjectures and Refutations (New York and London: Basic Books, 1962; 한국어 번역판은
『추측과 논박 1, 2』)에 실려 있는 논문 "Science: Conjectures and Refutations"를 보라. 이상
적인 과학적 절차에 대해서 좁은 귀납주의 견해를 가진 사람으로 지적된 A. B. Wolfe도 실은
"유한한 인간의 지성"이 과학적 상상과 어떤 "작업 가설"을 근거로 한 자료의 선택을 필수 조
건으로 하는 "굉장히 수정된 절차"를 사용하지 않으면 안 될 것이라고 강조하였다(인용된 책
의 450쪽 주 5를 보라).

에 떠올랐던 것이다. 그는 그날 밤을 새워 이 가설에서 나오는 결론들을 확인하는 작업을 하였다.[7]

위의 이야기 가운데 마지막 말은 **과학의 객관성**(客觀性, objectivity)에 관한 중요한 암시를 함축하고 있다. 과학자는 자신의 문제를 해결하려고 노력하는 동안 완전히 자유스럽게 상상해도 좋으며, 창조적으로 생각해나가는 과정에서는 과학적으로 의심스러운 생각에 의해서도 영향을 받을 수 있다. 예컨대 행성의 운동에 대한 케플러(J. Kepler, 1571-1630)의 연구는 수에 관한 신비 사상에 대한 흥미와 천체들의 음악을 실증하려는 정열에 의해서 고무받은 것이었다. 하지만 과학적 객관성은 — 가설과 이론이 아무리 자유스럽게 발명되어 과학에 제안된다 할지라도 — 가설이나 이론에 대한 **비판적 음미**, 특히 그로부터 끌어낸 적절한 시험 명제가 주의 깊은 관찰이나 실험에 의해서 검사받는 과정을 포함하는 **비판적 시험**을 통과했을 때에만 과학 지식의 체계 속에 받아들여질 수 있다는 원리에 의해서 보호되고 있다.

학문적 성과가 연역 추론에 의해서 결정적으로 정당화되는 수학 같은 학문에서도 경험 과학의 경우와 마찬가지로 상상과 자유로운 발명이 중요한 역할을 한다는 사실은 흥미로운 일이다. 왜냐하면 연역 추리의 규칙도 **발견을 보증하는 기계적 규칙**을 제공하지 않기 때문이다. 이미 후건 부정 논법에 관한 설명에서 분명히 밝혔듯이 연역 추리의 규칙은 보통 일반적 형식으로 표현되는데, 그 형식을 지닌 논증은 어느

---

[7] A. Findlay, *A Hundred Years of Chemistry* (2nd ed. London: Gerald Duckworth & Co., 1948) 37쪽에 실려 있는 Kekulé 자신의 보고의 인용과 W. I. B. Beveridge, *The Art of Scientific Investigation*, 3rd ed. (London: William Heinemann, Ltd., 1957)의 56쪽을 참조하라.

것이든 연역적으로 타당한 논증이 되게 마련이다. 만일 전제가 구체적 진술로 제시되면 그런 논증 형식이 논리적 결론에 도달하는 방식을 구체적으로 알려주는 것은 사실이다. 그러나 연역 추리의 규칙은 제시될 수 있는 일련의 전제 가운데 어떤 것으로부터도 연역적으로 타당한 결론을 무수히 많이 끌어낼 수 있는 권리를 부여한다. 예를 들어 아래 논증 형식이 보여주는 단순한 규칙 하나를 생각해보자.

$$\frac{p}{p \text{ 또는 } q}$$

이 논증 형식은 실제로 "p"라는 명제로부터 "p 또는 q"라는 명제를 논리적으로 끌어낼 수 있다는 것을 보여주고 있는데, 이 p와 q 자리에는 어떤 명제가 대입되어도 괜찮다. 이 경우 "또는"이란 낱말은 "포괄적 선언"(包括的 選言, inclusive disjunction)의 뜻으로 사용되고 있으므로, "p 또는 q"는 "p이거나 q, 또는 p와 q 둘 다"와 같은 뜻이다. 이런 논증 형식으로 이루어진 논증의 전제가 옳으면 결론도 옳을 수밖에 없다는 것은 분명하다. 왜냐하면 이 논증 형식으로 만들어진 논증은 모두 타당하기 때문이다. 그러나 이 규칙은 이 사실 하나만 가지고도 임의의 한 전제에서 서로 다른 결론을 무수히 많이 추리할 수 있는 권리를 허용한다. 그래서 이 논증 형식은 "달에는 대기가 없거나 q다."라는 진술 형식으로 이루어지는 임의의 진술을 추리하는 권리를 누구에게나 허용하는 셈인데, 위의 진술 형식 속의 q 자리에는 진술이라면 어떤 것이든 실제로 옳은가 그른가에 관계없이 대입할 수 있다. 이를테면 "달의 대기는 매우 희박하다." "달에는 사람이 살지 않는다." "금은 은보다 밀도가 크다." "은은 금보다 밀도가 크다." 등의 진술 가운데 어느 것을 대입해도 괜찮다. (각기 다른 진술이 무수히 많이 언어로 만들어질 수 있다는 것은 흥미로운 사실인데, 이는 증명하기 어렵지 않다. 이런 진술 하나하나가 모두 변항 "q"의 자리에 들어갈 수 있다.) 연역 추리의 다른 규칙도 물론 하나의 전제나 일련의 전제에서 끌어낼 수 있는 진술의 다양성을 증가시킨다. 그렇기 때문에 일련의 진술이 전제로 제시된 경우에 연역 규칙은 추리의 진행 방향을 전혀 지도하지 못한다. 연역 규칙은 전제로부터 끌어낼 수 있는 진술들 가운데서 "결론"으로 적합한 **단 하나의 진술**을 가려내지 못하며, 더 나아가 우리에게 흥미로운 결론이나 특정한 논의 맥락에 중요한 의의를 지닌 결론을 찾는 방법조차 알려주지 못한다. 예를 들면 연역 규칙은 주어진 공준에서 수학적으로 의의가 있는 정리를 끌어내는 일에는 아무런 기계적 절차도 제공하지 못한다. 수학적으로 중요하면서 성과도 많은 정리를 발견하는 일은 — 경험 과학에서 중요하면서 성과도 많은 이론을 발견하는 일과 마찬가지로 — 새로운 발명을 하는 창의력이 필요하다. 이 일은 상상을 통해 이루어지는 통찰력 있는 추측을 요구한다. 하지만 이 경우에도 과학적 객관성은 그런 추측의 **가치에 대한 객관적 확인**(客觀的 確認, objective validation)이라는 조건에 의해서 보호되고 있다. 수학에서는 이 객관적 확인이 공리로부터 정리를 연역적으로 유도함으로써 이루어지는 **증명**(證明, proof)을 뜻한다. 그리고 하나의 수학적 명제가 추측으로서 제안되었을 때에는 그 명제의 증명이나 반증에는 아직도 발명의 재능과 창의력이 필요한데, 그것도 아주 탁월한 재능과 창의력이 필요한 경우가 흔하다. 왜냐하면 연역 추리의 규칙은 증명이나 반증을 구성하는 일반적인 기계적 절차를 전혀 제공하지 못하기 때문이다. 연역 추리의 규칙이 수학 체계 속에서 하는 역할은 이른바 증명이라고 제시된 **논증의 정당성에 대한 판정 기준**(criterion of soundness for argument)으로 작용한다고 보는 것이 가장 온당할 것이다. 만일 어떤 논증이 공리에서 시작해서, 연역 추리의 어떤 규칙에 의해 타당하다고 판정되는 일련의 추리 단계를 거쳐 이미 제안되어 있던 정리에 도달한다면, 그 논증은 타당한 수학적 증명을 성립시킬 것이다. 그리고 누군가에 의해 이미 **제시된 어떤 논증**이 이런 의미에서 타당한 증명인지 아닌지 검사하는 일은 실제로 전적으로 기계적 절차를 거쳐 이루어지는 일이다.

과학적 지식은 이미 살펴본 바와 같이 미리 수집된 자료에 어떤 귀납 추리 절차를 적용하여 얻어지는 것이 아니라 오히려 "가설의 방법"(假說의 方法, method of hypothesis)이라 흔히 부르는 절차, 다시 말하면 탐구되고 있는 문제에 대한 잠정적 해답으로 가설을 발명하여 경험적 시험에 걸어보는 방법에 의해서 얻어진다. 이 경험적 시험은 가설이 정식화되기 전에 수집되었으면서도 가설과 관련 있는 모든 발견에 의해서 가설이 입증되는지 알아보는 일을 시험의 한 부분으로 포함할 것이다. 왜냐하면 승인할만한 가설은 그것과 관련이 있으면서 실제로 이용할 수 있는 자료에 적합하지 않으면 안 되기 때문이다. 경험적 시험의 다른 부분은 가설로부터 시험 명제를 끌어내어 적절한 관찰이나 시험에 의해서 시험 명제를 검사하는 일일 것이다. 이미 확인했던 바와 같이 광범위한 시험이 모조리 긍정적 결과를 보여주었을지라도 가설은 결정적으로 확립되지 못하며, 단지 그 가설에 **어떤 정도의 강도를 지닌 입증**을 제공할 뿐이다. 그렇기 때문에 과학적 탐구가 앞에서 약간 자세히 음미했던 **"좁은 귀납주의"의 뜻으로는** 귀납적 과정이 아닌 것이 확실하지만, 과학적 탐구가 가설의 승인에 대해 연역적으로 결정적 증거를 제공하지는 못할지라도, 가설에 대한 어떤 정도의 강도를 지닌 "귀납적 입증", 즉 "확증"을 제공하는 자료를 근거로 하여 가설을 승인시키기 때문에, **"귀납"이란 말의 더 넓은 뜻으로는** 과학적 탐구가 귀납적 과정이라 해도 좋을 것이다. 그리고 "귀납 규칙"은 어느 것이든 연역 규칙과 마찬가지로 발견에 이르는 규범이 아니라 **정당화의 규범**으로 생각해야 할 것이다. 귀납 규칙은 주어진 경험적 발견을 설명하는 가설을 만들어내기는커녕 "귀납 논증"의 "전제"를 구성하는 경험적 자료와 그 논증의 "결론"을 이루는 잠정적 가설이 둘 다 제시되어 있어야 한다는 것을 필요 조건으로 한다. 따라서 귀납 규칙은 논증의 정당성을 판정하는 기준을 보여주는 것으로 간주해야 한다. 귀납에 관한 몇몇 이론은 귀납 규칙이 자료에 의해서 가설에 제공되는 입증력을 결정하며, 그런 입증의 강도가 확률에 의해서 표현될 수 있을 것으로 본다. 귀납적 입증에 영향을 주는 여러 가지 요인과 과학적 가설의 승인 가능성은 3장과 4장에서 살펴보겠다.

가설에 대한 시험 – 시험의 논리와 힘

3

**3.1 실험적 시험 대
비실험적 시험**

이제 과학적 시험이 기초로 삼고 있는 추측과 시험의 결과에서 끌어낼 수 있는 결론에 대해서 좀 더 자세히 음미하기로 하자. 앞으로도 "가설"이란 말은 지금까지와 마찬가지로 특수한 사실이나 사건을 기술하든 일반 법칙이나 그보다 더 복잡한 명제를 표현하든 상관없이 **경험적 시험을 받고 있는 진술**을 가리키는 뜻으로 사용하고자 한다.

먼저 앞으로 논의 과정에서 자주 언급하지 않으면 안 되는 **시험 명제**의 성격에 관하여 간략하게 설명하고 나아가는 것이 좋겠다. 가설에서 끌어내는 시험 명제는 보통 **조건적 성격**을 지니고 있다. 시험 명제는 구체적 시험 조건이 주어지면 어떤 종류의 결과가 일어날 것이라고 주장하고 있다. 이 결과에 대한 진술은 아래와 같은 명백한 조건 진술의 형식을 지니고 있다.

3a] 만일 C라는 종류의 조건이 갖추어지면 E라는 종류의 사건이 일어날 것이다.

예컨대 젬멜바이스가 검토한 가설들 가운데 하나는 다음과 같은 시험 명제를 만들어낸다.

만일 제1산부인과의 산모들이 옆으로 누운 자세로 분만한다면, 산욕열로 인한 사망률이 감소할 것이다.

또한 그가 마지막에 도달한 가설로부터 나오는 시험 명제들 가운데 하나는 다음과 같은 것이었다.

만일 제1산부인과의 산모들을 진찰하는 사람들이 표백분 수용액으로 손을 씻으면 산욕열로 인한 사망률이 감소할 것이다.

마찬가지로 토리첼리 가설의 시험 명제들도 아래와 같은 조건적 진술을 포함하고 있다.

만일 토리첼리의 기압계가 점점 높은 곳으로 옮겨진다면, 수은주의 길이는 그 고도에 따라서 감소될 것이다.

이런 시험 명제는 **두 가지 의미**로 조건 진술의 성격을 지니고 있다. 첫째는 가설이 그로부터 나온 시험 명제를 함의한다 — 가설은 전건이고 시험 명제는 후건이다 — 라는 뜻에서 시험 명제는 조건 진술이다. 둘째는 시험 명제가 논리학에서 **조건 형식**(條件 形式, conditional)이나 **실질 함의**(實質 含意, material implication)라고 불리는 진술 형식, 즉 "만일 … 라면 … 이다."라는 형식을 지니고 있다는 뜻에서 조건 진술이다.

위에서 인용한 세 예는 구체적 시험 조건 C가 기술적으로 실현 가능한 조건이므로 원하기만 하면 현실화할 수 있다. 그리고 이 시험 조건을 현실화하는 일은 연구되고 있는 현상(산욕열의 발생 빈도, 수은주의 길이)에 영향을 준다고 가설이 주장하는 요인(첫째와 둘째 경우에는 분만 자세, 전염 물질의 유무, 셋째 경우에는 수직 방향의 공기 압력)을 통제하는 일을 포함한다. 이런 종류의 시험 명제는 **실험적 시험**(實驗的 試驗, experimental test)의 기초를 제공하는데, 이 실험적 시험은 시험 조건 C가 현실적으로 갖추어졌을 경우에 가설에 함의되어 있는 대로 사건 E가 일어나는지 검사하는 일이다.

과학적 가설 대부분은 양적 용어로 표현된다. 그래서 과학적 가설은 가장 단순한 경우에는 하나의 양적 변항의 수학적 함수로 표현된다. 그렇기 때문에 고전적 기체 법칙 "$V = c \cdot T/P$"는 기체의 부피를 온도와 압력의 함수로 표현하고 있다(c는 상수다). 이런 종류의 진술은 무수히 많은 정량적 시험 명제를 만들어낸다. 이 예에서는 이런 시험 명제가 다음과 같은 형식으로 이루어진다. 만일 일정량의 기체가 지닌 온도가 T_1이고, 그 기체가 받는 압력이 P_1이라면, 그 기체의 부피는 "$c \cdot T_1/P_1$"이다. 이때 실험적 시험은 "독립 변항"(獨立 變項, independent variable)의 값을 변화시키면서 "종속 변항"(從屬 變項, dependent variable)이 가설에 의거하여 주장된 값을 취하는지 검사하는 일이다.

시험 명제 속에 언급된 조건 C에 대한 실험적 통제가 불가능할 경우, 다시 말하면 이용할 수 있는 기술적 수단에 의해서 조건 C를 만들어내거나 조작할 수 없을 경우에는 조건 C가 저절로 갖추어진 경우를 찾아내거나 기다렸다가 정말로 그런 조건에서 E가 실제로 일어나는지 검사하지 않을 수 없는데, 이런 경우에는 가설을 **비실험적 시험**(非實驗的

試驗, nonexperimental test)을 통하여 시험할 수밖에 없다.

정량적 가설에 대해 실험을 통해서 시험할 때에는 가설에 언급되어 있는 양들 가운데서 어느 하나만 특정한 시각에 변화시키고 나머지 모든 조건은 일정하게 유지되어야 한다고 때로 주장되기도 한다. 그러나 이런 일은 불가능하다. 한 예로 기체 법칙에 대한 실험적 시험에서는 온도가 일정하게 유지되는 동안 압력이 변할 수 있고 또한 그 반대도 가능하다. 그러나 그 시험이 진행되는 동안에 수많은 다른 사정이 변할 것이다. 이런 사정들 가운데에는 실험실의 습도 · 조명도 · 자기장의 강도가 포함될 것이며, 또 분명히 태양이나 달로부터 그 기체 덩어리까지의 거리도 포함될 것이다. 그러나 그 실험이 앞에서 말한 바와 같이 기체 법칙을 시험하는 실험인 한 이런 요인을 가능한 한 많이 일정하게 유지하고자 할 이유가 전혀 없다. 왜냐하면 기체 법칙은 주어진 기체 덩어리의 부피가 그것이 지닌 온도와 그것이 받는 압력에 의해서 완전히 결정된다고 주장하고 있기 때문이다. 그러므로 이 법칙은 다른 요인의 변화가 그 기체의 부피에 영향을 미치지 않는다는 의미에서 "다른 요인은 그 기체의 부피와 관련이 없다."는 주장을 함의하고 있다. 그러므로 계속 변하는 그런 요인들을 이 시험에 관련 있는 것으로 인정하는 것은 시험받고 있는 가설의 폐기 가능성을 확인하기 위해서 더 넓은 영역의 사실을 탐구하는 일이 된다.

그렇지만 실험은 과학에서 시험의 방법으로 사용될 뿐만 아니라 발견의 방법으로도 사용된다. 그리고 실험이 발견의 방법으로 사용되는 과정에서는 곧 알게 되는 것처럼 어떤 요인을 일정하게 유지한다는 필요 조건이 중요한 의의를 지니게 된다.

실험을 시험의 방법으로 사용하는 경우는 토리첼리와 페리에의

실험에 의해서 예증되었다. 그 경우에는 가설이 미리 제안된 다음 실험
이 가설을 시험하기 위해서 실행되었다. 다른 어떤 경우에는 아무런 구
체적인 가설도 아직 제안되어 있지 않아서 과학자는 대강의 짐작을 가
지고 출발하여 더 명확한 가설에 이르는 길잡이로 실험을 사용할 수도
있다. 금속선이 그 선에 매달리는 무게에 의해서 어떻게 늘어나는지 연
구하는 경우에, 과학자는 늘어나는 길이의 양적 증가는 금속선의 최초
의 길이 · 금속선의 단면적 · 금속의 종류 · 금속선에 매달리는 물체의
무게에 의존할 것이라고 추측할 것이다. 그리고 나서 과학자는 그런 요
인이 금속선의 늘어나는 길이에 정말로 영향을 주는지 주지 않는지 확
인하기 위해 실험을 행할 것이고(이 경우에는 실험이 시험의 방법으로 작용하고
있다), 만일 실제로 영향을 준다고 확인되었다면, 그런 요인이 정확히
어떻게 "종속 변항"에 영향을 주는가, 즉 종속 관계를 정확히 나타내는
수학적 공식이 무엇인지 결정하기 위한 실험을 행할 것이다(이 경우에는
실험이 발견의 방법으로 작용하고 있다). 실험자가 금속선의 길이는 온도에 따
라서도 변한다는 것을 알고 있다면, 그는 무엇보다 먼저 온도를 일정하
게 유지하여 온도의 영향으로 말미암은 방해를 제거하려고 할 것이다.
(하지만 과학자는 나중에 길이의 증가와 다른 요인과의 관계를 나타내
는 함수 속에서 어떤 "매개 변항"(媒介 變項, parameter)의 값이 온도에 종
속하는지 종속하지 않는지 확인하기 위해서 온도를 조직적으로 변화시
킬 수 있다.) 과학자는 일정한 온도에서 진행되는 실험에서 자신이 관
련 있다고 생각하는 요인을 다른 요인은 일정하게 유지하면서 한 번에
하나씩 변화시킬 것이다. 과학자는 이렇게 해서 얻어진 결과를 근거로
삼고 일반화(一般化, generalization)를 시도하여 길이의 증가를 최초의 길
이의 함수나 무게의 함수 등으로 표현하는 일반적 결론을 잠정적으로

정식화할 것이다. 그다음 과학자는 다시 이 일반 명제를 근거로 삼고 길이의 증가를 모든 시험된 변항의 함수로 주장하는 더욱 일반적인 공식을 구성하려고 노력할 것이다.

실험이 가설을 발견하는 지침으로서 작용할 뿐만 아니라 새로운 사실을 발견하는 방법으로 작용하고 있는 이런 경우에는 "관련 있는 요인들" 가운데서 한 요인을 제외하고 나머지 모두를 일정하게 유지한다는 원리는 중요한 의미를 지닌다. 그러나 물론 실제로 이 일이 이루어질 수 있는 최대 한도는 연구되고 있는 현상에 영향을 미친다는 의미에서 "관련 있다"고 믿어지는 요인들 가운데 한 요인을 제외하고 나머지 모든 요인을 일정하게 유지하는 것일 뿐이다. 그래서 어떤 중요한 요인이 간과되었을 가능성은 언제나 남아 있다.

자연 과학의 가설들 대부분이 실험적 시험을 거친다는 사실은 자연 과학이 지닌 두드러진 특성들 가운데 하나이며, 방법론상의 탁월한 강점들 가운데 하나다. 그러나 가설을 실험적 시험으로 검사한다는 사실은 모든 자연 과학의 특색을 이루는 고유한 특성이라 할 수는 없다. 실험적 시험의 사용 여부가 자연 과학과 사회 과학을 구분하는 기준이 되지는 못한다. 왜냐하면 실험적 시험 절차가 심리학에서도 사용되고, 사회학에서도 큰 역할은 못하지만 사용되기는 하기 때문이다. 또한 실험적 시험이 적용되는 범위는 실험에 필요한 기술이 진보함에 따라 점차 확대되고 있다. 그뿐 아니라 자연 과학에서도 모든 가설이 실험적 시험을 거치는 것은 아니다. 예를 들어 천문학에서 케페우스 변광성이라 불리는 어떤 유형의 변광성의 광도가 주기적으로 변하는 사실에 대해서 리비트(H. S. Leavitt, 1868-1921)와 샤플리(H. Shapley, 1885-1972)가 정식화한 법칙을 생각해보자. 이 법칙은 변광성의 변광 주기 p가 길면 길수록, 즉 교대로 나타나는 두 개의 극한 광도 사이의 시간 간격이 길면 길수록 변광성의 실질 광도는 커진다고 주장한다. 이 법칙은 양적 용어를 사용하여 표현하면 "$M = -(a + b \cdot \log P)$"라고 표현된다. 이 공식 속의 광도 M은 정의에 의해서 변광성의 광도에 대하여 역으로 변한다. 이 법칙은 만일 어떤 케페우스 변광성의 주기가 어떤 특정한 값 — 예컨대 5.3일이나 17.5일 — 을 취한다면 그 변광성의 광도는 얼마일 것이라고 주장하는 무수히 많은 시험 명제를 연역적으로 함의하고 있다. 그러나 특정한 주기를 지닌 케페우스 변광성은 우리 마음대로 만들어지는 것이 아니다. 그렇기 때문에 이 법칙은 실험에 의해서 시험해볼 수 없다. 오히려 천문학자는 새로운 케페우스 변광성을 찾기 위해서 하늘을 관찰하지 않을 수 없고, 언젠가 새로운 변광성이 발견되면 그 변광성의 광도와 주기가 애초에 추측의 근거로 사용되었던 리비트-샤플리의 법칙을 확증하는지 않는지 확인하려고 노력할 수밖에 다른 방도가 없다.

3.2 보조 가설의 역할   앞에서 우리는 시험받고 있는 가설로부터 시험 명제를 "끌어낸다"거나 "추리한다"고 말했다. 그러나 이 말은 시험받고 있는 가설과 시험 명제로 쓰이는 문장 사이의 **함의 관계**를 대충 언급한 말에 지나지 않는다. 어떤 경우에는 가설로부터 그에 대한 시험 문장으로 사용될 수 있는 조건 진술을 추리하는 일이 참으로 연역적으로 가능하다. 이미 알고 있는 바와 같이 리비트-샤플리의 법칙은 "만일 별 S가 얼마만큼의 주기를 가진 케페우스 변광성이라면 그 광도는 이러이러할 것이다."라는 형식을 지닌 문장을 연역적으로 함의

한다. 그러나 시험 명제를 "끌어내는 일"이 단순하지도 않고 결정적이
지도 못한 경우가 흔하다. 한 예로 산욕열의 원인은 전염 물질의 오염
이라는 젬멜바이스의 가설에서 나오는 시험 명제, 즉 만일 환자를 진찰
하는 사람이 표백분 수용액으로 손을 씻는다면 산욕열로 인한 사망률
이 감소할 것이라는 명제를 고찰해보자. 이 진술은 젬멜바이스의 가설
만을 근거로 삼고서는 연역적으로 끌어낼 수 없다. 젬멜바이스의 가설
로부터 이 진술을 끌어내기 위해서는 그저 비눗물로 손을 씻는 경우와
는 달리 표백분 수용액으로 손을 씻으면 문제의 전염 물질이 파괴될 것
이라는 다른 전제가 필요하다. 이 전제가 위의 논증에서는 암암리에 인
정되어 있는데, 이 전제는 젬멜바이스의 가설로부터 시험 문장을 끌어
낼 때에 이른바 **보조 가정**(補助 假定, auxiliary assumption)이나 **보조 가설**(補
助 假說, auxiliary hypothesis)의 역할을 하고 있다. 그러므로 우리는 만일 가
설 H가 옳으면 시험 명제 I가 반드시 옳아야 한다고 주장할 권리는 없
고, 단지 **가설 H와 보조 가설**이 둘 다 옳으면 시험 명제 I가 옳을 것이
라고 주장할 권리를 갖고 있을 뿐이다. 보조 가설을 신뢰하는 것은 앞
으로 알게 되는 바와 같이 가설을 시험하는 일에서 예외라기보다는 오
히려 규칙이다. 이 규칙은 시험을 통해 얻은 불리한 결과, 즉 시험 명제
I의 그름을 밝혀주는 발견에 의거해서 탐구 중인 가설이 반증되었다고
주장할 수 있는가 없는가라는 문제에 중대한 영향을 미친다.

　　만일 가설 H만이 시험 명제 I를 함의하는데, 경험적으로 발견된
자료가 시험 명제 I는 그르다고 밝혀준다면, 가설 H도 그르다고 규정
되어야 한다. 이 결정은 **후건 부정 논법**으로 이루어진 논증 (2a)에 따르
고 있다. 그러나 시험 명제 I가 하나 이상의 보조 가설 A와 결합되어 있
는 가설 H로부터 나왔다면 (2a)의 논증 형식은 다음과 같이 바뀌지 않

으면 안 된다.

3b]　만일 H와 A가 둘 다 옳다면 I가 옳다.

　　　그러나 (증거가 알려주는 바와 같이) I는 옳지 않다.

　　　H와 A가 둘 다 옳지는 않다.

이런 까닭에 만일 시험이 시험 명제 I의 그름을 밝혔다면, 우리가 추리할 수 있는 결론은 단지 가설 H가 그르거나 A에 포함된 보조 가정들 가운데 어느 하나가 그를 수밖에 없다는 것이다. 그래서 이런 시험은 가설 H를 거부할 수 있게 하는 결정적 근거를 제공하지 못한다. 예를 들어 만일 젬멜바이스가 도입한 방부 처리가 사망률의 저하를 가져오지 못했을지라도 젬멜바이스의 가설은 여전히 옳을 수 있을 것이다. 왜냐하면 이 시험의 부정적 결과는 표백분 수용액이 방부제로서 효력이 없었던 까닭에 그런 결과에 도달했을 수도 있기 때문이다.

　　이와 같은 상황은 오직 추상적으로만 가능한 것이 아니다. 티코 브라헤(T. Brahe, 1546-1601)는 정확한 관측 자료를 남겨 행성의 운동에 관한 케플러(J. Kepler, 1571-1630)의 법칙에 경험적 기초를 마련해준 천문학자인데, 그는 코페르니쿠스(N. Copernicus, 1473-1543)의 생각을 거부하였다. 브라헤는 여러 가지 이유를 검토한 끝에 다음과 같은 이유를 제시했다. 만일 코페르니쿠스의 가설이 옳다면 지구 위의 관찰자가 일정한 시각에 항성을 바라보는 방향이 점점 변하지 않으면 안 된다. 왜냐하면 지구가 태양의 둘레를 일 년 걸려 도는 동안에 관측자는 항성에 대한 방향이 천천히 변하는 관측소에서 항성을 관찰하지 않을 수 없다. 이 일의 이치는 회전목마를 타고 있는 어린이가 회전하는 관측 장소에서 어떤 구경꾼의 얼굴을 보기 때문에 구경꾼의 얼굴을 보는 방향이 계속해서 변하는 것과 똑같을 것이다. 좀 더 정확히 말하면 관측자가 어떤 항성을 보는 방향은 지구의 공전 궤도상의 정반대의 두 점에서 그 항성을 보는 두 방향이 이루는 각도 사이를 주기적으로 이동하지 않을 수 없을 것이다. 이 두 방향점이 대하는 각을 항성의 연주 시차(年周 視差)라고 부른다. 따라서 항성이 지구로부터 멀면 멀수록 그 항성의 연주 시차는 점점 더 작아진다. 브라헤는 항성의 "시차 운동"에 대한 증거를 자신이 이용할 수 있는 가장 정밀한 기구를 사용하여 탐색하였다. 그러나 이 관찰은 망원경이 만들어지기 이전에 진행된 것이었기 때문에 브라헤는 결국 아무것도 발견하지 못하고 말았다. 따라서 브라헤는 지구가 움직인다는 코페르니쿠스의 가설을 거부하였다. 하지만 항성의 시차 운동이 관찰될 수 있을 만큼 클 것이라는 시험 명제는 항성이 지구 가까이 있어서 그 시차 운동이 브라헤의 관찰 기구에 의해서 발견되기에 충분할 만큼 크다는 보조 가정의 도움을 받아야만 코페르니쿠스의 가설로부터 나올 수 있다. 브라헤는 이 보조 가정이 성립해야 한다는 것을 알고 있었고, 이 보조 가정이 옳다고 밝혀주는 근거도 자신이 가지고 있다고 믿었다. 이런 까닭에 브라헤는 코페르니쿠스의 가설을 거부할 수밖에 없다고 느꼈던 것이다. 그 후 항성이 시차에 따라 이동한다는 사실이 계속 발견되었는데, 이 발견으로 적어도 브라헤의 보조 가설이 그르다는 것은 밝혀졌다. 실제로는 지구에서 가장 가까운 항성이라 해도 브라헤가 가정했던 것보다는 엄청나게 더 멀리 있기 때문에 시차 측정은 훌륭한 망원경과 아주 정밀한 기술이 필요하다. 항성의 시차 측정에 대한 최초의 공식적 인정은 1838년에 이르러서야 겨우 이루어졌다.

  가설을 시험하는 일에서 보조 가설의 중요성은 한층 더 광범위하게 인정되어야 한다. 이제 가설 H를 "만일 C라면 E다."라는 시험 명제를 검사하여 시험하려고 하는데, 이 시험 명제가 가설 H와 일련의 보조 가설 A로부터 나왔다고 가정해보자. 그렇다면 이 시험은 궁극적으로는 탐구자가 자신의 지식을 최대한 활용하여 조건 C를 실현시킨 시험 상황에서 E가 일어나는지 일어나지 않는지 확인하는 일이다. 만일 실제로 이 시험 상황이 실현되지 못한다면 — 예컨대 시험 장치가 결함을 지니고 있거나 충분할 정도로 감도가 좋지 못하다면 — 가설 H와 보조 가설 A가 둘 다 옳을지라도 E는 일어나지 않을 수 있다. 이 이유 때문에 시험이 의존하고 있는 일련의 보조 가설 전체는 시험 장치가 구체적 조건 C를 만족시킨다는 가정을 포함하고 있다고 할 수 있는 것이다.

  이 점은 정밀한 검사를 받고 있는 가설이 지금까지 시행된 모든 시험을 잘 견디어왔을 뿐만 아니라 다른 다양한 증거에 의해 역시 입증된 가설들이 결합하여 이루어진 더 큰 **가설 체계**의 본질적 부분일 때에는 특히 중요하다. 이런 경우에는 탐구자의 노력이 조건 C 가운데 어떤 조건이 그 시험에서 만족되지 못했음을 밝혀냄으로써 E가 일어나지 않은 이유를 설명하는 쪽으로 진행되기 쉬울 것이다.

  한 예로 전기량은 원자론적 구조를 갖고 있기 때문에 모든 전기량은 전기의 원자, 즉 전자가 지닌 전기량의 정수 배로 이루어진다는 가설을 살펴보자. 이 가설은 밀리컨(R. A. Millikan, 1868-1953)이 1909년과 그 후에 행한 실험에 의해서 매우 강력한 지지를 얻었다. 이 실험에서 기름이나 수은 같은 액체의 극히 작은 방울 하나하나가 지닌 전기량은 그 방울들이 중력의 영향으로 공기 중에서 떨어지거나 방울들의 운동 방향과 반대 방향으로 작용하는 전기장의 영향으로 솟아오를 때에 그

방울들이 지닌 속도를 측정함으로써 결정되었다. 밀리컨은 모든 전기량이 어떤 기본적 최소 전기량과 같거나 작은 수의 정수 배라는 것을 발견하고, 이에 따라 이 최소 전기량을 전자의 전기량으로 확인하였다. 그는 주의 깊게 행한 수많은 측정을 근거로 하여 정전기의 단위에 4.774×10^{-10}의 값을 부여하였다. 이 가설은 곧 비엔나에 있는 물리학자 에렌하프트(F. Ehrenhaft, 1879-1952)의 도전을 받았다. 에렌하프트는 스스로 밀리컨의 실험을 반복해서 해보고, 밀리컨에 의해 최소량이라고 주장된 전기량보다 훨씬 더 작은 전기량을 발견했다고 발표하였다. 밀리컨은 에렌하프트의 실험 결과에 대해서 논평하면서[1] 자신의 가설에 명백하게 반대되는 에렌하프트의 실험적 발견이 왜 잘못되었는가를 설명하기 위해서 과오가 일어날 수 있는 여러 가지 근원, 즉 시험상의 여러 가지 필수 조건이 지닌 잘못된 점을 지적하였다. 그 필수 조건들은 관찰하는 동안에 진행되는 증발로 인한 방울 무게의 감소, 에렌하프트가 몇몇 실험에서 사용했던 수은 방울들 표면에 형성된 산화층, 공기 중에 떠도는 먼지 입자들의 방해 효과, 관찰하기 위해 사용되는 망원경의 초점에서 벗어나 떠도는 방울들, 반드시 구형이어야 하는 아주 작은 방울들이 일그러지는 일, 작은 입자들의 운동을 조절할 때에 일어나는 피할 수 없는 실수 등등이었다. 밀리컨은 기름방울을 가지고 실험한 다른 물리학자가 정상이 아닌 두 가지 입자들에 대하여 보고한 관찰 내용을 참조하여 다음과 같이 결론을 내렸다. "그렇다면 이 두 가지 입자에 대해 내릴 수 있는 오직 하나 가능한 해석은 … 그 두 가지 입자가 구형

---

[1]   R. A. Millikan, *The Electron* (Chicago : The University of Chicago Press, 1917)의 VIII장을 보라. 1963년에 J. W. M. DuMond의 서문이 추가되어 다시 인쇄되었다.

의 기름방울이 아니라 먼지 입자라는 것이다."(pp. 169, 170) 더 나아가 밀리컨은 자신의 실험을 더욱 정밀하게 반복해본 결과가 모든 점에서 자신이 이미 발표한 결과와 근본적으로 일치한다고 지적하였다. 에렌하프트는 여러 해 동안 자신이 얻은 결과를 변호하면서 전자보다 더 작은 전기량에 관한 자신의 발견을 확장하는 일을 계속하였다. 그러나 다른 물리학자들은 그가 얻은 결과를 일반적으로 재현할 수 없었다. 그래서 전기량에 관한 원자론적 개념은 유지되었다. 그렇지만 밀리컨이 최소 전기량에 부여했던 수치는 나중에 그보다 약간 작다는 사실이 발견되었다. 흥미로운 것은 이 오차가 밀리컨 자신의 보조 가설들 가운데 하나가 지니고 있던 과오를 밝힘으로써 확인되었다는 점이다. 기름방울에 관한 자료를 평가할 때에 밀리컨이 공기의 점성에 너무 낮은 값을 부여했던 사실이 뒤늦게 밝혀졌던 것이다.

3.3 결정적 시험

앞에서 설명한 내용은 **결정적 시험**(決定的 試驗, crucial test)이라는 생각에 대해서도 중요하다. 결정적 시험을 간단히 기술하면 다음과 같다. 가설 H_1과 H_2는 동일한 주제에 관해서 경쟁하는 가설인데, 두 가설 모두 지금까지의 경험적 사실을 잘 통과해왔기 때문에 현재 이용할 수 있는 증거가 두 가설 가운데 어느 한쪽을 확증한다고 볼 수 없는 경우를 생각해보자. 이런 경우에 두 가설 가운데서 하나를 선택하는 일은 가설 H_1과 H_2가 상반되게 예언하는 두 시험 명제를 확인하는 어떤 시험을 필요로 한다. 다시 말하면 어떤 종류의 시험 조건 C가 주어질 때에 첫 번째 가설로부터는 "만일 C라면 E_1이다."라는 시험 명제가 나오고, 두 번째 가설로부터는 "만일 C라면 E_2이다."

가 나오는데, 이 두 시험 명제의 후건 E_1과 E_2가 서로 배척하는 사실이기 때문에 E_1과 E_2 어느 쪽이 옳은지 확인해야 하는 시험을 해보지 않을 수 없게 된다. 이 일에 적절한 시험이 실제로 이루어진다면, 그 시험은 두 가설 가운데 하나를 거부하고 다른 하나를 입증하게 될 것이다.

푸코(J. Foucault, 1819-1868)가 빛의 성질에 대해 경쟁하는 두 가지 생각을 판정하기 위해서 행한 실험은 이런 시험의 고전적 실례이다. 두 생각 가운데 하나는 호이겐스(C. Huyghens, 1629-1695)가 처음 주장하고, 프레넬(A. J. Fresnel, 1788-1827)과 영(T. Young, 1773-1829)이 계속 발전시킨 가설인데, 빛은 에테르라는 탄성 매체를 통해 전파되는 횡파로 되어 있다는 이론이다. 다른 하나는 빛이 미립자라는 뉴턴(I. Newton, 1642-1727)의 생각인데, 이 이론은 빛이 고속으로 날으는 극히 작은 입자들로 구성되어 있다고 주장한다. 이 두 이론은 어느 것이든 "광선"이 직진의 법칙 · 반사의 법칙 · 굴절의 법칙을 확증해야 한다는 결론을 만족시킬 수 있었다. 그러나 빛이 파동이라는 생각은 한 걸음 더 나아가 빛이 물속에서보다 공기 중에서 더 빨리 진행해야 한다는 명제에 도달하였고, 빛이 입자라는 생각은 이와 반대되는 결론에 도달하였다. 1850년에 푸코는 공기 속에서의 빛의 속도와 물속에서의 빛의 속도를 직접 비교하는 실험에 성공하였다. 그는 두 개의 점광원에서 나오는 두 개의 광선을 만들어 하나는 물을 통과하고 다른 하나는 공기를 통과하여 각기 영상을 맺도록 한 다음, 고속으로 회전하는 거울이 그 두 광선의 영상을 반사시키는 장치를 만들었다. 공기 속에서의 빛의 속도가 물속에서의 빛의 속도보다 더 큰가 작은가에 따라 첫 번째 광원의 영상은 두 번째 광원의 영상의 오른쪽에 나타나거나 아니면 왼쪽에 나타나게 되어 있었다. 따라서 이 실험에 의해서 검사된 상반되는 두 시험 명제는 "푸코의 실험이 행해지면 첫 번째 영상은 두 번째 영상의 오른쪽에 나타날 것이다."와 "푸코의 실험이 행해지면 첫 번째 영상은 두 번째 영상의 왼쪽에 나타날 것이다."라고 간명하게 표현될 수 있었다. 이 실험의 결과는 첫 번째 명제가 옳다는 것을 입증하였다.

　　이 실험 결과는 빛에 관한 입자설을 명백하게 논박할 뿐만 아니라 파동설의 정당성을 결정적으로 입증하는 것으로 널리 인정받았다. 그러나 이 평가는 — 당시로서는 매우 자연스러운 평가라고 할 수 있으나 — 그 시험의 힘을 과대평가한 것이었다. 왜냐하면 빛이 공기 중에서보다 물속에서 더 빨리 진행한다는 진술은 빛이 입자들의 흐름이라는 일반적 개념만을 전제로 해서는 나오지 못하기 때문이다. 이 입자 가정은 그 자체만 보면 너무 막연하기 때문에 그로부터 어떠한 구체적인 정량적 결론도 끌어낼 수 없다. 반사의 법칙 · 굴절의 법칙 · 공기와 물속에서의 빛의 속도에 관한 진술 같은 시험 명제는 입자라는 일반 개념에 입자의 운동과 입자 주위의 매질이 입자에게 미치는 영향에 관한 구체적 가정이 보완되었을 때에만 나올 수 있다. 뉴턴은 그런 가정을 실제로 구체화했고, 이 일을 통하여 빛의 전파에 관한 명확한 이론을 수립하였다.[2] 푸코에 의해서 검사된 시험 명제와 같은 실험적으로 시험할 수 있는 결론에 도달하도록 한 것은 이 일련의 이론적 기초 원리 전체였던 것이다. 이와 같은 방식으로 파동 개념도 여러 가지 광학적 매질 속에서의 에테르 파동에 관한 일련의 구체적 가정에 근거를 두는 이론으로 정식화되었는데, 이 경우에도 반사의 법칙 · 굴절의 법칙 · 빛의 속도가 물속에서보다도 공기 중에서 더 크다는 진술을 함의했던 것은

---

[2] 이론의 형식과 기능은 6장에서 더 자세히 검토할 것이다.

이 일련의 이론적 원리 전체였다. 그러므로 (모든 다른 보조 가설이 옳다고 이미 인정했기 때문에) 푸코의 실험 결과는 입자 이론의 기본 가정이나 기본 원리가 모두 옳을 수는 없다는 것, 즉 그 가운데 적어도 하나는 그름에 틀림없다는 것을 추리할 권리를 우리에게 준다고 할 수는 있다. 그렇지만 이 실험 결과는 그 가운데 딱히 어느 것이 거부되어야 하는가에 관해서는 아무것도 가르쳐주지 못한다. 그렇기 때문에 빛의 전파 기능을 담당하는 것으로 여겨졌던 "입자-비슷한-투사체"라는 일반적 개념은 실험 전의 기본 법칙과는 다른 일련의 기본 법칙에 의해서 특성이 기술되어 약간 수정된 형태로 존속할 수 있는 가능성이 아직 남아 있었다.

실제로 1905년에 아인슈타인(A. Einstein, 1879-1955)은 빛에 관한 양자 이론 — 나중에 광자 이론이라 불리게 된 이론 — 속에서 수정된 형태의 입자 개념을 제안하였다. 그가 자신의 이론을 입증하기 위해 인용한 증거 가운데에는 레나르트(P. Lenard, 1862-1947)가 1903년에 행한 실험이 포함되어 있다. 아인슈타인은 이 실험이 파동 개념과 입자 개념에 관련이 있는 "두 번째 결정적 실험"일 수 있다고 그 성격을 파악했으며, 더 나아가 이 실험이 고전적 파동 이론을 "제거하는" 점에 주목하였다. 고전적 파동 이론은 이 무렵에 와서는 맥스웰(J. C. Maxwell, 1831-1879)과 헤르츠(H. R. Hertz, 1857-1894)의 연구에 힘입어 에테르의 탄성 진동이란 개념을 진행 방향에 수직으로 진동하는 전자파라는 개념으로 바꾸어놓았다. 레나르트의 실험은 광전 효과를 포함하고 있는 실험이어서 광점 P가 일정한 단위 시간 동안에 그 광선에 수직인 작은 막에 전달하는 빛 에너지에 관해서 서로 상반하는 두 개의 명제를 시험한 것으로 해석될 수 있었다. 고전적 파동 이론에 따르면 빛 에너지는 막을

광점 P로부터 멀리 가져감에 따라 계속해서 점점 영에 가까워지도록 감소될 것이다. 광자 이론에 입각하면 주어진 시간 동안에 전혀 광자가 막에 부딪치지 않아서 막이 받는 에너지가 영이 되지 않는 한 막이 받는 에너지는 최소한 하나의 광자에 의해 전달되는 만큼의 양은 되어야 한다. 그 까닭은 광자 이론에서는 영에 이르기까지의 연속적 감소라는 현상은 있을 수 없기 때문이다. 레나르트의 실험은 두 번째 명제를 지지하였다. 그렇지만 이 경우에도 파동 개념이 확정적으로 논박된 것은 아니다. 이 실험의 성과는 다만 파동 이론의 기초 개념들의 체계에 약간의 수정이 필요하다는 것을 입증했을 뿐이다. 실제로 아인슈타인은 고전적 파동 이론을 가능한 한 조금만 수정하려고 노력하였다.[3] 이렇기 때문에 결국 위에서 예시한 그런 종류의 실험은 서로 경쟁하는 두 가설 가운데 어느 하나를 **완전히** 반박할 수는 없다.

한편 이런 실험은 다른 쪽 가설을 "증명"하거나 확정적으로 정립시킬 수도 없다. 왜냐하면 이미 2장 2절에서 일반적으로 지적했던 바와 같이 과학적 가설이나 이론은 입증 자료 전체가 아무리 정확하고 광범위한 것일지라도 결정적으로 증명될 수는 없다. 이 점은 빛에 관해서 경쟁하는 두 이론처럼 직접 관찰할 수 없는 과정이나 자유 낙하처럼 관찰과 측정이 매우 쉽게 이루어지는 현상 가운데 어느 하나에 관한 일반적 법칙을 주장하거나 함의하는 가설이나 이론의 경우에는 특히 명백하다. 예컨대 갈릴레오의 법칙은 과거 · 현재 · 미래에 걸쳐 자유 낙하하는 모든 경우에 대해서 언급하고 있다. 하지만 이에 반해서 어떤 일

---

[3] 이 예는 P. Frank의 *Philosophy of Science* (Englewood Cliffs, N.J.: Prentice-Hall, Spectrum Books, 1962)의 8장에 상당히 길게 논의되어 있다.

정한 시점에 이용할 수 있는 모든 적절한 증거는 세심한 관측이 행해졌
던 비교적 적은 수효의 경우만을 이용할 수 있을 뿐이며, 더욱이 이 사
례들은 모두 과거의 사례이다. 그래서 갈릴레오의 법칙이 모든 관찰된
사례를 엄격하게 만족시킨다는 것이 확인되었다 할지라도, 이 사실이
과거나 미래의 어떤 관찰되지 않은 경우가 갈릴레오의 법칙을 확증하
지 않을지도 모른다는 가능성을 완전히 배제하지 못한다는 것은 분명
할 것이다. 요컨대 아무리 주의 깊고 광범위한 시험일지라도 두 가설
가운데 하나를 반증할 수도 없고 다른 쪽을 증명할 수도 없다. 이처럼
엄격한 의미로 해석하면 결정적 시험은 과학에서 불가능하다.[4]

그러나 푸코의 실험이나 레나르트의 실험과 같은 실험은 약간 **덜
엄격한 실제적 의미에서는** 결정적 실험이라 해도 좋을 것이다. 이런 실
험은 양립할 수 없는 두 개의 이론 가운데 하나가 심각하게 부적당하다
는 점을 드러내어 그와 경쟁하는 이론을 강하게 입증할 수 있다. 따라
서 이런 실험이 결과적으로는 그 실험 이후에 진행되는 **이론 작업과 실
험 작업**의 방향에는 결정적 영향을 미칠 수 있는 것이다.

3.4 미봉 가설   만일 가설 H를 시험하는 정밀한 방법이 보조 가설 A_1, A_2,
… , A_n을 필요 조건으로 한다면 — 즉 이런 보조 가설이 가

---

[4]   이 결론은 프랑스의 물리학자이자 과학사가인 Pierre Duhem이 내린 유명한 판정이
다. 1905년에 처음 출간된 Duhem의 책 *The Aim and Structure of Physical Theory*, trans.,
P. P. Wiener (Princeton : Princeton University Press, 1954)의 II부 VI장을 참조하기 바란
다. Louis de Broglie는 영문판에 쓴 서문 속에서 이 생각에 대하여 약간의 흥미로운 논평을
덧붙이고 있다.

설 H로부터 적절한 시험 명제 I를 끌어내기 위해 추가 전제로 사용된
다면 — 이미 살펴본 바와 같이 시험 명제 I의 그름을 밝혀주는 부정적
시험 결과는 가설 H나 보조 가설 가운데 어느 쪽이 그름에 틀림없으니
가설 H와 보조 가설이 이 시험 결과와 조화를 이루려면 어느 쪽인가는
수정되어야 한다는 것만 알려줄 뿐이다. 시험 결과에 가설 H와 보조
가설을 조화시키는 조정은 가설 H를 수정하거나 완전히 폐기하거나
아니면 보조 가설 체계를 변경함으로써 이루어질 수 있다. 가설 H가
심각하게 불리한 시험 결과에 직면했을 때조차도 — 어려움을 무릅쓰
고 보조 가설 체계에 근본적으로 충분한 수정을 가하고자 한다면 — 원
리상으로는 가설 H를 유지시킬 수 있는 가능성이 언제나 남아 있다.
그러나 과학은 어떤 희생을 치르더라도 기존의 가설이나 이론을 이런
식으로 방어하는 일에 매달리지 않는데, 여기에는 그럴만한 충분한 이
유가 있다. 예를 들어 생각해보자. 토리첼리가 "공기의 바다"(대기층)의
압력이라는 착상을 도입하기 전에는 단순 펌프의 기능이 자연은 진공
을 싫어한다는 생각에 입각하여 설명되었다. 다시 말하면 자연이 진공
을 싫어하기 때문에 피스톤이 끌려 올라감으로써 생기는 펌프통 속의
진공을 채우려고 물이 올라온다고 설명되었다. 그리고 이 생각은 다른
여러 가지 현상을 설명하는 데에도 도움이 되었다. 파스칼은 페리에
게 퓌드돔 산의 실험 성과를 묻는 편지 속에서 그들이 예상하는 결과가
자연은 진공을 싫어한다는 생각을 "결정적으로" 반박할 것이라고 주장
하였다. "만일 수은주의 높이가 산기슭에서의 높이보다 산꼭대기에서
줄어드는 현상이 일어난다면, … 공기의 무게와 압력이 수은의 일시 정
지 상태에 관련 있는 유일한 원인이지 자연이 진공을 싫어하기 때문이
아니라는 결론은 필연적으로 나오네. 왜냐하면 산꼭대기에 압력을 가

하는 공기량보다 산기슭에 압력을 가하는 공기량이 훨씬 많으며, 누구
도 자연이 산꼭대기에서보다 산기슭에서 진공을 더 싫어한다고 진지하
게 주장할 수는 없기 때문일세."[5] 그러나 위의 마지막 말은 진공에 대
한 혐오라는 생각이 페리에의 실험 결과에도 불구하고 구제될 수 있는
방법을 실제로 가르쳐주고 있다. 페리에의 실험 결과는 자연이 진공을
싫어한다는 일반적인 생각이 거느리는 보조 가정들 가운데서 혐오의
강도는 장소에 구애받지 않는다는 보조 가정에 대해서만 결정적 증거
였다. 진공에 대한 혐오라는 개념에 페리에가 발견한 명백하게 불리한
증거를 조화시키기 위해서는 종래의 보조 가설 대신에 진공에 대한 자
연의 혐오가 고도의 증가에 따라 감소한다는 보조 가설을 끌어들이는
것으로 충분하다. 그러나 이 가정은 논리적으로 불합리하거나 명백히
그르지는 않지만 과학적 관점에서 본다면 반대할만하다. 왜냐하면 이
가정이 임기응변의 땜질을 위해서, 즉 불리한 증거에 의해 중대한 위기
에 처한 가설을 구제한다는 단 하나의 목적을 위해서 도입되었기 때문
이다. 이 가정은 경험적으로 발견된 다른 사실에 의해서는 요구되지 않
으며, 일반적으로 어떠한 시험 명제도 그로부터 새로이 끌어낼 수 없
다. 반면에 공기의 압력에 입각한 가설은 많은 새로운 시험 명제를 이
끌어온다. 한 예로 파스칼은 만일 산기슭에서 조금밖에 팽창시키지 않
은 기구를 산꼭대기로 운반하면, 기구가 산꼭대기에서 가장 팽팽하게
팽창할 것이라고 주장하였다.

　　17세기 중엽에 진공 부정론자라고 불렸던 일군의 물리학자는 진

---

[5]   I. H. B. and A. G. H. Spiers, trans., *The Physical Treatises of Pascal* (New York:
Columbia University Press, 1937) 101쪽에 실려 있는 1647년 11월 15일자 Pascal의 편지에
서 인용하였다.

공이 자연 속에 존재할 수 없다고 주장하였다. 그래서 이들 가운데 한 사람은 토리첼리의 실험에도 불구하고 이 생각을 구하기 위해 기압계 속의 수은이 유리관의 꼭대기 안쪽에서 내려온 눈에 보이지 않는 실, 즉 보이지 않는 탯줄에 의해 그 위치에 매달려 있다는 임기응변의 **미봉 가설**(彌縫 假說, ad hoc hypothesis)을 실제로 제안하였다. 금속의 산화 현상에 관해서 대단히 쓸모 있는 이론이 처음으로 전개된 것은 18세기 초엽이었는데, 이 이론에 따르면 금속의 산화는 플로지스톤(phlogiston), 즉 열소(熱素)라는 물질이 빠져 달아나는 것을 뜻했다. 이 생각은 결국 라부아지에(A. L. Lavoisier, 1743-1794)의 반박을 받아 버려지게 되었는데, 라부아지에는 산화 과정의 최종 산물이 원래의 금속보다 더 무거워진다는 사실을 밝혔던 것이다. 그러나 플로지스톤 이론에 완강하게 집착한 몇몇 학자는 플로지스톤이 마이너스 무게를 가지고 있으므로 플로지스톤이 빠져나가면 잔류물의 무게는 증가하게 된다는 미봉 가설을 제안하여 라부아지에의 발견에 플로지스톤 이론을 조화시키려고 애썼다.

그렇지만 과거의 어떤 과학적 제안을 임시변통의 미봉 가설로 간주하여 물리치는 일이 쉬운 듯이 보이는 것은 지금 과거를 되돌아본다는 이점이 우리에게 있기 때문이며, 이에 반해서 그 당시의 상황 속에서 어떤 제안된 가설이 미봉 가설인지 아닌지 판정하기는 매우 어려운 일이다. 사실 미봉 가설을 판정하는 정확한 기준은 없다. 그렇긴 하지만 앞에서 시사된 바 있는 다음의 물음들을 통해 음미하면 상당한 지침을 얻을 수 있을 것이다. 그 가설은 현재까지 널리 인정되어왔으나 지금은 불리한 증거에 직면해 있는 어떤 생각을 구하려는 단 하나의 목적을 위해서 제안되었는가? 그 가설은 다른 현상도 설명하는가? 그 가설은 새로운 의의 있는 시험 명제를 만들어내는가? 그러나 이 문제와 더욱 밀접하게 관련되어 있는 한 가지 고려 사항은 어떤 기초 개념을 새로이 이용할 수 있게 된 증거에 조화시키려고 기존 가설의 자격을 유지시키기 위한 가설을 자꾸 도입하게 되면 결국에는 그 결과 이루어지는 가설 체계 전체가 다른 단순한 개념이 대안으로 제안되면 통째로 무너져버릴 수밖에 없을 정도로 복잡해진다는 사실이다.

3.5 원리적 시험
가능성과
경험적 의미

지금까지의 논의에서 밝혀진 바와 같이 하나의 진술이나 일련의 진술 T가 **객관적인 경험적 시험**에 최소한 "원리적으로라도" 회부될 수 없다면 과학적 가설이나 이론으로 제안된 의의는 전혀 없다고 보아야 한다. 이 말은 이미 살펴보았던 넓은 의미에서 T로부터 "만일 시험 조건 C가 갖추어지면 결과 E가 일어날 것이다."라는 형식을 지닌 시험 명제를 끌어내는 일이 가능해야 한다는 뜻이다. 그러나 시험 조건이 T가 제안되거나 검토되고 있는 그 당시에 실현되거나 기술적으로 실현 가능해야 할 필요는 없다. 예컨대 달의 표면 가까이에 정지해 있던 물체가 자유 낙하에 의해 t초 동안에 떨어지는 거리는 "$s = 2.7t^2$"피트라는 가설을 생각해보자. 이 가설은 달 표면에 자유 낙하하는 물체가 1, 2, 3, … 초에 떨어지는 거리는 2.7, 10.8, 24.3, … 피트일 것이라는 일련의 시험 명제를 연역적으로 만들어낸다. 그러므로 이 가설은 바로 위에서 상세히 서술된 시험을 아직 실행에 옮길 수는 없지만 원리적으로는 시험이 가능하다.

그러나 어떤 진술이나 일련의 진술이 원리적으로조차 시험에 회부될 수 없다면 — 달리 말해서 그로부터 전혀 시험 명제를 끌어낼 수 없다면 — 그런 진술이 과학적 가설이나 이론으로 제안되었다 하더라

도 생각해볼 수 있는 어떠한 경험적 발견도 그 진술과 일치하거나 상반
된다고 할 수 없기 때문에 전혀 과학적 의의가 없다. 이런 경우 그 진술
은 어떠한 경험적 현상과도 관계가 없다. 바꾸어 말하면 이런 진술은
경험적 의미가 없다. 가령 물체들 사이에 작용하는 만유인력은 물체 속
에 본래 내재하면서 물체의 "자연적 운동을 가능하게 하고 또 이해할
수 있도록" 해주는 애정과 비슷한 "욕구나 자연적 성향"[6]이 나타나는
것이라는 생각을 검토해보자. 어떤 시험 명제가 중력 현상에 대한 이
해석으로부터 나올 수 있을까? 누구나 익히 아는 애정에 특유한 여러
측면을 생각해보면, 이 주장은 만유인력이라는 친화력은 두 물체가 무
엇이건 반드시 서로 끌어당겨야 하는 것이 아니라 선택에 따라 일어나
는 현상이어야 한다는 주장을 함의하고 있는듯하다. 또한 어떤 물체가
다른 물체에 대해 갖는 친화력의 강도가 뒤의 물체가 앞의 물체에 대해
갖는 친화력의 강도와 항상 같아야 하는 것도 아니며, 이 친화력이 두
물체의 질량이나 두 물체 사이의 거리에 의존해야 한다는 것이 중요하
지도 않다. 그러나 이런 식으로 암시되고 있는 모든 귀결이 그르다고
밝혀졌기 때문에 우리가 검토하고 있는 친화력이라는 생각은 그런 귀
결을 함의하고 있지 않은 것이 분명하다. 실제로 그 생각은 만유인력
작용의 기초를 이루는 자연적 친화력이 그저 애정과 비슷하다고만 주
장하고 있을 뿐이다. 하지만 조금 뒤에 설명하는 바와 같이 이 생각은
너무나 종잡기 어려운 것이어서 그로부터 무언가 시험 명제를 끌어내
는 일이 전혀 불가능하다. 어떤 종류의 구체적인 경험적 발견도 이 주

---

[6]   예컨대 J. F. O'Brien은 "Gravity and Love as Unifying Principles" (*The Thomist*,
Vol. 21, 1958, 184–193쪽)라는 글에서 이 생각을 설명하고 있다.

장을 해석하는 일에 필요하지 않고, 더 나아가 생각할 수 있는 어떠한 관찰 자료나 실험 자료도 이 주장을 확증할 수도 없고 반증할 수도 없다. 그러므로 이 주장은 만유인력 현상에 관해 언급하는 아무런 내용도 갖고 있지 않다는 것을 특별히 강조할 필요가 있다. 따라서 이 주장은 만유인력 현상을 설명하거나 "이해할 수 있게" 해주지 못한다.

　　이 점을 조금 더 분명히 밝히기 위해서 어떤 사람이 물체는 마치 인력이 있는 것처럼 서로 끌어당기는데, 그 이유는 물체가 흡사 혐오와 같은 자연적 성향, 다시 말해 다른 물체에 충돌하여 파괴시키려는 자연적 경향으로 말미암아 서로를 향해 움직인다는 주장을 대안으로 제시했다고 가정해보자. 도대체 이 두 주장의 싸움을 판결할 방법을 누가 생각해낼 수 있을까? 그런 방법이 없다는 것은 아주 분명하다. 두 주장은 어느 것도 시험해볼 수 있는 명제를 전혀 만들어내지 못한다. 따라서 이 두 주장을 경험적으로 구별하는 일은 완전히 불가능하다. 이건 결코 문제되는 점이 과학에 의해서 결정되기에는 "너무나 심오하기" 때문이 아니다. 문제는 언어상으로 상충되고 있는 이 두 해석이 어떠한 주장도 전혀 내세우지 못하고 있다는 데에 있다. 그러므로 이 두 주장이 옳은가 그른가라고 묻는 물음은 전혀 무의미하며, 이 점이 바로 과학적 탐구가 그 두 주장의 싸움을 판결할 수 없는 이유이다. 이런 진술이 바로 **사이비 가설**(似而非 假說, pseudo-hypothesis)이다. 이런 진술은 겉모양만 가설인 것처럼 보이도록 꾸미고 있을 뿐이다.

　　그렇지만 과학적 가설은 정상적으로는 적절한 보조 가설과 결합했을 때에만 시험 명제를 만들어낸다는 것을 명심해야 한다. 그래서 "공기의 바다"가 가하는 압력이라는 토리첼리의 생각은 기압이 수압을 지배하는 법칙과 비슷한 법칙에 의해서 지배된다는 가정을 전제로 해서만 명확한 시험 명제를 만들어낸다. 이 가정은 예컨대 퓌드롬 산에서 행한 실험의 기초 역할을 하고 있다. 그렇기 때문에 어떤 제안된 가설이 경험적 의미를 갖고 있는지 아닌지 판정하고자 할 때에는 그 맥락 속에 명백하게 가정되어 있거나 암암리에 가정되어 있는 보조 가설이 무엇이며, 그 가설이 이 보조 가설과 결합하여 (보조 가설에서만 나올 수 있는 시험 명제가 아닌) 시험 명제를 만들어내는지 자문해보아야 한다.

더욱이 과학적 착상은 흔히 최초에는 시험에 관하여 단지 제한되고 희미한 가능성만 보여주는 형태로 도입된다. 이렇게 도입된 과학적 착상은 이러한 초기 시험을 기초로 하여 더욱 명확하고 정밀한 여러 가지 형태의 시험을 차례로 거치게 된다.

이런 이유와 이 책에서 다루기에는 매우 어려워 언급하지 못하는 다른 이유 때문에 [7] 원리적으로 시험 가능한 가설이나 이론과 원리적으로 시험 불가능한 진술을 선명하게 구분하는 경계선을 긋는 일이 불가능하다. 그러나 앞에서 언급한 구별은 — 약간 모호하긴 하지만 — 어떤 제안된 가설과 이론이 지닌 **과학적 의의와 잠재적 설명력**을 평가하기 위해서 중요할 뿐만 아니라 실제로 평가하는 일을 도와줄 것이다.

---

[7]   이 문제는 이 총서 가운데 W. Alston의 *Philosophy of Language* 4장에서 자세히 논하고 있다. 이 문제에 대한 더 완전하고 전문적인 논의는 C. G. Hempel의 *Aspects of Scientific Explanation* (New York: The Free Press, 1965)에 실려 있는 논문 "Empiricist Criteria of Cognitive Significance: Problems and Changes"를 참고하기 바란다.

확증과 승인 가능성에 관한 기준

4

    이미 지적한 바와 같이 매우 광범위하고 정확한 시험이 얻어낸 유리한 성과조차도 어떤 가설에 결정적 증명을 제공할 수는 없으며, 다만 얼마만큼의 강도를 지닌 "증거에 의한 입증" 즉 **"확증"**(確證, confirmation)만 줄 수 있다. 어떤 가설이 이미 수집된 증거 전체에 의해서 얼마나 강하게 입증되는가는 증거가 지닌 여러 가지 특성에 달려 있다. 이 장에서는 이 점을 살펴보고자 한다. 가설의 **과학적 승인 가능성**(科學的 承認 可能性, scientific acceptability)이나 **과학적 신뢰 가능성**(科學的 信賴 可能性, scientific credibility)을 평가할 때에 고려해야 할 가장 중요한 요인들 가운데 하나는 물론 이용할 수 있고 관련 있는 증거의 범위와 성격 그리고 증거가 그 범위와 성격에 기초하여 발휘하는 **입증 강도**다. 그러나 몇 가지 다른 요인도 고려되어야 하는데, 그런 요인들도 이 장에서 검토할 것이다. 이 장의 논의는 우선 가설이 입증되는 강도, 가설의 확증 정도의 증대, 가설의 신뢰 가능성을 증가시키거나 감소시키는 요인 등등을 정도 문제에는 관여하지 않으면서 다소 직관적 방식으로 설명하겠다. 그리고 마지막에 가서 이 장에서 언급된 개념들이 정확하게 양적으로 해석될 수 있는지 어떤지 간략하게 검토하고자 한다.

4.1 입증 증거의 양과 다양성과 정확성

가설의 확증은 부정적 증거가 없으면 시험을 통해서 얻어진 긍정적 결과의 수효에 따라 증가한다고 여겨지는 것이 보통이다. 예컨대 주기와 광도가 리비트-샤플리의 법칙을 확증하는 것으로 새로이 발견되는 케페우스 변광성 하나하나는 이 법칙에 대해서 증거에 의한 입증을 증가시키는 것으로 생각될 것이다. 그러나 대체로 말해서 하나의 새로운 긍정적 실례에 의해 이루어지는 확증의 **강화도**(强化度)는 일반적으로 이미 확인된 긍정적 실례의 수효가 늘어감에 따라 반대로 점점 작아진다. 만일 천 개의 확증 실례가 이미 확보되었다면 긍정적 발견을 하나 더 추가하는 일은 확증을 강화하기는 하겠지만 그 정도는 아주 미약할 것이다.

하지만 이 생각은 제한해서 받아들일 필요가 있다. 만일 지금까지의 모든 확증 실례가 동일한 종류의 시험에 의해서 얻어진 반면에, 새로이 발견되는 확증 실례는 다른 종류의 시험에 의해서 얻어진 결과라면 가설의 확증은 현저하게 높아질 것이다. 왜냐하면 가설의 확증은 수집된 긍정적 증거의 **양**(量, quantity)에만 의존하는 것이 아니라 수집된 증거의 **다양성**(多樣性, variety)에도 의존하기 때문이다. 다시 말하면 증거의 다양성이 크면 클수록 입증의 강도는 더욱 더 강해진다.

예를 들어 검토되고 있는 가설이 스넬(W. van R. Snell, 1591-1626)의 법칙이라고 가정해보자. 스넬의 법칙은 어떤 광학 매질로부터 다른 매질 속으로 비스듬히 비추어진 광선이 두 매질의 경계면에서 입사각의 Sin값과 굴절각의 Sin값의 비율 즉 "$\sin\alpha/\sin\beta$"가 임의의 두 광학 매질에서 항상 일정한 값을 유지하면서 굴절한다는 것이다. 이제 제각기 100번의 시험으로 이루어진 세 개의 시험군을 비교해보자. 첫 번째 시험군에서는 매질과 입사각이 일정하게 유지되었다. 매번의 시험에서 광선이 공기로부터 물속으로 입사각 30°로 비추어지도록 하고 굴절각을 측정하였다. 이 모든 경우에 "$\sin\alpha/\sin\beta$"의 값이 같다고 가정하자. 두 번째 시험군에서는 매질은 일정하게 유지되지만 입사각 α가 변경되었다. 즉 광선이 공기로부터 물속으로 여러 각도로 비추어지면서 그에 따르는 굴절각 β가 측정되었다. 이번에도 모든 측정에서 "$\sin\alpha/\sin\beta$"의 값이 같다고 가정하자. 세 번째 시험군에서는 매번 매질과 입사각 α를 둘 다 변경하면서 25쌍의 다른 매질 쌍에 대해서 조사하였는데, 각 매질 쌍에 네 개의 다른 입사각 α가 사용되었다. 동일한 매질 쌍에 대해서 네 번 행한 실험에서는 "$\sin\alpha/\sin\beta$"의 값이 동일한 반면에 다른 매질 쌍들의 경우에는 "$\sin\alpha/\sin\beta$"의 값이 다르다고 가정하자.

　　그렇다면 위의 세 시험군은 스넬의 법칙이 주장한 대로 어떠한 특정한 쌍의 매질에서도 "굴절각 분의 입사각의 비율"이 같기 때문에 일군의 긍정적 결과를 제공하고 있다. 그러나 가장 다양한 긍정적 실례를 제공하고 있는 세 번째 시험군이 훨씬 제한된 다양성을 지닌 입증 실례를 제공하고 있는 두 번째 시험군보다 훨씬 더 강하게 스넬의 법칙을 입증한다고 생각될 것은 분명하다. 한편 첫 번째 시험군은 일반적으로 스넬의 법칙에 두 번째 시험군보다 약한 입증을 부여한다고 생각될 것이다. 실제로 첫 번째 시험군에서는 똑같은 실험이 계속 되풀이되고 있으므로 100번의 실험 전체에 걸쳐 얻은 긍정적 결과가 이 시험군에 속하는 첫 번째와 두 번째 실험이 비율의 일정성을 확인함으로써 스넬의 가설을 입증한 것보다 더 강하게 입증할 수는 없다고 생각할 수도 있다. 그러나 이 생각은 잘못이다. 이 경우에도 완전히 똑같은 실험이 100번 반복된 것은 아니다. 왜냐하면 계속된 매번의 실험에서 실험 장치에서 달까지의 거리, 더 나아가 광원의 온도·기압 등등의 많은 점에서 차이가 있을 것이기 때문이다. "동일하게 유지된 것"은 일정한 입사각과 한 쌍의 특정한 매질을 포함하고 있는 일련의 조건일 뿐이다. 그러므로 이런 상황에서 처음 두어 번의 측정이 동일한 "sinα/sinβ"의 값에 도달했다 할지라도, 그 뒤의 시험이 상황의 세밀한 변화에 따라 다른 비율의 값에 도달했어야 한다는 것은 논리적으로 확실히 가능하다. 그래서 이 경우에도 이보다 더욱 다양한 실례를 포함하는 시험군이 가설을 확증하는 것보다 그 강도가 훨씬 떨어지기는 하겠지만 긍정적 결과를 가져온 시험을 반복하는 일이 가설의 확증을 높이는 것이다.

이제는 누구나 젬멜바이스가 자신의 가설을 지지하는 증거로 상당히 다양한 사실을 지적할 수 있었다는 사실에 생각이 미칠 것이다. 과학 이론은 흔히 놀랄 만큼 다양한 경험적 발견에 의해서 입증된다. 뉴턴의 만유인력 이론과 운동 이론은 예컨대 자유 낙하, 단진자, 지구에 대한 달의 운동과 태양에 대한 행성의 운동, 혜성의 궤도와 인공위성의 궤도, 이중성의 상호 운동, 조수의 간만 현상, 그 밖의 수많은 현상에 관한 법칙을 함의하고 있다. 그래서 이런 법칙을 입증하는 다양한 실험적 발견과 관찰에 의한 발견이 모두 다 뉴턴의 이론을 입증하게 된다.

논거의 다양성이 가설의 확증에서 그처럼 중요한 요인이 되는 이유는 예로 들은 스넬의 법칙에 대한 다양한 시험에 관해서 언급하는 아래의 고찰을 보면 짐작이 될 것이다. 시험되고 있는 스넬의 가설 S는 광학적 매질의 모든 쌍에 관해서 주장하고, 또 임의의 매질 쌍에 대한 모든 입사각과 그와 짝을 이루는 굴절각에 대해서 "sinα/sinβ"의 값이 같다고 주장한다. 그런데 가설 S를 시험하는 일련의 실험은 S에 의해 주장된 다양한 가능성을 시험하는 것이므로, 실험 범위가 넓으면 넓을 수록 S가 그르다면 반드시 발견되어야 할 부정적 실례를 찾아낼 수 있는 기회도 그만큼 많아질 것이다. 따라서 첫 번째 실험군은 더 명확히 말하면 스넬의 법칙에 함의된 내용 가운데 단지 작은 부분을 표현하는 가설 S_1, 즉 매질이 공기와 물이고 입사각 α가 30°인 때에는 언제나 "sinα/sinβ"의 값이 같다는 가설을 시험한 것으로 볼 수 있다. 그러므로 S_1은 분명히 옳은데도 S가 그른 경우가 있을 수 있는데, 첫 번째 종류의 시험은 이 사실을 결코 밝혀내지 못할 것이다. 마찬가지로 두 번째 실험군은 분명히 S_1보다는 더 많은 것을 주장하지만 여전히 S에는 도저히 미치지 못하는 가설 S_2, 즉 매질이 공기와 물인 경우에는 모든 입사각 α와 그와 짝을 이루는 굴절각 β에 대해 "sinα/sinβ"의 값이 같다는 가설을 시험하고 있다. 그러므로 만일 S_2는 분명히 옳은데도 S가 그른 경우가 있을 수 있는데, 이 두 번째 종류의 시험은 이 사실을 결코 밝혀내지 못할 것이다. 이런 까닭에 세 번째 실험군이 앞의 두 실험군보다 더 철저하게 스넬의 법칙을 시험하고 있다고 할 수 있다. 그렇다면 바로 이 사실로 말미암아 세 번째 종류의 실험에서 얻은 한결같은 긍정적 결과는 스넬의 법칙을 더욱 강하게 입증한다고 보아야 할 것이다.

다양한 증거가 지닌 힘을 조금 더 분명하게 드러내기 위해서 만일 증거의 다양성을 더 확대하기 위해 매질의 온도를 변화시키거나 파장이 다른 여러 단색광선을 사용하게 되면, 위에서 인용된 고전적 형태의 스넬의 법칙은 그르다는 사실이 실제로 밝혀진다는 것을 지적해두는 것이 좋겠다.

그러나 다양한 증거에 대해서 지금까지 해온 주장이 너무 과장된

것은 아닐까? 요컨대 다양성을 증가시키는 어떤 방식은 가설의 확증을
높일 수 없기 때문에 전혀 무의미한 것으로 간주되기 때문이다. 예를
들어 만일 스넬의 법칙에 대한 첫 번째 시험군에서 달의 모양의 변화에
따라 다른 장소에서 실험을 행하거나 눈동자의 색깔이 다른 실험자가
실험을 행하도록 함으로써 실험의 다양성을 증가시킨다면 이런 판정을
받게 될 것이다. 그렇지만 이러한 변경을 시도하는 일도 우리가 도대체
어떤 요인이 광학 현상에 영향을 끼치는지 전혀 모르거나 지극히 미미
한 지식밖에 갖고 있지 않다면 비합리적인 조치라고 할 수는 없을 것이
다. 예를 들어 퓌드돔 산에서 실험할 당시에는 실험자가 해발 고도 이
외의 어떤 요인이 기압계의 수은주 길이에 영향을 미칠 것인가에 대해
서 아주 명백한 생각은 전혀 갖지 못했다. 그래서 페리에와 그의 조수
가 산꼭대기에서 토리첼리의 실험을 행하여 기압계가 산기슭에 있을
때보다 수은주의 길이가 3인치 이상 짧아진 것을 발견했을 때에 그들
은 바로 그 산꼭대기에서 상황을 여러 가지로 바꾸면서 실험을 반복하
기로 결정하였다. 페리에는 이 일에 대하여 다음과 같이 쓰고 있다. "그
래서 나는 같은 일을 산꼭대기의 여러 장소에서 아주 정확을 기하면서
다섯 번 이상 시도해보았다. 한 번은 그곳에 있는 조그만 예배당 안에
서, 한 번은 예배당 밖에서, 한 번은 바람 속에서, 한 번은 좋은 날씨에,
한 번은 비가 오고 때로 구름이 뒤덮이는 속에서 매번 유리관 속에 공
기가 들어가지 못하게 주의를 기울이면서 실험을 반복했다. 그런데도
이 모든 시험에서 수은주의 높이가 똑같다는 사실이 발견되었다. … 이
결과는 충분히 우리를 만족시켰다."[1]

---

[1]   W. F. Magie, ed., *A Source Book in Physics*, p. 74.

이와 같이 증거를 다양하게 하는 어떤 방식은 중요하고 다른 어떤 방식은 무의미하다는 자격 판정은 시험받는 가설이 관련되어 있는 현상에 변화를 일으키는 요인이 일으키는 있음 직한 영향에 관해서 우리가 품고 있는 **배경 가정**(背景 假定, background assumption) ─ 아마 이전의 연구에 의해 얻은 결과이겠지만 지금은 탐구의 배경 역할을 하는 가정 ─ 에 근거를 두고 있다.

그런데 때로는 이런 배경 가정에 의문이 제기됨으로써 그에 따라 변경된 실험이 시도되는데, 일반적으로 인정받고 있는 견해로는 무의미한 일이라고 판정되는 이런 실험의 결과가 혁명적 발견이 되는 경우가 있다. 이 점은 물리학의 기초적 배경 가정들 가운데 하나인 **우기성 원리**(偶奇性 原理, Principle of parity)가 최근에 무너짐으로써 예증되었다. 이 원리에 따르면 자연 법칙은 좌와 우에 대해 공평하다. 만일 어떤 종류의 물리적 과정이 가능하다면, 다시 말해 어떤 종류의 물리적 과정의 발생이 자연 법칙에 의해 미리 배제되어 있지 않다면, 그 물리적 과정의 **경상**(鏡像, mirror image), 즉 거울에 비추인 사물의 좌우가 바뀌어 보이듯이 그 물리적 과정의 방향이 바뀐 과정도 가능하다. 1956년에 물리학자 양(C. N. Yang, 1922-)과 리(T. D. Lee, 1926-)는 소립자에 관한 이상스런 실험적 발견을 설명하려고 노력하다가 우기성 원리가 어떤 경우에는 파괴된다는 가설을 주장하게 되었다. 그리고 이들의 대담한 가설은 곧 명백한 실험적 확증을 얻게 되었던 것이다.

시험은 때로 그 시험을 구성하는 관찰 과정과 측정 절차의 정확성을 높임으로써 더욱 설득력 있게 될 수 있고, 그에 따라 시험의 결과도 더욱 유력한 것이 될 수 있다. 과학자들은 관성 질량과 중력 질량이 같다는 가설을 ─ 이전에는 한 예로 화학적 성분이 다른 물체들이 자유 낙하할 때에 보여주는 가속도가 모두 같다는 사실에 의해서 입증되었는데 — 최근에 지극히 정밀한 방법을 사용하여 다시 조사하였다. 그리고 그 결과는 — 실은 지금까지도 그 가설을 지탱해온 증거였지만 — 정확성의 증가로 말미암아 이 가설에 대한 확증을 대단히 크게 강화하였다.

4.2 "새로운" 시험 명제에 의한 확증   어떤 관찰된 현상을 설명하려고 고안되는 가설이 그 현상의 발생을 함의하도록 구성된다는 것은 두말할 필요도 없다. 그렇기 때문에 가설에 의하여 설명되는 사실이 가설에 대한 확증 증거가 되는 것은 당연하다. 그러나 과학적 가설이 "새로운" 증거 — 즉 가설이 정식화될 때에는 알려지지 않았거나 고려되지 않았던 사실 — 에 의해서 확증되는 일은 대단히 바람직하다. 자연 과학의 많은 가설과 이론은 실제로 이러한 "새로운" 현상에 의해서 입증되고 있으며, 그로 말미암아 가설과 이론에 대한 확증이 매우 강화되었다.

이 점은 지난 19세기의 마지막 25년 동안에 물리학자들이 기체의 방출 스펙트럼과 흡수 스펙트럼에서 발견된 많은 흑선을 지배하는 규칙성을 찾고 있던 때에 일어난 한 실례에 의해서 잘 설명될 수 있다. 1885년에 스위스의 고등학교 물리학 교사였던 발머(J. J. Balmer, 1825-1898)는 수소의 방출 스펙트럼 속에서 발견된 일련의 흑선의 파장이 지닌 규칙성을 표현하는 것으로 생각되는 공식을 발표하였다. 발머는 수소의 방출 스펙트럼에 대해 옹스트룀(A. J. Ångström, 1814-1874)이 행한 측정을 근거로 하여 아래와 같은 일반 공식을 구상하였다.

$$\lambda = b \frac{n^2}{n^2 - 2^2}$$

이 공식 속의 b는 발머가 경험적으로 3645.6Å의 값을 부여한 상수이고 n은 2보다 큰 정수이다. n = 3, 4, 5, 6일 때에 이 공식은 옹스트룀에 의해서 측정된 값과 아주 근사하게 일치하는 값을 만들어낸다. 그러나 발머는 이 공식에 의해서 얻어지는 다른 값도 수소 스펙트럼에서 발견 되었으나 아직 측정되지 않은 흑선들, 더 나아가 아직 발견조차 되지 않은 흑선들의 파장을 나타낼 것이라고 확신하였다. 그는 몇 개의 흑선 이 이미 발견되어 측정까지 이루어져 있었다는 사실을 몰랐다. 지금은 이미 수소의 방출 스펙트럼 속에서 이른바 발머 계열로 불리는 35개의 일관성 있게 해석되는 흑선이 확인되었으며, 이 흑선은 모두 발머의 공 식에 의해서 예언되었던 값과 잘 일치하는 파장을 가지고 있다.[2]

그렇지 않아도 기꺼이 믿으려는 사람들에게는 이처럼 정확하게 예언된 사실이 "새로이" 발견됨으로써 이루어지는 이러한 인상적 확증 이 가설의 신뢰도를 대단히 크게 높인다는 것은 조금도 놀라운 일이 아 니다. 그런데 이 과정에서 당황스러운 문제가 일어난다. 잠시 동안 발 머의 공식이 오늘날 발머 계열에 속하는 것으로 확인된 35개의 흑선이 모두 면밀히 측정된 후에 구성되었다고 가정해보자. 그렇다면 이 가정 에 대한 탐구의 경우에는 실제로는 이 공식이 구성되기 전에는 일부만 이 측정에 의해 얻어지고, 대부분이 이 공식이 구성된 후에 측정에 의

---

[2]   이 문제에 대한 자세하고 명쾌한 설명은 G. Holton and D. H. D. Roller, *Foundations of Modern Physical Science* (Reading, Mass.: Addison-Wesley Publishing Co., 1958)의 33 장에서 볼 수 있는데, 여기에 제시하는 간단한 개관도 이 책에 의존하고 있다.

하여 얻어진 35개의 흑선에 관한 경험적 발견을 모두 공식을 세울 때에 자료로 이용할 수 있는 셈이다. 그렇다면 이 공식은 "실제의 경우"에 확증되었던 것보다 이 "가정의 경우"에 약하게 확증된다고 생각해야 하는 걸까? 이 문제에 대해서는 실제의 경우보다 가정의 경우에 약하게 확증된다고 대답하는 쪽이 이치에 맞는다고 할 수 있다. 그 이유는 임의의 유한 개의 점이 주어지면 그 모든 점을 거치는 연속 곡선을 항상 그릴 수 있는 것처럼, 여하한 일군의 정량적 자료에 대해서도 그 자료 전체에 걸치는 가설이 구성될 수 있기 때문이다. 그러니까 발머의 공식이 가정의 경우처럼 구성된다면 놀랄만한 일은 아무것도 없을 것이다. 어떤 가설이 "새로이" 발견된 경우에도 들어맞는다는 사실이야 말로 그 가설에 무게를 더해주므로 주목해야 할만한 점이다. 실제의 경우에 발머의 가설은 이런 일을 해냈으므로 신임을 얻었다. 하지만 가정의 경우에는 이런 일이 이루어지지 못한다. 그래도 이 논증은 가정의 경우에도 발머의 공식이 35개의 측정된 파장에 적합하도록 제멋대로 꾸며진 가설에 불과한 것이 아니라는 응수를 받을 수 있겠다. 다시 말하면 반대로 이 공식은 형식상 기막힌 단순성을 지닌 가설이고, 이 가설이 수학적으로 단순한 공식에 의해서 35개의 파장을 표현한다는 바로 그 사실이 똑같은 자료에 적합하기는 하지만 매우 복잡한 공식에 부여되는 신뢰성보다 훨씬 더 높은 신뢰성을 이 가설에 부여하고 있음에 틀림없다는 응수를 받을 수 있을 것이다. 이 생각을 기하학의 용어를 빌어 표현한다면 다음과 같이 말할 수 있다. 만일 측정의 결과를 표현하는 일군의 점이 단순한 곡선에 의해서 연결될 수 있는 경우는 곡선이 복잡해서 즉각 알아볼 수 있는 규칙성을 전혀 보여주지 못하는 경우에 비해서 그 현상의 근저에 있는 일반 법칙을 발견했다는 우리의 확신을 훨씬 더 강하게 만들 것이다. (단순성이라는 개념에 대해서는 이 장의 후반에서 더 자세히 살펴볼 것이다.) 게다가 논리적 관점에서 보면 가설이 일군의 일정한 자료로부터 받는 입증의 강도는 오직 가설의 주장 내용과 입증 자료에만 의존해야 한다. 가설과 자료 가운데 어느 쪽이 먼저 나타났는가라는 문제는 순전히 역사 문제에 불과하기 때문에 가설의 확증에 영향을 끼치는 요인으로 간주되어서는 안 된다. 이 논리적 개념이 가설을 시험하는 일에 관해서 최근에 전개된 통계적 이론과 확증 및 귀납에 관해서 현재 진행되고 있는 논리적 분석의 근저에 암암리에 깔려 있는 것이 분명한데, 이 점에 관해서는 이 장의 마지막에 가서 간단히 설명하게 될 것이다.

4.3 이론적 입증   가설에 대해서 요구되는 입증이 지금까지 살펴본 바와 같이 전적으로 증거에 입각한 귀납적 성격의 입증일 필요는 없다.

가설에 대한 입증이 가설에서 끌어낸 시험 명제를 확인하는 자료에 전적으로 의존할 필요는 없으며, 때로는 부분적으로조차 그런 자료에 의존하지 않을 수도 있다. 가설에 대한 입증은 "위로부터" 내려올 경우도 있다. 다시 말하면 문제의 가설을 함의하고 있으면서 독립적으로 증거에 의해서 입증된 더욱 포괄적인 가설이나 이론으로부터 내려오는 수도 있다. 예를 들어 생각해보면 이 점을 쉽게 이해할 수 있다. 우리는 이미 앞에서 달에서의 자유 낙하에 대한 가설로서 "$s = 2.7t^2$"이라는 법칙을 검토하였다. 이 가설이 함의하고 있는 시험 명제들 가운데 어느 것도 달에서 행한 실험에 의해서 전혀 조사된 적이 없는데도 이 가설은 강한 **이론적 입증**(理論的 立證, theoretical support)을 받고 있다.

왜냐하면 이 가설이 달의 반지름(지구의 0.272배), 달의 질량(지구의 0.0123
배), 지구의 표면 근처의 중력 가속도(매초 32.2피트)에 관한 지식의 도움
을 받아서 (이미 굉장히 다양한 증거에 의해서 강하게 입증되어 있는)
뉴턴의 중력 이론과 운동 이론으로부터 연역적으로 나올 수 있기 때문
이다.

　　마찬가지로 이미 증거에 의한 귀납적 입증을 얻은 가설의 확증 강
도 역시 만일 그 가설이 추가로 위로부터 연역적 입증을 얻게 되면 훨
씬 더 강화된다. 이런 일은 예컨대 발머의 공식에도 일어났다. 발머는
수소 스펙트럼에 흑선의 계열이 더 있을 것이며, 그 모든 흑선의 파장
이 자신의 공식을 일반화한 아래의 공식을 확증할 것이라는 가능성을
예견했다. 그 일반화된 공식은 다음과 같다.

$$\lambda = b \frac{n^2}{n^2 - m^2}$$

이 공식 속의 m은 양의 정수이고 n은 m보다 큰 임의의 정수다. 이 일
반 공식은 m이 2일 때에는 발머의 공식이 되고, m이 1, 3, 4, 5, … 일
때에는 새로운 계열의 흑선을 결정한다. 그리고 실제로 m이 1, 3, 4, 5
일 때에 이에 각기 대응하는 계열이 실재한다는 사실이 수소 스펙트럼
에 속하지만 눈에 보이지 않는 적외선 부분과 자외선 부분에 대한 실험
적 탐구에 의해서 나중에 확정되었다. 이렇게 해서 발머의 최초의 공식
을 특수한 경우로 함의하는 더욱 일반적 가설이 증거에 의해서 강한 입
증을 받게 되었고, 이에 따라서 발머의 최초의 공식에 연역적 입증을
제공하고 있다. 더 나아가 이 일반화된 공식도 — 따라서 발머의 최초
의 공식도 — 1913년 보어(N. Bohr, 1885-1962)가 구성한 수소 원자 이론

에 의해서 연역적 입증을 받게 되었는데, 보어는 자신의 이론으로부터 발머의 일반화된 공식이 유도될 수 있음을 밝혔던 것이다. 발머의 공식이 보어의 이론으로부터 유도된다는 사실은 플랑크(M. Planck, 1858-1947), 아인슈타인(A. Einstein, 1879-1955), 그리고 보어가 발전시킨 양자론적 사고, 즉 발머의 공식에 귀납적 입증을 부여한 분광학적 측정 이외의 다른 다양한 증거에 의해서 입증된 양자론적 사고의 맥락에 발머의 공식이 조화를 이룬다는 것을 밝혀줌으로써 발머의 공식에 대한 입증을 막대하게 강화하였다.[3]

이와 관련해서 생각해보면, 어떤 가설의 신뢰성은 만일 그 가설이 제안된 당시에 잘 확증된 것으로 인정되고 있는 가설이나 이론과 충돌을 일으키면 불리한 입장에 처하게 된다는 것을 알 수 있다. 1877년도 "뉴욕 의학 보고서"에는 아이오와 주에 사는 의사 콜드웰이 목격했다는 사체 발굴 보고가 실려 있는데, 그는 이 글 속에서 머리털과 수염을 면도한 후 매장한 사람의 머리털과 수염이 관의 갈라진 틈으로 자라 나왔다고 주장하고 있다.[4] 이 주장은 목격자라고 자처하는 사람에 의해서 발언되었지만 별로 주저할 것이 없이 거부해도 좋을 것이다. 그 이유는 이 주장이 인간의 모발이 사후에 계속 자라는 정도에 관해서 지금까지 충분히 확인된 사실과 상반되기 때문이다.

우리는 앞에서 전자의 전기량보다 더 작은 전기량의 존재가 실험적으로 확인되었다는 에렌하프트의 주장을 검토했는데, 이 실례도 새

---

[3] 자세한 내용은 Holton and Roller, *Foundations of Modern Physical Science*, 34장(특히 7절)을 보라.

[4] B. Evans, *The Natural History of Nonsense* (New York: Alfred A. Knopf, 1946), p. 133.

로운 가설이 이미 광범위하게 입증된 이론과 충돌을 일으키면 새로운 가설이 불리한 입장에 빠지게 된다는 사실을 예증하고 있다.

하지만 방금 언급한 원리는 신중하게 조심해서 적용해야 한다. 그렇지 않으면 이 원리가 일단 승인받은 이론은 어떤 것이든 폐기될 수 없도록 방어하는 수단으로 사용될 수 있다. 다시 말하면 튼튼하게 확립된 이론에 불리한 발견은 지금까지 승인된 이론과 상충한다는 것을 이유로 삼아 항상 버려질 수 있는 것이다. 과학이 이런 절차에 따르지 않는다는 것은 두말할 것도 없다. 과학은 모든 가능한 반대 증거를 무시하면서 특정한 이론만을 옹호하는 일을 하지 않는다. 오히려 과학은 충분히 확증된 경험적 진술에 의해서 기술되는 확실한 경험적 지식의 포괄적 체계를 목표로 삼고 있으며, 이에 따라 과학은 지금까지 인정받은 어떤 가설이든 기꺼이 포기하거나 수정할 자세를 갖추고 있다. 그러나 이미 튼튼히 확립된 이론을 폐기하도록 만드는 발견은 정말로 유력한 발견이어야 한다. 특히 이 반대 증거가 실험 결과라면 그 결과가 반복해서 확인될 수 있어야 한다. 확고하고 유용한 이론이 실험적으로 재현할 수 있는 실험 결과와 상반된다는 사실이 발견되었을지라도, 그 이론이 곤란한 문제를 일으키지 않는다고 생각되는 맥락에서는 계속 사용될 수 있다. 예컨대 아인슈타인은 광전 효과와 같은 현상을 설명하기 위해 광전자 이론을 주장하면서도, 빛의 반사 현상 · 굴절 현상 · 편광 현상을 다루는 맥락에서는 자신의 광전자 이론이 전자파 이론을 결코 대신할 수 없을 것이라는 점을 알고 있었다. 실제로 전자파 이론은 여전히 이런 문제를 다룰 때에는 계속 사용되고 있다. 많은 영역에서 성공을 거둔 대규모의 포괄적 이론은 통상 대안으로 제안된 이론이 만족스럽게 작용할 때에만 폐기된다. 그래서 이처럼 훌륭한 이론을 만들어

내기는 어려운 일이다.[5]

4.4 단순성　어떤 가설의 승인 가능성에 영향을 미치는 다른 한 측면은 그 가설이 똑같은 현상을 설명하려고 제안된 다른 가설과 비교해 볼 때 그 다른 가설보다 더 단순한 가설인가 아닌가라는 점이다.

　　설명의 편의상 의도적으로 고안해낸 한 예를 가지고 생각해보자. 우리가 케페우스 변광성, 탄성을 지닌 금속 용수철, 점성이 있는 액체, 그 밖의 어떤 유형의 것이든 물리계(물리적 대상)를 연구하다가 그 물리계가 지닌 어떤 양적 특성 v가 그 물리계가 지닌 다른 양적 특성 u의 함수이고, 그래서 v가 u에 의해서 일의적으로 — 이를테면 진자의 주기가 그 길이의 함수라는 식으로 — 결정된다는 암시를 받았다고 가정해보자. 그래서 우리는 이 함수 관계를 엄밀하게 수학적 형식으로 진술함으로써 가설을 구성하려고 한다. 우리는 u가 순차로 0, 1, 2, 3의 값을 갖는 많은 실례를 조사할 수 있었는데, u에 대응하는 v의 값이 u의 값 각각에 대하여 2, 3, 4, 5임이 언제나 발견되었다고 하자. 더 나아가 우리가 이 물리계에 관해서 그 함수 관계의 정확한 형식을 짐작하게 할 수 있는 기초 지식을 전혀 갖고 있지 않아서 위의 자료를 근거로 삼고 다음과 같은 세 가지 가설이 제안되었다고 하자.

<hr>

[5]　이 점은 J. B. Conant의 *Science and Common Sense*의 7장에 연소에 관한 플로지스톤 이론을 실례로 이용하여 시사력이 풍부한 설명을 통해서 예증되어 있다. 과학 이론의 발전과 몰락에 관한 일반적인 생각은 최근에 관심의 초점을 모으고 있는 T. S. Kuhn의 *The Structure of Scientific Revolutions* (Chicago: The University of Chicago Press, 1962; 한국어 번역판은 『과학혁명의 구조』)에 설명되어 있다.

$$H_1: \quad v = u^4 - 6u^3 + 11u^2 - 5u + 2$$

$$H_2: \quad v = u^5 - 4u^4 - u^3 + 16u^2 - 11u + 2$$

$$H_3: \quad v = u + 2$$

이 세 가설은 모두 자료와 일치한다. 즉 세 가설 하나하나는 이미 조사된 네 개의 u의 값 각각에 대응한다고 알려진 v의 값을 정확하게 산출해낸다. 이 점을 기하학적으로 표현하면 다음과 같다. 즉 만일 세 가설이 평면 좌표에 그림표로 그려진다면 그림표에 그려진 세 개의 곡선 모두가 자료를 나타내는 네 개의 점 (0, 2), (1, 3), (2, 4), (3, 5)를 통과한다.

그렇지만 앞에서 가정한 바와 같이 만일 우리가 다른 대안을 암시받을 수 있는 적절한 배경 지식을 갖고 있지 않다면, H_3가 그와 경쟁 상대로 되어 있는 H_1과 H_2보다 더 단순하다는 점을 근거로 하여 H_1과 H_2보다는 H_3를 지지할 것은 의심할 나위가 없다. 이 사실은 만일 두 개의 가설이 동일한 자료에 적합하고 또 그 두 가설의 확증과 관련 있는 다른 점에 차이가 없다면, 좀 더 단순한 가설이 더 승인할만한 가설로 간주될 것이라는 점을 시사하고 있다.

이 기본적 착상을 모든 이론에 적용하는 일은 흔히 태양계를 태양 중심으로 본 코페르니쿠스(N. Copernicus, 1473-1543)의 지동설을 실례로 삼아 설명할 수 있다. 코페르니쿠스의 이론은 그에 의해 폐기된 지구 중심 이론, 즉 "반지름 · 속도 · 경도가 다르고 또 이심율과 이심 방향이 다른 여러 개의 주원(主圓)과 부원(副圓)으로 구성되어 정교하고 정확하기는 하나 기막히게 복잡한 프톨레마이오스(C. Ptolemy, 서기 2세기에 활동)의 태양계 체계보다 현저히 단순하기 때문에 인정받았다는 것이다.[6]

단순성이 과학에서 높이 평가된다는 사실은 부정할 수 없지만, 탐
구되는 주제에 정말 관련 있는 단순성을 가려내는 명확한 기준을 정하
는 일과 더 단순한 가설과 이론에 주어지는 우선권을 정당화하는 일은
쉬운 일이 아니다.

단순성에 대한 판정 기준은 어떤 것이든 **객관적 기준**이어야 한다는
것은 두말할 필요도 없다. 이 기준은 어떤 가설이나 이론이 지닌 직감
적으로 끌리는 매력이나 이해하기 기억하기 등등이 쉽다는 특징에 의
거해서 세워질 수 없는데, 이런 요인은 사람마다 다르기 때문이다. H_1,
H_2, H_3와 같은 정량적 가설의 경우에는 하나하나를 그림표에 그린 다
음 비교하여 단순성을 판정할 수 있다고 생각해볼 수 있다. 이 세 가설
을 직교좌표에 그리면 H_3의 그림표는 직선인 반면에 H_1과 H_2의 그림
표는 네 개의 자료를 나타내는 점을 통과하는 상당히 복잡한 곡선이다.
그러나 이 기준은 자의적인 기준인 것 같다. 왜냐하면 세 가설을 u를
방향각, v를 동경으로 하는 극좌표로 그린다면, H_3는 나선형으로 나타
나는데, 극좌표에서 단순한 직선으로 나타나는 함수는 매우 복잡한 함
수일 것이기 때문이다.

앞에서 든 예와 같이 모든 함수가 다항식으로 표현된다면 **항의 수
효**가 복잡성의 정도를 나타내는 표지로 간주될 수도 있다. 이 기준에
의하면 H_2는 H_1보다 더 복잡하고, 다시 H_1은 H_3에 비해 더 복잡할 것

---

6   E. Rogers의 *Physics for the Inquiring Mind* (Princeton : Princeton University Press,
1960)의 240쪽을 참고하기 바란다. 이 책의 14장과 16장은 이 두 체계에 대해 더할 나위 없
는 설명과 평가를 보여주고 있다. 이 두 장에서 Rogers는 코페르니쿠스의 체계가 훨씬 더 단
순하다는 논지에 더 큰 비중을 두고 있다. 하지만 코페르니쿠스 시대에 알려져 있었으면서 프
톨레마이오스 체계에 의해서 설명될 수 없었던 여러 가지 사실을 코페르니쿠스 체계가 설명
할 수 있다는 것도 보여주고 있다.

이다. 그러나 삼각함수를 비롯한 다른 함수도 고려되어야 할 경우에는 다른 기준이 필요하게 된다.

이론의 경우에는 독립적인 **기초 가정**(基礎 假定, basic assumption)의 수효가 때로 복잡성의 정도를 알려주는 지표로 간주된다. 그러나 기초 가정은 여러 가지 방식으로 결합될 수도 있고 분리될 수도 있다. 따라서 가설의 수효를 헤아리는 정확한 방식은 있을 수 없다. 예컨대 임의의 두 점 사이에 꼭 하나의 직선이 있다는 진술은 한 개의 가정이라기보다는 다음과 같은 두 개의 가정을 표현하고 있다고 생각될 수도 있다. 그 두 개의 진술은 "임의의 두 점 사이에는 최소한 하나의 직선이 있다."와 "임의의 두 점 사이에는 최대한 하나의 직선이 있다."는 진술이다. 더욱이 우리가 기초 가정을 헤아리는 일에 의견의 일치를 볼 수 있다 하더라도, 이번에는 서로 다른 기초 가정이 복잡성의 정도가 다를 것이므로 기초 가정은 헤아려진다기보다 신중하게 비교되어야 할 것이다.

위의 논평은 이론에 사용된 **기초 개념**(基礎 槪念, basic concept)**의 수효**가 이론의 복잡성의 정도를 가리키는 표지로 간주될 수 있다는 주장에도 적용된다. 단순성을 판정하는 기준에 관한 문제는 최근에 논리학자들과 철학자들의 주목을 크게 받아 흥미로운 성과를 상당히 얻게 되었지만, 단순성을 일반적으로 규명하는 일은 만족스럽게 이루어지지 못하였다. 그래도 위의 예가 보여주는 것처럼 명백한 기준이 실제로 없는 것이 현실이긴 하지만, 과학자들이 두 개의 경쟁하는 가설이나 이론 가운데 어느 것이 더 단순한가에 대해서 실질적 합의에 도달할 수 있는 경우가 있다는 것은 확실하다.

단순성 기준과 관련해서 또 하나의 흥미로운 문제는 **정당화에 관한 문제**이다. 이 문제는 흔히들 그렇게 부르는 **단순성 원리**(單純性 原理,

principle of simplicity)**에 따라야 할 까닭이 있는가**라는 문제다. 다시 말해 서로 경쟁하는 두 개의 가설이나 이론이 단순성의 정도는 차이가 있으나 자료에 의해서 동등하게 확증되었을 경우에 더 단순한 가설이나 이론이 선택되어야 한다는 격률을 승인해야 하는 이유는 대체 무엇인가?

많은 위대한 과학자가 **자연의 기본 법칙은 단순하다**는 확신을 표명해왔다. 이게 사실이라면 서로 경쟁하고 있는 두 개의 가설 가운데 더 단순한 가설이 옳을 가능성이 크다는 가정이 실제로 성립될 것이다. 그러나 자연의 기본 법칙이 단순하다는 가정은 그 자체가 최소한 단순성 원리의 확실성이 문제되는 정도로 의문의 여지가 있기 때문에 단순성 원리를 정당화하는 근거가 될 수 없다. 마흐(E. Mach, 1838-1916), 아베나리우스(R. Avenarius, 1843-1896), 오스트발트(W. Ostwald, 1853-1932), 피어슨(K. Pearson, 1857-1936) 등의 일부 과학자와 철학자는 과학이 세계에 대한 **경제적 기술**이나 **집약적 기술**을 시도하며, 따라서 자연의 법칙을 표현한다고 주장되는 일반적 가설은 무수히 많은 특수 경우(이를테면 자유 낙하의 무수한 실례)를 하나의 단순한 공식(예컨대 갈릴레오의 법칙)으로 압축함으로써 **사고의 경제적 편의**(economic expedients for thought)를 도모한다고 주장하였다. 그래서 이 관점에서 보면 경쟁하는 여러 가설 가운데서 가장 단순한 가설을 채택하는 것은 완전히 이치에 닿는 일일 것이다. 이 논증은 만일 우리가 완전히 동일한 사실 체계에 대해 언급하고 있는 여러 **기술**(記述, description) 가운데서 하나를 선택해야 하는 경우에는 확실히 타당하다고 인정해도 좋을 것이다. 그러나 위의 H_1, H_2, H_3의 경우처럼 서로 경쟁하는 여러 가설 가운데서 하나를 선택하는 경우에는 세 가설이 함축하고 있지만 아직까지 시험해보지 못한 **예언**(豫言, 豫測, prediction)까지 선택하는 것이 된다. 그런데 이 점에서 세 가설은 크게 다르다. 그러기 때문에 H_1, H_2, H_3는 각기 u가 4인 경우에 v의 값을 150, 30, 6으로 예언한다. 그런데 수학적으로는 H_3가 경쟁하는 다른 가설보다 단순하다고 할 수 있다. 그렇다면 동일한 자료에 의해서 H_3와 동일한 정도로 확증되어 있으면서 H_3와 경쟁하고 있는 두 가설 H_1과 H_2가 아니라 H_3에 의거하여 아직 시험해보지 못한 u가 4인 경우의 v의 값을 예상하는 셈이 된다. 그러나 H_3가 더 옳을 것 같다고 생각하는 근거는 대체 무엇인가?

이 문제에 대해 라이헨바흐(H. Reichenbach, 1891-1953)는 흥미로운 답을 하나 제안하였다.[7] 라이헨바흐의 주장을 간추리면 다음과 같다. 지금까지 사용해온 예 속의 v가 실제로 u의 함수, 즉 "v = f(u)"라고 가정하자. 그리고 어떤 좌표계에 나타난 "v = f(u)"의 그래프를 g라고 하자. 이 경우 어떤 좌표계를 사용하는가는 본질적 문제가 아니다. 물론 두 개의 변항 u와 v의 짝을 이루는 값을 측정하고 있는 과학자에게는 "실제의 함수" f와 그 그래프는 알려져 있지 않다. 또한 논의의 편의를 위해서 그 과학자의 측정이 정확하고, "실제의 곡선" g 위에 있는 수많은 자료점을 발견한다고 가정하자. 이제 이 과학자가 단순성 원리에 일치하도록 이 자료점들을 통과하는 가장 단순한 곡선, 즉 직관적으로 가장 매끄러운 곡선을 그린다고 하자. 그렇다면 과학자가 방금 그린 그래프(g_1)는 최소한 이미 측정된 자료점들은 "실제의 곡선"과 공유하겠지만 "실제의 곡선"으로부터 빗나가 있을 것이다. 그러나 과학자가 계속 더 많은 자료점을 확정하면서 점점 더 단순한 그래프(g_2, g_3, g_4, …)

7   H. Reichenbach, *Experience and Prediction* (Chicago: The University of Chicago Press, 1938), section 42.

를 그려나간다면, 그래프는 점점 더 "실제의 곡선"에 가까워질 것이고, 이 그래프 각각에 대응하는 함수(f_2, f_3, f_4, …)도 "실제의 함수 관계" f에 점점 더 가까워질 것이다. 이렇게 계속해나아가면 단순성 원리를 준수하는 일이 단 한 번이나 몇 번만에 함수 f를 찾아낸다고 보증할 수야 없지만 — u와 v 사이에 함수 관계가 실제로 있기만 하다면 — 이 절차가 과학자로 하여금 "실제의 함수"에 원하는 만큼 가까운 함수에 차츰차츰 접근할 수 있게 해준다는 것이 라이헨바흐 논증의 요지이다.

　　라이헨바흐의 논증은 — 윗 문단에서는 상당히 단순한 형태로 간추려 제시했는데 — 실은 정교하게 진행된 논증이다. 그러나 이 논증의 힘에는 한계가 있다. 왜냐하면 그래프와 함수를 구성하는 일을 아무리 계속한다 하더라도, 이 절차는 그렇게 해서 얻은 함수가 "실제의 함수"에 얼마나 가까이 접근했는가에 대해서는 아무런 지침도 제공하지 못하는데, 이것도 "실제의 함수"가 실제로 있다고 가정되는 경우에나 할 수 있는 말이다. (예컨대 일군의 기체의 부피는 그 기체가 지닌 온도만의 함수인 것처럼 보이지만 실은 그렇지 않다는 것을 이미 우리는 알고 있다.) 더 나아가 "실제의 곡선"에 수렴한다는 것을 논거로 삼고 있는 이 논증은 그래프를 그리는 여러 가지 방법 — 직관적으로 복잡할 뿐만 아니라 이치에도 닿지 않는 여러 가지 방법 — 을 모두 정당화하기 위해서 사용될 수 있다. 예컨대 만일 우리가 항상 두 개의 인접한 자료점을 그 사이의 거리를 지름으로 하는 반원으로 연결하여 그리는 곡선은 "실제의 곡선"에 결국에는 수렴할 것이다. 그렇지만 이렇게 "정당화"한다 하더라도 이 절차는 정량적 가설을 형성하는 확고한 방법으로 볼 수 없을 것이다. 그렇지만 단순하지 않은 다른 절차, 예컨대 인접한 자료점을 일정한 최소 길이 이상의 깊이를 가진 머리핀 모양의 U자 곡선으로 연결하여 그리는 경우에는 이 방식으로 정당화될 수 없으며, 그래서 라이헨바흐의 논증은 사실상 스스로 결점을 드러내는 논증임이 밝혀진다고 하겠다. 라이헨바흐의 착상에서 특별히 관심을 끄는 내용은 이 정도까지다.

포퍼(K. Popper, 1902-1994)는 이와 아주 다른 견해를 주장하였다. 포퍼는 두 개의 가설 가운데 더 단순한 가설은 더 많은 경험적 내용을 갖고 있는 가설이라고 해석하고, 따라서 더 단순한 가설은 ─ 그것이 실제로 그를 수밖에 없다면 ─ 반증(反證, falsification, 그름을 밝히는 일)이 더 쉽게 이루어진다고 주장하였다. 이 점은 과학에서 매우 중요한데, 그 이유는 과학은 과학자들이 내놓는 추측을 가능한 한 가장 철저한 시험을 통해 반증 가능성을 탐구하기 때문이다. 포퍼는 자신의 주장을 다음과 같이 요약한다. "우리의 목적이 지식이라면 단순한 진술이 그보다 덜 단순한 진술보다 더 높이 평가되어야 한다. 그 이유는 **단순한 진술이 더 많은 것을 말하므로, 경험적 내용이 더 많고, 그래서 시험하기 더 좋기 때문이다.**"[8] 포퍼는 단순성의 정도를 반증 가능성의 정도로 보는 자신의 생각을 두 가지 다른 기준에 의해서 더욱 명백하게 표현하고 있다. 그 두 기준 가운데 하나에 따르면, 행성의 궤도가 원형이라는 가설이 행성의 궤도가 타원형이라는 가설보다 더 단순하다. 그 까닭은 첫 번째 가설이 궤도 위에 있지 않은 네 개의 위치를 결정함으로써 반증될 수 있는 데 비해서(세 개의 위치는 항상 원에 의해 연결될 수 있음), 두 번째 가설에 대

---

[8]   Karl R. Popper, *The Logic of Scientific Discovery* (London: Hutchinson, 1959), p. 142. (원서에는 볼드체 부분이 이탤릭체로 되어 있다.) 이 책의 VI장과 VII장은 과학에서 단순성의 역할에 대해 깨닫게 해주는 고찰을 많이 제시하고 있는데, 여기서 설명하고 있는 생각도 그 가운데 하나다.

한 반증은 적어도 행성의 위치 여섯 개가 결정되어야 가능하기 때문이다. 이런 뜻에서 이 경우에 더 단순한 가설은 더 쉽게 반증될 수 있는 가설이며, 그뿐 아니라 더 단순한 가설이 덜 단순한 가설을 논리적으로 함의하기 때문에 더 강한 가설이기도 하다. 이 판정 기준은 과학에서 문제로 삼고 있는 단순성을 명료하게 설명하는 데 확실히 기여하고 있다.

그러나 포퍼는 표현을 바꾸어 만일 첫 번째 가설이 두 번째 가설을 함의하고, 그래서 엄격하게 연역적 의미에서 더 많은 내용을 지니고 있다면, 두 번째 가설보다 첫 번째 가설이 더 반증 가능성이 크고, 그래서 더 단순한 가설이라고 말하기도 하였다. 그렇지만 더 많은 내용을 갖고 있다는 것이 더 단순하다는 사실과 항상 연결되지 않는다는 것이 분명하다. 중력과 운동에 관한 뉴턴의 이론처럼 강력한 이론이 때로 그 이론에 의해서 설명되는 전체 영역의 부분 영역 하나하나에 대해서 서로 관련 없이 정식화된 법칙들을 길게 나열한 것보다 더 단순하다고 간주되는 경우가 가끔 있다는 것은 확실하다. 그러나 하나의 이론에 의해서 이런 식으로 이루어지는 단순화는 바람직한 것이긴 하지만, 이 일이 바로 내용을 증가시키는 일은 아니다. 왜냐하면 만일 서로 관계없는 두 개의 가설, 이를테면 훅의 법칙과 스넬의 법칙이 결합되면 그 결과 이루어진 가설은 처음의 두 가설보다 더 많은 것을 함의할 테지만 더 단순한 것은 아니다. 마찬가지로 앞에서 살펴보았던 H_1, H_2, H_3의 세 가설 가운데 어느 가설도 나머지 다른 가설보다 더 많은 내용을 지닐 수 없지만, 그럼에도 세 가설 모두가 동등하게 단순한 것으로 간주되지는 않는다. 그뿐 아니라 그 세 가설은 반증 가능성에 관해서도 차이가 없다. 만일 그 세 가설이 그르다면 그 가운데 어느 것이든 같은 정도의 일, 즉 하나의 반증 실례에 의해서 그름이 밝혀질 수 있다. 예를 들어 자료점이 4와 10인 경우에는 세 가설은 모두 반증될 것이다.

따라서 위에서 간략하게 개관한 여러 가지 착상 모두가 단순성 원리에 관한 근거를 약간씩 밝히기는 했지만, 단순성 원리에 대한 정확한 정식화와 전면적 정당화를 발견하는 문제는 아직도 만족스럽게 해결되지 못한 상태에 있다.[9]

4.5 가설의 확률

과학적 가설의 신뢰성을 결정하는 요인에 대한 지금까지의 개관은 일정한 시점에 제기된 어떤 가설 H의 신뢰성이 엄격히 말하면 그 시대의 과학적 지식 전체에서 이 가설과 관련 있는 부분에 의존하는데, 이 관련 있는 부분에는 그 가설과 관련 있는 모든 증거와 그 가설과 조금이라도 관련 있다고 그 당시에 인정되는 모든 가설과 이론이 포함된다. 왜냐하면 이미 살펴본 바와 같이 가설 H의 신뢰성은 이런 것들과의 관계에 의해서 평가되지 않으면 안 되기 때문이다. 그러므로 엄밀히 말하면 우리는 다만 이미 알려져 있는 일단의 지식과 관련 있는 가설의 신뢰성에 관해서 언급할 수 있을 뿐이다. 이 일단의 지식은 그 당시의 과학이 승인하고 있는 모든 진술인데, 이 모든 진술의 대집단을 K로 표시하고자 한다.

그래서 다음과 같은 문제가 자연히 제기된다. 즉 임의의 가설 H

---

[9]   이런 문제점을 좀 더 추구하고 싶은 독자는 다음의 토론들을 읽어보면 도움을 받을 것이다. S. Barker, *Induction and Hypothesis* (Ithaca: Cornell University Press, 1957). "A Panel Discussion of Simlicity of Scientific Theories," *Philosophy of Science*, Vol. 28(1961) pp. 109-171. W. V. O. Quine, "On Simple Theories of a Complex World," *Syntheses*, Vol. 15(1963), pp. 103-106.

와 임의의 진술 집단 K에 대해서 H가 K에 관해서 지닌 신뢰성 정도를 표현하는 수 c(H, K)를 규정하는 정의를 설정함으로써 가설의 신뢰성을 **양적 용어**로 정확하게 표현하는 일이 가능할까? 그리고 흔히들 가설에 대해서 얼마쯤 개연적이라고 말하기 때문에, 이 양적 개념이 **확률이론**의 모든 기초 원리를 만족시키도록 정의될 수 있는가를 문제로 삼을 수도 있다. 이 경우에 임의의 진술 집단 K에 관해서 어떤 가설이 지닌 신뢰성은 0보다 크고 1보다 작은 실수이다. 그러나 순전히 논리적 근거에 의해서 옳은 가설 — 예컨대 "내일 센트럴 파크에 비가 오거나 오지 않는다."와 같은 가설 — 은 항상 신뢰성이 1이다. 그리고 논리적으로 양립할 수 없는 임의의 두 진술 H_1과 H_2에 대해서 그 가운데 어느 하나가 옳다는 가설의 신뢰성은 두 진술 각각의 신뢰성의 합, 즉 c(H_1이나 H_2, K) = c(H_1, K) + c(H_2, K)와 같다.

이런 확률에 대해서 여러 가지 이론이 실제로 제안되어왔다.[10] 그 이론들은 방금 위에서 언급한 것과 비슷한 일정한 공리로부터 출발하여 특정한 진술의 확률을 다른 확률들이 이미 알려져 있다는 조건 아래서 결정할 수 있도록 해주는 다소 복잡한 여러 가지 정리에 이르고 있다. 그러나 그 이론들은 어떤 가설이 주어진 정보에 관해서 지닌 확률에 대한 일반적 정의를 제공하지는 못한다.

또한 만일 c(H, K)라는 개념에 대한 정의가 지금까지 개관한 여러 가지 요인을 모두 고려해야 한다면, 그 일은 아주 줄잡아 말한다 해도 매우 어려운 일로 보아야 할 것이다. 그 이유는 이미 살펴본 것처럼

---

[10] 경제학자 John Maynard Keynes가 *A Treatise on Probability* (London: Macmillan & Company, Ltd., 1921)에서 전개한 이론이 그 가운데 하나다.

가설의 단순성이나 입증 증거의 다양성과 같은 요인을 정확하게 규정
하는 방법조차 아직 분명하지 못하기 때문인데, 이 점은 그런 요인에
관한 수량적 표현 문제 단 하나만 생각해보아도 명백하다.

그러나 최근에 카르납(R. Carnap, 1891-1970)에 의해서 광범위한 설
명력을 지닌 연구 성과가 이루어졌다. 카르납은 과학의 목적을 위해 요
구되는 논리적 구조보다 훨씬 더 단순한 논리적 구조를 지니면서 엄격
하게 형식화된 **모형 언어**(模型 言語, model language)를 이용하여 확률 문제
를 연구하였다. 그는 이런 언어로 표현된 임의의 가설이 동일한 언어로
표현된 임의의 정보군에 관해서 지닌 이른바 **확증도**(確證度, degree of con-
firmation)를 결정하는 일반적 방법을 개발한 것이다. 이런 식으로 정의
된 개념은 확률 이론의 모든 원리를 만족시키며, 따라서 카르납은 이
개념을 가설이 주어진 정보에 관해서 지닌 **논리적 확률**(論理的 確率, logical
probability) 또는 **귀납적 확률**(歸納的 確率, inductive probability)이라 부른다.[11]

---

[11] Carnap은 "Statistical and Inductive Probability"라는 논문에서 기본 착상에 대해 간
결하게 기초적 설명을 하고 있다. (이 논문은 E. H. Madden, ed., *The Structure of Scientific
Thought* [Boston: Houghton Mifflin Company, 1960] 269-279쪽에 다시 수록되어 있다.)
최근에 Carnap은 매우 계발적 논의를 "The Aim of Inductive Logic"이란 논문에서 하고 있
는데, E. Nagel, P. Suppes, A. Tarski가 편집한 *Logic, Methodology and Philosophy of Science*
(Proceedings of the 1960 International Congress [Stanford: Stanford Univ. Press, 1962])
303-318쪽에 실려 있다.

법칙과 과학적 설명에서의 역할

5

5.1 과학적 설명의 두 가지 기본 조건

물리적 세계의 현상을 설명하는 것은 자연 과학의 근본 목표들 가운데 하나이다. 실제로 지금까지의 여러 장에서 예증하기 위해 사용되었던 거의 모든 과학적 탐구가 어떤 특정한 사실을 **확인**하는 일이 아니라 어떤 종류의 현상을 **설명**할 수 있는 **통찰**(洞察, insight)을 얻는 것을 목표로 삼았다. 그래서 이런 과학적 탐구는 어떻게 산욕열이 전염되고, 왜 물을 끌어올리는 펌프 능력이 그와 같은 특정한 한계를 지니며, 왜 빛의 전파는 기하 광학의 법칙을 따르는가 등등의 물음과 관련되어 있다. 따라서 이 절과 다음 절에서는 과학적 설명이 지닌 특징과 과학적 설명이 제공하는 통찰의 본성을 좀 더 자세히 검토하고자 한다.

인간이 이 세계와 인간이 실존한다는 바로 그 사실을 비롯하여, 삶과 죽음 · 천체들의 운동 · 천둥과 번개 · 햇빛과 비에 대해서 설명하려고 애쓰면서 만들어낸 다양한 **신화**와 **은유**는 인간이 자기 주변의 세계에서 일어나는 말할 수 없이 복잡할 뿐만 아니라 흔히 당혹스럽고 때로는 위협이 되는 사건에 관해서 어떤 **이해**(理解, understanding)에 도달하려고 오랫동안 끊임없이 관심을 가져왔다는 사실을 보여주고 있다. 설명을 하려는 이런 착상들 가운데 어떤 것은 자연의 힘을 의인화한 생각에 근거를 두고 있고, 어떤 것은 신비로운 힘이나 조물주에 호소하고 있으며, 또 다른 것은 신의 불가사의한 계획이나 운명의 탓으로 돌리고 있다.

이런 종류의 설명은 물음을 제기한 사람으로 하여금 어떤 이해에 도달하게 하므로 그 사람에게 의의가 있을 수 있다는 것은 부정할 수 없다. 이런 설명은 물음을 제기한 사람의 당혹감을 없애주며, 이런 뜻에서 그 사람에게 "대답"하고 있는 셈이다. 그러나 이런 해답이 아무리 **심리적으로** 만족스럽다 할지라도 과학의 목적을 충족시키기에는 부족하다. 요점을 간단히 말하면, 과학은 세계에 관해 떠오르는 어떤 생각을 우리의 경험과 명확한 논리적 관계를 갖도록 하고, 또 그렇게 함으로써 객관적으로 시험받을 수 있도록 그 생각을 발전시키는 일을 하고 있기 때문이다. 이런 이유 때문에 과학적 설명은 체제상 두 가지 필요 조건을 갖추어야 한다. 그중 하나는 **설명 연관 조건**(說明 聯關 條件, require-ment of explanatory relevance)이고, 다른 하나는 **시험 가능 조건**(試驗 可能 條件, requirement of testability)이다.

천문학자 프란체스코 씨지(Francesco Sizi)는 동시대 사람인 갈릴레오가 망원경을 통해 보았다고 주장한 내용을 부정하고, 왜 목성의 주위를 도는 위성이 있을 수 없는가를 증명하기 위해서 다음과 같은 논증을 제시하였다.

머리에는 일곱 개의 창문이 있다. 두 개의 콧구멍, 두 개의 귀, 두 개의 눈, 입이 그것이다. 마찬가지로 하늘에는 두 개의 상서로운 별, 두 개의 불길한

별, 두 개의 발광체, 그리고 수성의 일곱 천체가 있는데, 수성만 아직 성격이 결정되지 않은 중립의 상태로 있다. 이런 사실과 그 밖에도 일곱 가지 금속 등과 같이 헤아리기가 지루할 정도로 많은 이와 같은 자연 현상으로부터 우리는 행성의 수효가 필연적으로 일곱 개이어야 한다는 결론에 도달할 수 있다. … 더욱이 [목성의] 네 위성은 육안으로 보이지 않기 때문에 지구에 영향을 미칠 수 없으며, 그러므로 쓸모없는 것이고, 따라서 실존하지 않는다.[1]

이 논증이 결정적 결점을 지니고 있다는 것은 명백하다. 즉 이 논증이 끌어다대는 "사실"이 의심 없이 인정된다 할지라도 논의의 요점과 전혀 관련이 없다. 그런 사실은 목성에 위성이 없다는 억측을 뒷받침하는 근거가 전혀 되지 못한다. "그러므로" "따라서" "필연적으로"와 같은 낱말을 연달아 사용하여 주장하고 있는 전제와 결론의 관련성은 겉으로만 그럴듯할 뿐 실제로는 전혀 성립하지 못한다.

이제 무지개에 대한 물리학의 설명을 이와 대조하면서 생각해보자. 무지개에 관한 물리학의 설명은 구름을 이루는 작은 물방울과 같은 구형의 물방울 속에서 태양 광선이 반사하고 굴절함으로써 무지개 현상이 일어난다고 밝힌다. 이 설명은 관찰자의 앞에 작은 물방울의 물보라나 안개를 만들어놓고 관찰자의 뒤에서 강한 백색 광선을 비추면 원할 때마다 무지개 현상을 일으켜 직접 관찰할 수 있다는 것을 적절한 광학 법칙에 의해서 증명한다. 따라서 우리가 무지개를 본 적이 전혀 없다 할지라도 물리학의 설명에 의해서 제공되는 설명상의 정보는 그 상황이 구체화되면 무지개가 나타날 것이라는 기대나 신념의 훌륭한

[1] Holton and Roller, *Foundations of Modern Physical Science*의 160쪽에서 인용하였다.

근거를 마련해준다. 우리는 이 특징을 물리학의 설명은 **설명 연관 조건**을 만족시킨다는 말로 표현할 수 있다. 왜냐하면 설명에 인용되는 정보가 설명된 현상이 실제로 일어났거나 일어난다고 믿는 데 대한 훌륭한 근거를 제공하기 때문이다. 우리가 "이것이 그것을 설명한다. 다시 말해서 그런 상황에서 문제의 현상이 정말 일어날 수 있다."고 주장할 수 있으려면 반드시 이 조건이 만족되어야 한다.

그런데 이 설명 연관 조건은 과학적 설명이 갖추어야 할 필요 조건이지 충분 조건은 아니다. 예컨대 아주 멀리 있는 섬 우주의 스펙트럼 속에서 적색 편이가 일어나고 있음을 보여주는 많은 양의 자료가 그 섬 우주가 우리가 살고 있는 섬 우주로부터 굉장히 빠른 속도로 멀어져가고 있다고 믿도록 하는 강한 근거를 제공하고 있지만, 이 자료는 **왜** 섬 우주가 멀어져가고 있는가를 설명하지 못한다.

과학적 설명이 갖추어야 할 두 번째 기본 조건을 확인하기 위해서 중력 현상을 애정과 비슷한 자연 성향이 나타난 것이라고 보는 생각을 다시 한 번 검토해보자. 이미 지적한 바와 같이 이 생각에서는 어떠한 시험 명제도 끌어낼 수 없다. 그러므로 경험에 의해 발견된 어떠한 사실도 이 생각을 입증하거나 반증하는 일을 할 수 없다. 이 생각은 이처럼 경험적 내용이 전혀 없기 때문에 중력 현상이라는 특정한 현상을 예측할 수 있도록 하는 근거를 전혀 제공하지 못한다는 것이 확실하다. 다시 말하면 이 생각은 **객관적 설명력**이 없다. 이와 똑같은 비판이 불가사의한 운명에 의한 설명에도 적용된다. 이런 관념에 호소하는 행동은 특별히 **심오한 통찰**에 도달한 것이 아니라 **설명하려는 노력을 완전히 포기하는 것**이다. 이에 비해 무지개에 관한 물리학의 설명이 근거로 삼고 있는 진술은 여러 가지 시험 명제를 갖고 있다.

이런 시험 명제는 예컨대 무지개가 하늘에서 발견될 조건, 무지개를 이루는 색깔들의 배열 순서, 파도가 바위에 부딪쳐 피어나는 물보라와 살수기가 뿜어내는 안개 속에서의 무지개 현상의 출현 등등에 관한 진술이다. 이 예들은 과학적 설명이 갖추어야 하는 두 번째 필요 조건을 예증하고 있는데, 이 조건은 **시험 가능 조건**이라 부르겠다. 과학적 설명을 구성하는 진술은 반드시 경험적으로 시험될 수 있어야 한다.

만물에 내재하는 보편적 친화력에 입각한 중력 개념이 아무런 시험 명제도 갖고 있지 않기 때문에 전혀 설명력을 가질 수 없다는 사실은 이미 지적했다. 이제 좀 더 부연하면 이 중력 개념은 만유인력이 실제로 발견될 것이라고 예상할 수 있는 근거를 제공하지 못할 뿐만 아니라, 중력 현상이 이러이러한 특징을 지닌 모습으로 일어날 것이라고 예상할 수 있는 근거도 전혀 제공할 수 없다. 왜냐하면 이 중력 개념이 **연역적 의미로든** 아니면 **약한 귀납-확률적 의미로든** 그런 귀결을 함의하고 있다면 그러한 귀결을 조사함으로써 시험될 수 있을 것이기 때문이다. 이 예가 보여주는 것처럼 방금 고찰한 두 필요 조건은 서로 관련되어 있다. 즉 어떤 제안된 설명이 설명 연관 조건을 만족시키면 시험 가능 조건도 만족시킨다. (그러나 명백하게 그 역은 성립하지 않는다.)

이제 과학적 설명이 어떤 형식을 취하면서 어떻게 이 두 기본 조건을 만족시키는지 살펴보기로 하자.

5.2 법칙-연역적 설명

페리에가 퓌드돔 산에서 실험을 통해서 발견한 사실, 즉 토리첼리 기압계의 수은주 길이가 고도의 증가에 따라 감소했다는 사실을 다시 한 번 생각해보자. 공기의 압력에 대한 토리

첼리와 파스칼의 생각은 이 현상에 대한 설명을 제공하였다. 이 설명
구조는 — 약간 현학적 표현으로 보이긴 하지만 — 다음과 같이 정리하
여 조목조목 나열할 수 있다.

> a) 어느 곳에서나 토리첼리의 장치에 세워져 있는 위가 밀폐된 유
> 리관 속의 수은주가 맨 아래에 있는 수은주에 미치는 압력은
> 뚜껑이 덮이지 않은 그릇 속에 담긴 수은의 표면에 그 표면 위
> 의 공기 기둥이 미치는 압력과 같다.
>
> b) 수은주에 의한 압력과 공기 기둥에 의한 압력은 수은주와 공기
> 기둥의 무게에 비례한다. 수은주와 공기 기둥의 무게는 길이가
> 짧아지면 가벼워진다.
>
> c) 페리에가 그 장치를 산꼭대기로 옮겨감에 따라 뚜껑이 덮이지
> 않은 그릇 위의 공기 기둥이 점점 짧아졌다.
>
> d) (그러므로) 밀폐된 유리관 속의 수은주는 고도의 상승에 따라
> 점점 짧아졌다.

이런 형태로 정리해놓고 보면, 이 설명은 문장 (d)에 의해서 기술
된 "설명되는 현상"이 문장 (a) (b) (c)에 의해서 기술된 "설명하는 사
실"에 의거하여 예상될 수 있다고 주장할 뿐만 아니라, 정말로 진술
(d)가 "설명하는 진술" (a) (b) (c)에서 연역적으로 나온다고 주장하는
논증(論證, argument)이다. 그런데 "설명하는 진술"에 속하는 진술들은 두
종류로 나뉜다. 진술 (a)와 (b)는 사실들 사이에서 경험적으로 발견된
규칙적 관계를 나타내는 **일반 법칙**의 성격을 지니고 있는 반면에, 진술
(c)는 **특수한 사실**을 기술한다. 그래서 수은주 길이가 짧아졌다는 사실

이 자연 법칙에 따라 어떤 특수한 상황에서 일어난 결과라는 것을 밝힘으로써 설명되고 있다. 이 설명은 설명되는 현상이 "규칙적 관계들의 틀"에 꼭 맞는다는 것과 구체적인 **자연 법칙**과 적절한 특정 상황이 갖추어지면 설명되는 현상의 발생이 예상될 수 있다는 것을 밝히고 있다.

　앞으로는 어떤 설명에 의해서 설명되는 현상을 "설명되는 현상"(explanandum phenomenon), 이 현상을 기술하는 문장을 "설명되는 문장"(explanandum sentence)이라 부르겠는데, 문맥 속에서 뜻이 분명할 경우에는 둘 다 간단히 "설명되는 것"(explanandum)이라 부르겠다. 또 설명하는 정보 — 위의 예에서는 (a) (b) (c) — 를 구체적으로 언급하는 문장은 "설명하는 문장"(explanan sentence)이라 부르고, 이런 문장들 전체의 기능에 대해 언급할 때에는 "설명하는 것"(explanan)을 형성한다는 말로 표현하겠다.

　두 번째 실례로 반사로 말미암아 볼록거울에 상이 형성되는 특성에 대한 설명을 생각해보자. 이 설명은 일반적으로 $1/u + 1/v = 2/r$이라는 공식으로 이루어진다. 이 공식 속의 u는 거울에서 물체까지의 거리, v는 거울에서 상까지의 거리이고, r은 거울의 곡률반지름이다.

　기하 광학에서는 볼록거울의 임의의 점에서 일어나는 빛의 반사를 볼록거울에 접하는 평면에서 일어나는 반사로 취급함으로써 평면거울에서 일어나는 반사에 관한 기초법칙의 도움을 받아 이 "규칙적 관계"가 설명된다. 이렇게 해서 이루어진 설명은 **연역 논증**의 형태를 취하게 되는데, 이 논증의 결론은 "설명되는 문장"이고, 전제는 반사와 직진에 대한 기초 법칙뿐만 아니라 거울의 표면이 구면을 이루고 있다는 진술을 포함한다.[2]

　전제 속에 평면거울의 반사 법칙이 포함되어 있는 위와 비슷한 다른 논증은 오목거울의 초점에 위치하는 점 광원에서 방사된 빛이 왜 오목거울의 축에 평행하도록 반사되어 빛줄기를 이루는지 설명할 수 있다. (이 논증이 "설명하는 것"은 자동차의 헤드라이트, 탐조등, 그 밖의 이와 비슷한 다른 기구를 만드는 기술에 적용되는 원리다.)

　그렇다면 방금 고찰한 설명들은 연역 논증으로 진술될 수 있는데, 결론은 "설명되는 문장" E이고, 전제, 즉 "설명하는 것"은 일반 법칙인 L_1, L_2, … , L_r과 특수 사실에 관해서 주장하는 다른 진술 C_1, C_2, … , C_k로 이루어진다. 따라서 이런 논증들이 지니는 형식은 과학적 설명의 한 유형을 이루게 되는데, 다음과 같은 도식으로 나타낼 수 있다.

법칙-연역적 설명 형식

$$L_1, L_2, \cdots, L_r$$
$$C_1, C_2, \cdots, C_k$$
설명하는 문장

$$E$$　　설명되는 문장

　이 형식으로 전개되는 설명은 **"설명되는 현상을 일반 법칙 아래에 연역적으로 포섭시키는 설명"** 또는 간단히 **"법칙-연역적 설명"**(法則-演繹的 說明, deductive-nomological explanation)이라 한다. ("nomological"의 어원은 "법"을 뜻하는 희랍어 "nomos"다.) 한편 과학적 설명이 힘을 빌리고 있는 자연 법칙은 "설명되는 현상을 포섭하는 법칙"(covering law)이

2　이 예와 그다음의 예에서 언급된 볼록거울의 반사 법칙을 유도하는 일은 Morris Kline의 *Mathematics and the Physical World* (New York: Thomas Y. Crowell Company, 1959)의 17장에 간결하고 명쾌하게 설명되어 있다.

라 부르겠으며, 그래서 이런 방식으로 설명하는 논증은 "설명되는 것"
을 **자연 법칙 아래에 포섭시키는 설명**이라고 할 수 있다.

　법칙-연역적 설명 속의 "설명되는 현상"은 페리에의 실험 결과처
럼 특정한 장소와 시간에 일어난 **사건**일 수도 있고, 무지개가 일반적으
로 보여주는 일정한 특성이나 갈릴레오의 법칙과 케플러의 법칙 등등
의 경험적 법칙이 주장하는 한결같은 관계처럼 자연 속에서 발견되는
규칙성일 수도 있다. 다시 이런 규칙성에 대한 연역적 설명은 예를 들
어 반사와 굴절의 법칙이나 운동과 중력에 대한 뉴턴의 법칙처럼 더 넓
은 적용 범위를 가진 법칙의 힘을 빌리게 될 것이다. 뉴턴의 법칙을 이
렇게 사용하는 일이 예증하는 바와 같이 경험적 법칙은 흔히 문제가 되
어 있는 규칙성의 기초가 되는 구조나 과정에 대해서 언급하는 **이론적
원리**(理論的 原理, theoretical principle)에 의해서 설명된다. 이런 식의 이론
적 설명에 대해서는 다음 장에서 더 자세히 살펴보겠다.

　법칙-연역적 설명은 더없이 **강한 의미**로 "설명 연관 조건"을 만족
시킨다. 즉 이 설명이 제시하는 "설명하는 정보"는 "설명되는 문장"을
연역적으로 함의하며, 그래서 왜 "설명되는 현상"이 예상될 수 있는가
에 대해서 이론적으로 결정적 근거를 제공한다. (조금 뒤에 다른 종류
의 과학적 설명을 살펴보게 될 텐데, 이 설명은 설명 연관 조건을 단지
약한 의미 즉 **귀납적 의미**로만 충족시킨다.) 더 나아가 법칙-연역적 설
명은 "시험 가능 조건"도 만족시킨다. 왜냐하면 "설명하는 것"이 함의
하는 여러 가지 내용 가운데 "설명되는 현상"이 특수한 조건 아래서 실
제로 일어난다는 내용이 포함되어 있기 때문이다.

　어떤 과학적 설명은 법칙-연역적 설명 형식에 아주 잘 일치한다.
이런 일은 볼록거울과 오목거울의 반사 현상에서 본 것처럼 어떤 현상

의 양적 특징이 그것을 "포섭하는 일반 법칙"으로부터 수학적으로 유
도됨으로써 설명될 경우에는 특히 그렇다. 다른 예로 천왕성이라는 행
성의 운동에 나타난 이상한 불규칙성에 대해 르베리에(U. J. J. Leverrier,
1811-1877)가 했던 유명한 설명을 살펴보자. (이 설명은 애덤스(J. C.
Adams, 1819-1892)도 독자적으로 제시하였다.) 이 불규칙성은 당시 널리
인정받고 있던 뉴턴의 이론에 입각하여 그때까지 알려진 행성들 사이
에 작용하는 중력 현상으로 설명될 수 없었다. 르베리에는 그 불규칙성
이 천왕성의 바깥쪽에 있으면서 아직 발견되지 않은 행성이 지닌 중력
의 영향 때문에 일어난다고 추측하였고, 그래서 그는 관찰된 불규칙성
을 기록한 자세한 수치가 설명될 수 있도록 그 행성이 지녀야 할 위치
와 질량 등등의 특성을 계산하였다. 르베리에의 설명은 예언된 장소에
서 르베리에의 계산 그대로의 양적 특성을 가진 해왕성이란 새로운 행
성이 발견됨으로써 극적으로 확증되었다. 이 설명도 연역적 성격의 논
증인데, 전제는 천왕성의 운동을 교란시키는 행성에 관한 여러 가지 양
적 특성과 아울러 일반 법칙들, 특히 중력과 운동에 관한 뉴턴의 법칙
들을 포함하고 있다.

　　하지만 법칙-연역적 설명은 생략된 형태로 진술되는 경우가 종종
있다. 이런 설명은 그 설명을 위해 필요한데도 그 설명 맥락에서 지극
히 당연한 것으로 여겨지고 있는 가정에 대한 언급을 생략하고 있다.
이런 설명은 흔히 "C이기 때문에 E다."로 표현되는데, 이 경우 E는 "설
명되는 사건"이고 C는 "선행하거나 동시에 존재하는 사건 또는 사태"
이다. 다음의 진술을 살펴보자. "날씨가 강추위인데도 도로의 눈이 녹
아 물이 되어 있다. 왜냐하면 소금을 뿌렸으니까." 이 설명은 표면상으
로는 전혀 법칙에 대한 언급이 없지만, 적어도 하나의 법칙을 암암리에

가정하고 있다. 그것은 소금이 물에 용해되면 항상 물의 빙점이 내려간 다는 것이다. 그래서 소금 뿌리는 일이 "왜냐하면 이하의 생략형 진술" 에 의해서 부여되는 설명 기능 — 바로 이 경우에는 그런 결과를 일으 키는 원인 기능 — 을 획득하게 되는 것은 정확히 말하면 이 법칙 덕분 이다. 덧붙여 말하면 이 진술에는 생략된 점이 또 하나 있다. 예컨대 이 진술은 앞서 말한 물리적 조건에 관해서 어떤 가정 — 이를테면 기온이 소금물이 어는 온도 이하가 아니라는 가정 — 을 당연한 것으로 암암리 에 인정하고 있으면서도 언급하지 않고 있다. 그래서 당연하다고 여겨 생략한 처음 가정과 이런 식으로 생략된 다른 가정이 눈에 소금을 뿌렸 다는 진술에 추가되어야 우리는 눈이 녹아 물이 되어 있다는 사실에 대 한 법칙-연역적 설명의 전제를 확인하게 된다.

　　이와 비슷한 논평은 산욕열이 상처를 통해서 혈액의 흐름에 들어 온 부패한 동물성 물질에 의해 일어난다는 젬멜바이스의 설명에 대해 서도 가능하다. 이런 식으로 개진된 젬멜바이스의 설명은 일반 법칙을 전혀 언급하지 않고 있다. 그러나 이 설명은 혈액의 그런 오염이 일반 적으로 산욕열의 특징적 증세를 보이는 패혈증을 일으킨다는 것을 가 정하고 있다고 보아야 하는데, 그 이유는 이 가정이 그런 오염은 산욕 열을 **일으킨다**는 주장 속에 함의되어 있기 때문이다. 젬멜바이스는 이 일반 명제를 조금도 의심하지 않고 인정했는데, 그 까닭은 콜레슈카의 불운한 질병의 원인이 아무런 병리학적 문제도 젬멜바이스에게 일으키 지 않았기 때문이다. 다시 말해서 젬멜바이스는 병을 옮기는 물질이 혈 액의 흐름 속에 들어오면 항상 패혈증이 일어나게 마련이라고 믿고 있 었기 때문이다. (콜레슈카는 오염된 수술 칼에 상처를 입고 그로 말미 암아 패혈증에 걸려 죽은 최초의 사람이 아니었다. 더욱이 나중에 젬멜바이스 자신도 똑같은 운명에 빠졌던 사실은 운명의 비극적 아이러니일 것이다.) 하지만 언급되지 않은 채 암암리에 가정되어 있던 전제가 분명히 드러나게 되면, 젬멜바이스의 설명이 일반 법칙을 전제로 삼고 있음이 밝혀지게 된다.

지금까지의 예들이 보여주는 바와 같이 "설명하는 진술"이 암암리에 가정했다가 나중에 드러나는 일반 법칙은 항상 G라는 종류에 속하는 특정한 사건 — 이를테면 일정한 압력 아래서의 기체의 팽창이나 코일에 흐르는 전류 — 이 F라는 다른 종류에 속하는 사건 — 이를테면 기체의 가열이나 코일이 자기장을 가로지르는 운동 — 에 의해서 **일어나게 된다**는 내용을 가진 일반 법칙이다. 이 점을 확인하기 위해서 우리가 원인이라는 개념에 관한 복잡다단한 논의를 검토할 필요는 없다. "같은 원인은 같은 결과를 일으킨다."는 일반적 격률이 위와 같은 "설명하는 진술"에 적용되면 — 확연히 드러나진 않을지라도 — F라는 종류에 속하는 사건이 일어나면 항상 G라는 종류의 사건이 뒤따라 일어난다는 주장을 만들어낸다는 것으로 충분하다.

어떤 설명이 일반 법칙에 기초를 두고 있다는 말은 그 설명의 발견이 일반 법칙의 발견을 필요 조건으로 한다는 것을 뜻하지 않는다. 때로는 어떤 설명에 의해서 이루어지는 새롭고 결정적인 통찰이 이미 인정받고 있는 일반 법칙의 힘을 빌어 "설명되어야 할 현상"을 설명하는 특수한 사실 — 예컨대 지금까지 발견되지 않았던 새로운 행성의 출현이나 수술하는 외과 의사 손에 묻어 있는 전염성 물질 — 을 발견하는 것일 수도 있다. 수소 스펙트럼 속의 흑선과 같은 다른 경우에는 설명하는 일이 설명되어야 하는 현상을 "포섭하는 법칙"(발머의 법칙)이 발견됨으로써 성취되며, 최종적으로는 그 현상을 "설명하는 이론"(예컨대

보어의 원자 모형 이론)이 발견됨으로써 성취된다. 또 다른 경우에는 설명이
이룬 주된 일이 "설명되는 현상"이 이미 알고 있는 특수한 사실에 관한
법칙과 자료에 의해서 어떻게 정확하게 설명될 수 있는가를 보여주는
것일 수도 있다. 기하 광학의 기초 법칙을 거울의 기하학적 특성에 관
한 진술과 결합시켜서 근거로 삼고 볼록거울과 오목거울의 반사 법칙
을 거기서 끌어내는 설명이 그런 예라 하겠다.

　　우리가 설명해야 할 문제에 부딪혔을 때에 그 문제 자체는 그 문
제의 해결을 위해서 어떤 종류의 발견이 필요한가를 결정하지는 못한
다. 르베리에는 수성의 운동 역시 이론적으로 예상되는 궤도에서 일탈
하는 사실을 발견하자 천왕성 문제를 해결한 방식으로 연구를 시작하
였다. 천왕성 문제의 경우와 마찬가지로 그는 이 일탈 현상을 아직 발
견되지 않은 어떤 행성 — 벌컨이란 이름을 지어 붙인 행성 — 의 중력
현상으로 설명하려고 노력하였는데, 그는 이 행성이 매우 밀도가 크고
아주 작은 행성이면서 태양과 수성 사이에 있어야 한다고 추정하였다.
그러나 그런 행성은 결코 발견되지 않았다. 수성의 궤도 일탈 현상에
대한 만족스러운 설명은 훨씬 뒤에 이르러 일반 상대성 이론에 의해서
이루어졌는데, 일반 상대성 이론은 이 불규칙성을 수성의 운동을 방해
하는 어떤 특수한 요인에 의해서 설명하지 않고 "새로운 법칙 체계"에
의해서 설명하였다.

5.3 보편 법칙과 우연한 일반 명제

이미 살펴본 바와 같이 법칙은 법칙-연역적 설명에서 본질적
역할을 한다. 법칙은 특정한 상황(C_1, C_2, $\cdots$, C_k에 의해서 기술되
는 상황)이 어떤 사실의 출현을 설명할 수 있도록 연결해주는

고리 역할을 하고 있다. 그리고 "설명되는 것"이 특수한 사건이 아니라 앞에서 예로 들었던 볼록거울과 오목거울의 특성들이 보여주었던 것과 같은 "규칙적 관계"일 경우에는 "설명하는 법칙"으로 훨씬 더 포괄적인 규칙성들의 체계가 등장하는데, "설명되는 규칙성"은 이 포괄적 체계의 단지 특수한 경우이다.

　　법칙-연역적 설명을 위해 요구되는 법칙은 기본적 특성을 공통으로 갖고 있다. 그런 법칙은 **보편 명제 형식**(普遍 命題 形式, form of universal proposition)을 지니고 있는데, 앞으로 **"보편 명제 형식의 진술"**(普遍 命題 形式의 陳述, statement of universal proposition form)이라 부르겠다. 대체로 말하면 이런 종류의 진술은 여러 경험적 현상 사이의 **규칙적 결합**이나 한 경험적 현상의 여러 측면 사이의 **규칙적 결합**을 주장한다. 이런 진술은 F라는 특정한 종류의 조건이 갖추어지면 어디서나 항상 G라는 다른 종류의 특정한 현상이 예외 없이 일어난다고 주장하는 진술이다. (과학적 법칙이 모두 이런 유형의 것은 아니다. 이 장의 후반에서 **확률 명제 형식의 법칙과** 이 법칙에 근거를 두고 이루어지는 확률적 설명을 검토할 것이다.)

　　보편 명제 형식의 진술의 실례를 몇 개 살펴보자. 어떤 기체에 가해지는 압력을 일정하게 유지하면서 온도를 증가시키면 항상 부피가 증가한다. 액체에다 고체를 용해시키면 항상 그 액체의 비등점이 상승한다. 광선이 평면에서 반사되는 경우에는 항상 입사각과 반사각은 같다. 막대자석을 둘로 자르면 항상 둘 다 다시 자석이 된다. 물체가 지구 표면 근처의 진공 속에서 정지 상태로부터 자유 낙하할 경우에는 항상 t초 동안에 떨어지는 거리는 $16t^2$피트이다. 자연 과학의 법칙 대부분은 **정량적 법칙**이다. 이런 양적 법칙은 물리 체계가 지닌 여러 가지 양적 특성(이를테면 기체의 부피·온도·압력)이나 물리적 과정이 지닌 여러 가지 양적 특성(이를테면 자유 낙하를 나타내는 갈릴레오의 법칙 속의 시간과 거리, 케플러의 제3법칙 속의 행성의 공전 주기와 태양으로부터의 평균 거리, 스넬의 법칙 속의 입사각과 반사각) 사이에 성립하는 특정한 **수학적 관계**를 주장한다.

엄밀하게 말하면 규칙적 결합을 주장하는 진술은 그것이 옳다고 인정할만한 이유가 있는 경우에만 "법칙"으로 간주될 것이다. "그른 자연 법칙"을 정상적인 정신 상태에서 주장할 사람은 아무도 없기 때문이다. 그러나 이 조건을 엄격하게 준수하려고 하면, 일반적으로 법칙으로 간주되는 갈릴레오의 법칙과 케플러의 법칙 같은 진술은 법칙으로서의 자격을 갖추지 못한 진술로 판정될 것이다. 현대 물리학의 지식에 따르면 위의 두 법칙은 단지 **근사치로서만** 성립하기 때문이다. 나중에 알게 되겠지만 물리학의 이론은 **왜** 갈릴레오나 케플러의 법칙이 근사치로서만 성립하는가를 설명한다. 이와 비슷한 논평이 기하 광학의 법칙에 대해서도 가능하다. 예를 들어 빛은 균일한 매질 속에서도 엄밀하게 직선 운동을 하지 못한다. 빛이 매질의 안쪽 변두리에서 굽을 수 있기 때문이다. 그러므로 "법칙"이란 말은 방금 위에서 언급한 것과 같은 진술, 즉 이론에 의해서 단지 근사치로서만 성립한다고 알려져 있으나 일정한 자격 요건을 갖추고 있는 진술에도 적용되도록 대범하게 사용되어야 한다. 이 점에 대해서는 다음 장에서 법칙을 이론에 의해 설명하는 일을 고찰할 때에 다시 설명하겠다.

법칙-연역적 설명에 사용되는 법칙이 다음과 같은 기본 형식, 즉 "F라는 종류의 조건이 갖추어지면 항상 G라는 종류의 현상이 일어난다."는 형식을 지니고 있다는 것은 이미 말했다. 그런데 흥미로운 일은 이 보편 명제 형식을 지닌 모든 진술이 — 설령 옳다 하더라도 — 자연 법칙으로서의 자격을 부여받을 수 없다는 사실이다. 예컨대 "이 상자 속의 모든 암석은 철을 함유하고 있다."는 문장은 보편 명제 형식의 문장이다. (F는 상자 속에 있는 암석이라는 조건이고, G는 철을 함유한다는 조건이다.) 하지만 이 문장은 설령 옳다 하더라도 자연 법칙으로 간주되지 못하고, 단지 "우연히 성립된" 특정한 사실에 대한 주장, 즉 "우연한 일반 명제"로 간주될 것이다. 다시 다른 예로 "순금의 물체는 모두 100,000kg 미만의 질량을 가진다."는 진술을 생각해보자. 사람들이 지금까지 확인한 순금의 물체가 모두 이 진술을 확증한다는 것은 의심의 여지가 없다. 따라서 이 진술은 유력한 확증 증거를 갖고 있을 뿐만 아니라 확인된 반증 실례도 전혀 없다. 실제로 100,000kg 이상의 질량을 지닌 순금의 물체가 지금까지 우주에 없었고, 앞으로도 있을 수 없을 것이 확실하다. 이 경우에는 검토되고 있는 일반 명제가 충분히 확증될 뿐만 아니라 옳기도 하다. 그렇지만 누구나 현대 과학이 인정하는 자연의 기본 법칙이 100,000kg 이상의 질량을 지닌 순금의 물체가 존재할 가능성은 물론이고 그런 물체가 만들어질 가능성까지도 전혀 배제하지 않는다는 것을 근거로 하여 이 진술의 진리성을 우연한 것으로 생각할 것이다.

　　이래서 과학적 법칙에 대한 "보편 명제 형식의 옳은 진술"이라는 정의는 적절한 정의일 수 없다. 왜냐하면 "보편 명제 형식의 옳은 진술"이라는 특성은 지금 정의해보려고 궁리하고 있는 종류의 법칙이 지녀야 할 필요 조건이긴 하지만 충분 조건은 못되기 때문이다.

　　진정한 법칙과 **우연한 일반 명제**의 차이는 무엇일까? 이 흥미로운 문제는 근래에 집중적으로 논의되었다. 이 토론은 지금도 진행 중인데, 여기서는 이 토론 과정에서 주장된 몇 가지 중요한 착상을 간략하게 살펴보고자 한다.

넬슨 굿맨(N. Goodman, 1906-1998)이 지적한 한 가지 유력하고 시사력 있는 차이점은 다음과 같다.[3] 법칙은 반사실적 조건 진술(反事實的 條件 陳述, counterfactual conditional), 즉 실제로는 A라는 사실이 없는데도(없었는데도) "만일 A가 일어난다면(일어났었다면), B가 일어날(일어났을) 것이다."라는 형식으로 이루어진 진술을 입증하는 일에 쓰일 수 있는 반면에, 우연한 일반 명제는 이런 일에 사용될 수 없다는 것이다. 그래서 "만일 이 파라핀 양초가 주전자에서 끓고 있는 물속에 들어 있다면 녹았을 것이다."라는 주장은 파라핀이 60℃ 이상에서는 액체 상태로 된다는 법칙과 물의 비등점이 100℃라는 사실을 제시함으로써 입증될 수 있다. 그러나 "이 상자 속의 암석은 모두 철을 함유하고 있다."는 진술은 위의 진술처럼 "만일 이 조약돌이 이 상자 속에 있었다면 철을 함유할 것이다."라는 반사실적 조건 진술을 입증하기 위해서 사용될 수 없을 것이다. 마찬가지로 법칙은 **가정법적 조건 진술**(假定法的 條件 陳述, subjunctive conditional statement), 즉 A라는 사실이 실제로 일어날 것인가 일어나지 않을 것인가에는 상관하지 않고 "만일 A가 일어난다면 B가 일어날 텐데."라는 유형의 문장을 입증할 수 있는 반면에, 우연한 일반 명제는 이런 일을 할 수 없다. "만일 이 파라핀 양초를 끓는 물속에 넣는다면 녹을 텐데."라는 진술은 가정법적 조건 진술의 한 실례다.

---

[3]   굿맨은 이 문제를 그의 책 *Fact, Fiction, and Forecast*, 2nd ed. [Indianapolis: The Bobbs-Merrill Co., Inc., 1965]의 1장에 수록되어 있는 "The Problem of Counterfactual Conditionals"라는 논문에서 논하고 있다. 이 저작은 법칙, 반사실적 진술, 귀납적 추론에 관해 흥미를 일으키는 여러 가지 기초 문제를 제기하고 있으며, 수준 높은 분석적 관점에서 이 문제들을 음미하고 있다.

이 차이점과 밀접하게 관련되어 있는 차이점이 또 하나 있다. 이 차이점은 특히 흥미롭다. 그것은 법칙이 설명의 근거로서 사용될 수 있는 데 반해서 우연한 일반 명제는 그럴 수 없다는 점이다. 따라서 끓는 물속에 들어 있는 어떤 파라핀 양초가 녹는 사실은 방금 말한 사실, 즉 파라핀 양초가 끓는 물속에 들어 있다는 특수한 사실과 파라핀은 60℃ 이상의 온도에서 녹는다는 법칙에 의해서 "법칙-연역적 설명"의 형식에 따라 설명될 수 있다. 그러나 상자 속의 어떤 암석이 철을 함유하고 있다는 사실은 상자 속의 암석 모두가 철을 함유하고 있다는 일반 진술에 의해서 위와 같은 방식으로 설명될 수 없다.

법칙과 우연한 일반 명제를 더욱 분명하게 구별하기 위해 상자 속의 암석에 관한 우연한 일반 명제는 오로지 유한 개의 진술로 이루어지는 **연언 진술**(連言 陳述, conjunction of statements) — 이를테면 "암석 r₁이 철을 함유한다, 그리고 암석 r₂가 철을 함유한다, … 그리고 암석 r₆₃가 철을 함유한다."는 문장 — 을 편의상 간략하게 표현하는 일을 하는 명제인 반면에, 파라핀에 관한 일반 명제는 무한히 많이 있을 수 있는 특수한 경우 모두에 대해서 언급하기 때문에 개별 실례를 기술하는 **유한한 연언 진술**로 바꾸어 표현될 수 없는 명제라고 대비시킬 수 있다는 그럴듯한 주장이 있었다. 하지만 이 구별은 시사하는 바가 많으나 과장되어 있다. 왜냐하면 다른 무엇보다도 "이 상자 속의 모든 암석은 철을 함유하고 있다."는 일반 명제는 실은 상자 속에 얼마나 많은 암석이 들어 있는가에 대해서 언급하고 있지 않을 뿐만 아니라 개개의 암석에 r₁, r₂, … , r₆₃ 등의 이름을 붙이고 있지도 않기 때문이다. 따라서 이 일반 진술은 위에서 말한 것과 같은 유한한 연언 진술과 논리적으로 동등하지 않다. 이 일반 진술과 논리적으로 동등한 연언 진술이 만들어질 수 있으려면, 그 상자 속의 암석을 모조리 헤아리면서 하나하나에 이름을 붙임으로써 만들어지는 정보가 추가되지 않으면 안 된다. 또 하나 지적되어야 할 점은 "순금의 물체는 모두 100,000kg 미만의 질량을 갖는다."라는 일반 명제는 세계 속에 무한히 많은 순금의 물체가 있다 하더라도 법칙으로 인정받지 못한다는 점이다. 그러므로 지금까지 검토한 기준은 여러 가지 이유로 말미암아 법칙의 기준으로 성립하지 못한다.

　　마지막으로 보편 명제 형식을 지닌 진술이 실제로 전혀 실례를 갖고 있지 않는데도 법칙으로서의 자격을 가질 수 있다는 사실에 주의해야 한다. 한 예로 "반지름은 지구와 같지만 질량은 두 배인 천체에서 정지 상태로부터 자유 낙하하는 운동은 $s = 32t^2$이라는 공식을 확증한다."는 문장을 생각해보자. 전 우주를 통해 꼭 이런 크기와 질량을 지닌 천체가 없으리라는 것은 거의 확실한데도 이 진술은 법칙의 성격을 지니고 있다. 왜냐하면 이 진술 — 더 정확하게 말하면 갈릴레오의 낙하 법칙의 경우처럼 이 진술에 아주 가까운 진술 — 이 중력과 운동에 관한 뉴턴의 이론으로부터 지구에서의 자유 낙하의 가속도가 초속 32피트라는 진술의 도움을 받아 유도될 수 있으며, 따라서 이 진술은 앞에서 예로 언급했던 달에서의 자유 낙하 법칙과 마찬가지로 **이론적 입증**을 강하게 받고 있기 때문이다.

　　법칙이 가능한 실례 — 앞으로 일어날 경우나 과거에 일어날 수 있었으나 일어나지 않았던 경우에 관한 가정법적 조건 진술과 반사실적 조건 진술 — 를 입증할 수 있다는 사실은 이미 지적하였다. 이와 마찬가지 방식으로 "만일 크기는 지구와 같으나 질량이 두 배인 천체가 있을 수 있다면, 그러한 모든 천체에서 일어나는 자유 낙하는 $s = 32t^2$의 공식을 확증할 것이다."라고 가정법 형태로 표현된 일반 진술은 넌

지시 법칙으로서의 격위를 요구하는데, 뉴턴의 이론은 이 일반 진술을 입증한다. 이에 반해서 암석에 관한 일반 명제는 "이 상자 속에 있는 암석은 어느 것이든 철을 함유할 것이다."라고 주장하는 문장으로 바꾸어 표현될 수 없으며, 더 나아가 이 주장이 어떠한 이론적 입증도 받지 못한다는 것은 두말할 것도 없다.

마찬가지로 우리는 순금 물체의 질량에 관한 일반 명제를 "순금의 두 물체가 각기 지닌 질량의 합계가 100,000kg 이상이면 하나의 물체로 만들기 위해서 녹일 수 없다."거나 "순금의 두 물체를 녹여서 하나로 만든 물체의 질량은 항상 100,000kg 미만일 것이다."라는 진술을 입증하는 데 사용하지 못할 것이다. 그 이유는 현재 인정받고 있는 물리학의 기초 이론과 화학의 기초 이론이 위의 첫 번째 진술이 주장하는 바와 같은 융합을 배제하지 않을 뿐만 아니라, 두 번째 진술이 언급하는 질량 손실이 일어날 것이라는 내용을 함의하고 있지도 않기 때문이다. 그러므로 순금 물체의 질량에 관한 위의 일반 명제가 옳다 하더라도, 다시 말해서 이 일반 명제에 대한 예외가 결코 발생하지 않더라도, 이 사실은 현대의 물리학과 화학의 이론에 의해서 판단되는 바와 같이 단지 우연한 일에 지나지 않을 것이다. 왜냐하면 현대의 물리학과 화학의 이론이 이 일반 명제의 예외가 발생할 수 있다는 것을 인정하기 때문이다.

따라서 보편 명제 형식을 지닌 어떤 진술이 법칙으로 간주될 수 있는가 없는가라는 문제는 그 시대에 인정되고 있는 과학적 이론 전체에 어느 정도 의존하게 될 것이다. 이 말은 "경험적 일반 진술", 즉 경험적으로는 충분히 확증되었으면서도 이론적 근거를 갖지 못한 보편 명제 형식의 진술이 전혀 법칙으로서의 자격을 갖지 못한다는 뜻은 아니다. 예컨대 갈릴레오의 법칙 · 케플러의 법칙 · 보일(R. Boyle, 1627-1691)의 법칙은 이론적 입증을 받기 전에도 그 자체로서 법칙으로 인정받았다. 따라서 이론과의 관련은 다음과 같다고 보아야 한다. 즉 보편 명제 형식의 진술은 이미 경험적으로 확증되었든 아직 시험받지 않았든 상관없이 이미 인정받고 있는 이론으로부터 유도될 수 있으면 법칙으로서의 자격을 부여받을 수 있지만 — 이런 진술을 **"이론적 법칙"**이라 한다 — 경험적으로 잘 확증되어 실제로 옳을 수 있을지라도 현재 인정받고 있는 이론이 가능성을 인정하는 가정적 사태 발생 — 예컨대 순금의 물체에 관한 일반 명제와 관련해서 나왔던 두 순금 물체를 녹여 100,000kg 이상의 질량을 갖는 하나의 물체로 만드는 일 — 을 배제한다면 법칙으로서의 자격을 부여받지 못한다고 보아야 할 것이다.[4]

**5.4 확률적 설명의
기초 사항**

모든 과학적 설명이 엄밀한 보편 명제 형식의 법칙에 근거를 두는 것은 아니다. 한 예로 짐이라는 어린이가 홍역에 걸린 사실은 며칠 전에 홍역을 심하게 앓았던 형으로부터 감염되었다고 말함으로써 설명될 수 있을 것이다. 이 설명 역시 "설명되는 사건"을 그보다 먼저 일어난 일, 즉 짐이 홍역 환자와 접촉했다는 사실에 연결시키고 있다. 그리고 홍역 환자와의 접촉과 홍역의 전염 사이에는 관련이 있기 때문에 홍역 환자와 접촉했다는 사실이 설명을 제공한다고 말할 수 있다. 그렇지만 이 관련은 보편 명제 형식의 법칙으로 표현

---

[4] 법칙 개념에 대해 더 자세한 분석과 풍부한 참고 문헌을 원하는 독자는 Ernest Nagel의 *The Structre of Science* (New York: Harcourt, Brace & World, Inc., 1961)의 4장을 보라.

될 수 없다. 홍역 환자와 접촉하는 모든 경우에 다 전염이 일어나지는 않기 때문이다. 홍역 환자와의 접촉을 근거로 하여 주장할 수 있는 것은 다만 홍역 환자와 접촉한 사람들이 **높은 확률** 즉 **높은 비율**로 홍역에 걸릴 것이라는 것이다. 이런 유형의 일반 진술은 **확률 명제 형식의 법칙**(確率 命題 形式의 法則, law of probabilistic proposition form) 또는 간단히 **확률 법칙**(確率 法則, probabilistic law)인데, 곧 더 자세히 검토하겠다.

그렇다면 위의 예에서는 "설명하는 것"이 방금 언급한 확률 법칙과 짐이 홍역 환자와 접촉했다는 진술로 구성되어 있다. 이 "설명하는 진술"은 법칙-연역적 설명의 경우와는 달리 짐이 홍역에 걸렸다는 "설명되는 진술"을 연역적으로 함의하고 있지 않다. 왜냐하면 옳은 전제로부터 연역적으로 진행되는 추리에서는 그 결론이 항상 옳은 데 반해서, 위의 예에서는 "설명하는 진술"이 옳다 하더라도 "설명되는 진술"이 그를 수 있기 때문이다. 요컨대 "설명하는 것"이 "설명되는 것"을 연역적 확실성이 보장되도록 함의하는 것이 아니라 다만 **"거의 확실하게"** 또는 **"높은 확률로"** 함의한다고 말할 수 있을 뿐이다.

이런 식으로 설명하는 논증은 다음과 같은 모습으로 간추려 표현될 수 있다.

> 홍역 환자와 접촉한 사람이 홍역에 걸리는 확률이 높다.
> 짐은 홍역 환자와 접촉했다.
> ======================================= [높은 확률이 있다.]
> 짐이 홍역에 걸렸다.

연역 논증의 관례적 표현 방식에서는 이미 법칙-연역적 설명 형식을 나타낼 때에 그랬던 것처럼 결론을 실선에 의해서 전제와 분리시

켰는데, 이 실선은 전제가 결론을 논리적으로 함의한다는 뜻을 나타내기 위해서 사용되었다. 위의 논증에 사용된 "이중의 실선"은 연역의 경우와 비슷하게 "전제"(설명하는 문장)가 "결론"(설명되는 문장)의 확률을 어느 정도 높인다는 뜻을 지니고 있다. 그 확률의 정도는 괄호 속에 적힌 문구에 의해서 표시되어 있다.

이런 종류의 논증은 **확률적 설명**(確率的 說明, probabilistic explanation)이라 한다. 앞에서 검토한 예가 보여주는 바와 같이, 특정한 사건에 대한 "확률적 설명"과 "법칙-연역적 설명"은 어떤 기본 특성을 공유하고 있다. 두 설명은 모두 어떤 특정한 사건을 다른 사건과 연관시켜 설명하는데, 이 다른 사건은 법칙에 의해서 "설명되는 사건"과 연결되는 사건이다. 그러나 한 설명에서는 그 법칙이 보편 명제 형식으로 되어 있고, 다른 설명에서는 확률 명제 형식으로 되어 있다. 또한 **연역적 설명**은 "설명하는 것" 속에 포함된 정보를 근거로 삼고 "설명되는 것"이 "연역적으로 확실하게" 예상될 수 있다는 것을 주장하는 데 반해서, **귀납적 설명**은 "설명하는 것" 속에 포함된 정보를 근거로 삼고 "설명되는 것"이 높은 확률로 예상될 수 있다 — 하지만 대개 실제적으로는 거의 확실하게 예상될 수 있다 — 는 것만 알려준다. 이것이 바로 귀납적 설명이 설명 연관 조건을 만족시키는 방식이다.

5.5 통계적 확률과 확률 법칙   이 절에서는 앞 절에서 확률적 설명의 고유한 특징을 이루고 있는 것으로 주목되었던 두 가지 사항을 좀 더 자세히 고찰해 보고자 한다. 그 가운데 하나는 확률적 설명이 의지하고 있는 확률 법칙이고, 다른 하나는 확률적 설명에서 설명하는 것을 설명되는

것에 연관시키는 특이한 종류의 **확률적 함의**(確率的 含意, probabilistic impli-
cation)이다.

이제 크기나 질량은 같으나 색깔이 다른 많은 공이 담겨 있는 항
아리에서 계속해서 공을 꺼내는 경우를 생각해보자. 매번 한 개의 공을
꺼내어 공의 색깔을 기록한다. 그리고 나서 그 공을 철저히 뒤섞어놓는
다. 이것은 이른바 **무작위 과정**(無作爲 過程, random process)이나 **무작위 실
험**(無作爲 實驗, random experiment)의 한 예로, 잠시 후에 이 개념이 어떤
특징을 지니고 있는지 더 자세히 살펴보고자 하는데, 편의상 위에서 서
술한 절차를 실험 U, 매번 공을 꺼내는 일을 U의 실행, 한 번 공을 꺼내
어 얻는 공의 색깔을 U의 실험 결과나 실험 성과라고 부르기로 하자.

만일 항아리 속의 모든 공이 하얗다면 U의 실행에 의해서 얻는
결과에 대하여 엄밀한 보편 명제 형식의 진술이 성립한다. 즉 항아리에
서 공을 꺼낼 때마다 매번 흰 공이 나온다. 이 결과를 간단히 표현하기
위해서 실험 결과 W가 얻어진다고 하자.

만일 항아리 속의 공들 가운데 일부분인 600개는 하얀 공이고 나
머지 400개는 빨간 공이라면, 그 실험에 대해서는 확률 명제 형식의 일
반 진술이 성립한다. 즉 실험 U의 실행이 흰 공을 꺼낼 확률, 다시 말
해 실험의 성과 W는 0.6이다. 이 말을 기호로 표현하면 다음과 같다.

5a] $P(W, U) = 0.6$

마찬가지로 정상의 동전을 던져 앞면(H)이 나올 것을 기대하는
무작위 실험 C의 결과에 대한 확률은 다음과 같다.

5b] P(H, C) = 0.5

모양이 정상인 주사위를 굴리는 무작위 실험 D에서 실험 결과가 1의 면(A)일 확률은 다음과 같다.

5c] P(A, D) = 1/6

그런데 이런 확률 진술의 의미는 과연 무엇일까? 때로 **"고전적" 확률 개념**이라 불리는 잘 알려져 있는 견해에 따르면 (5a)의 진술은 다음과 같이 해석되어야 한다. 실험 U의 실행은 매번 1,000가지의 **기본 가능성** 즉 **기본 선택지** 가운데서 하나를 선택하는 일로 이루어지고, 한 번의 실행은 항아리 속의 공들 가운데서 꺼낸 하나의 공으로 대표된다. 이 가능한 선택들 가운데서 600번의 선택은 결과 W에 "기여하는" 결과를 가져온다. 그래서 흰 공을 꺼낼 확률은 다만 결과 W에 기여한 선택의 수효를 모든 가능한 선택의 수효와 대비시킨 비율 즉 600/1,000이다. 고전적 견해는 확률 진술 (5b)와 (5c)에 대해서도 마찬가지 방식으로 해석한다.

그렇지만 확률 진술의 성격을 이렇게 보는 것은 부적절한 해석이다. 왜냐하면 만일 매번 꺼내기 전에 항아리 속의 400개의 빨간 공들을 흰 공들 위에 놓는다면, 이 새로운 종류의 항아리 실험 U′에서는 가능한 기본 선택지 수효에 대한 실험 결과 W에 기여할 선택지 수효의 비율은 똑같겠지만, 흰 공을 꺼낼 확률은 실험 U, 즉 매번 공을 꺼내기 전에 철저히 섞어놓고 공을 꺼내는 실험보다 작을 것이다. 확률에 대한 고전적 개념은 이 곤란점을 확률에 대한 정의 속에서 언급된 기본 선택지들이 **"동등하게 가능해야 한다"**거나 **"동등하게 개연적이어야 한다"**는 것을 필요 조건으로 부과함으로써 피하려 하고 있으나, 실험 U′과 같은 경우는 이 필요 조건을 만족시키지 못할 것이다.

이 추가된 단서는 **"동등 가능성"**이나 **"동등 개연성"**을 어떻게 정의해야 하는가라는 문제를 일으킨다. 여기서는 많은 논란을 일으키고 있는 이 까다로운 문제는 지나치기로 하겠다. 왜냐하면 동등 가능성이 만족스럽게 정의될 수 있다고 가정하더라도, 고전적 견해는 여전히 적절하지 못하기 때문이다. 그 이유는 동등하게 가능한 기본 선택지들을 명시할만한 방법이 전혀 없는 무작위 실험의 결과에 대해서도 확률이 부여되기 때문이다. 따라서 정상의 주사위를 굴리는 무작위 실험 D의 경우에는 여섯 개의 면이 위에서 말한 "동등하게 가능한 선택지"를 나타내는 것으로 간주될 수 있다고 생각될 것이다. 하지만 6의 면이 더 잘 나오도록 반대쪽에 납을 박아 넣은 주사위의 경우에는 "동등하게 가능한 결과"를 결코 명시할 수 없는데도, 사람들은 누구나 결과로서 1이 나오는 경우나 홀수가 나오는 경우 등등에 여전히 확률을 부여한다.

마찬가지로 과학은 자연 속에서 부딪히는 어떤 무작위 실험이나 무작위 추출 과정의 결과, 예컨대 방사성 물질 원자의 단계적 붕괴나 원자가 어떤 에너지 상태에 있다가 다른 에너지 상태로 변하는 사건에 확률을 부여하는데, 과학에서 행해지고 있는 이 일은 특히 중요하다. 하지만 이 경우에도 우리는 이런 확률을 고전적으로 정의하여 계산할 수 있도록 보장해주는 "동등하게 가능한 선택지"를 전혀 발견할 수 없다.

이제 확률 진술에 관한 더 만족스러운 해석을 얻기 위해서 여섯 개의 면이 규칙적으로 나온다고 알려지지 않은 주사위를 던져서 1의 면(A)이 나올 확률을 우리가 어떻게 확정하게 되는지 생각해보자. 이 일이 그 주사위를 여러 차례 던져보고 나서, 그 던진 횟수에 대하여 1의 면이 나오는 경우의 **비율** 즉 **상대 빈도**(相對 頻度, relative frequency)를 확인함으로써 이루어진다는 것은 분명하다. 예를 들어 그 주사위를 굴리는 실험 D′을 300번 실행해서 1의 면이 62번 나왔다면, 이 상대 빈도 62/300는 그 주사위를 굴려서 1이 나올 확률 P(A, D′)의 근삿값으로 간주될 것이다. 이와 비슷한 절차가 특정한 동전을 던져보는 실험이나 룰렛 판의 회전과 관련된 확률을 평가하기 위해서도 사용될 수 있을 것이다. 마찬가지로 방사성 붕괴에 관한 확률, 여러 가지 원자 에너지 상태 사이의 전이에 관한 확률, 유전 과정에 관한 확률 등등도 각각의 상대 빈도를 확인함으로써 결정된다. 그러나 이 확인하는 일은 각각의 경우에 관련 있는 개개의 원자적 사건이나 다른 개개의 사건을 단순히 헤아림으로써 이루어지는 것이 아니라 지극히 **간접적 방법**으로 이루어지는 경우가 흔하다.

상대 빈도에 의한 해석은 (5b)와 (5c) 같은 확률 진술에도 적용되는데, (5b)는 **정상의 동전** 즉 균질이고 엄밀하게 원기둥 모양의 동전을 던져보는 실험 결과와 관련되어 있고, (5c)는 **정상의 주사위** 즉 균질이고 엄밀하게 6면체를 이루고 있는 주사위를 던져보는 실험 결과에 관한 것이다. 확률 진술을 개진할 때에 과학자들뿐만 아니라 도박사들까지도 관심을 갖는 것은 어떤 무작위 실험 R을 계속해서 반복할 경우에 그 결과 O를 예상할 수 있도록 해주는 상대 빈도이다. "동등하게 개연적인" 기본 선택지를 헤아리는 일과 이 기본 선택지들 가운데서 결과 O에 기여하는 선택지를 헤아리는 일은 결과 O의 상대 빈도를 추측하는 데 도움을 주는 방책이라고 생각될 수 있다. 그래서 실제로 정상의 주사위나 동전을 던지는 횟수가 많아지면, 여러 면이 동등한 빈도에 이르는 경향이 있다. 우리는 이 사실을 물리학적 가설을 형성할 때에 흔히 사용되는 그런 종류의 **대칭적 사고 방식**에 근거하여 기대할 수도 있다. 왜냐하면 경험적 지식은 여러 면 가운데서 어느 한 면이 다른 면보다 더 잘 나올 것이라고 예측하게 하는 근거를 전혀 제공하지 못하기 때문이다. 그러나 대칭적 사고에 의해서 얻어진 명제가 확실한 진리로 간주되거나 자명한 진리로 간주되어서는 안 된다. 우기성 원리처럼 매우 그럴듯한 **대칭 가정**인데도 원자 이하의 수준의 사건에서는 일반적으로 만족시키지 못한다는 것이 발견되어왔다. 그러므로 "동등 개연 가능성"에 관한 가정은 문제되어 있는 현상의 실제적 상대 빈도와 관련 있는 실험적 자료에 비추어 보아 항상 수정되어야 한다. 이는 보스 (J. C. Bose, 1858-1937)와 아인슈타인, 그리고 페르미(E. Fermi, 1901-1954)와 디랙(P. A. M. Dirac, 1902-1984)에 의해서도 증명되었던 사실인데, 이 두 이론은 **위상 공간**(phase space)에서 입자들의 분포 가능성이 서로 동등할 수 있다고 밝혔지만 서로 다른 가정에 의거하고 있다.

　　그렇다면 확률 법칙 속에 구체적으로 언급되어 있는 확률은 **상대 빈도**를 뜻한다. 그렇긴 하지만 그 확률은 적절한 무작위 실험을 오랫동안 계속 반복해서 얻어지는 상대 빈도라고 엄밀하게 정의할 수는 없다. 왜냐하면 그 비율 — 예컨대 주사위를 던져 1의 면을 얻는 비율 — 은 던지는 횟수가 늘어남에 따라서 아마 근소하기는 하겠지만 변할 것이기 때문이며, 또 똑같은 횟수를 던져본 두 실험에서조차 1의 면이 나온 수효가 대개는 다를 것이기 때문이다. 그러나 던지는 횟수가 늘어남에 따라서 서로 다른 결과 하나하나가 지니는 상대 빈도는 계속 던져 얻어지는 결과가 불규칙적으로 변해 실제로 예언을 불가능하게 하는 방식으로 계속 변해간다 할지라도 그 변화의 폭이 점점 작아지는 경향이 있다. 이 점이 바로 무작위 실험 R과 그 실험의 결과 O_1, O_2, $\cdots$, O_n이
지니는 일반적 특성이다. 무작위 실험 R의 연속적 실행은 불규칙한 방
식으로 위의 결과 가운데 어느 하나를 산출해낸다. 그러나 그 결과에
따라 이루어지는 상대 빈도는 실험을 행하는 횟수가 증가함에 따라서
안정되어 가는 경향이 있다. 그래서 결과의 확률 $p(O_1, R)$, $p(O_2, R)$,
$\cdots$, $p(O_n, R)$은 실재의 상대 빈도가 점점 안정되면서 접근해가고 있다
고 흔히 가정되는 **"이상적인 값"**으로 간주될 수 있다. 수학적 편의를 위
해서 때로 확률은 실험 실행의 횟수가 무한히 증가함에 따라 상대 빈도
가 수렴해가는 **수학적 극한값**으로 정의된다. 그러나 이 정의는 개념상
의 분명한 결함을 지니고 있다. 그래서 확률에 대한 아주 최근의 연구
가들은 확률 개념에 반드시 포함되어야 하는 **경험적 의미**가 이른바 **확
률에 대한 통계적 해석**(統計的 解釋, statistical interpretation)[5]에 의거해서 정
교하면서도 충분한 근거에 따라 — 하지만 약간 더 모호하게 — 다음과
같이 정의하고 있다.

$$p(O, R) = r$$

이 진술은 무작위 실험 R이 오랫동안 반복해서 실행된다면 O라
는 결과를 얻는 경우의 비율이 r에 접근하는 것은 거의 확실하다는 뜻

[5]   통계적 확률이라는 개념과 극한값에 의한 정의 그리고 그 결점에 대한 좀 더 상세한 내
용은 E. Nagel의 논문 "Principles of the Theory of Probability" (Chicago: University of
Chicago Press, 1939)를 보라. 통계적 해석에 대한 내 견해는 H. Cramér가 *Mathematical
Methods of Statistics* (Princeton: Princeton Univ. Press, 1946)의 148-149쪽에서 제시한 해
석에 따르고 있다.

이다. 위와 같은 특성이 부여된 통계적 확률이란 개념은 4장 5절에서 검토했던 **귀납적 확률**(歸納的 確率, inductive probability) 즉 **논리적 확률**(論理的 確率, logical probability)과 주의 깊게 구별하지 않으면 안 된다. 논리적 확률은 명확한 진술들 사이의 논리적 관계를 양적으로 표현하는 것으로 다음과 같다.

$$c(H, K) = r$$

이 문장은 가설 H가 일군의 진술 K로 제시되는 증거에 의해서 입증되거나 확실해지는 정도는 r이라고 주장한다. 통계적 확률은 **반복할 수 있는 사건의 종류들 사이에 성립하는 양적 관계**이다. 다시 말하면 어떤 종류의 결과 O와 어떤 종류의 무작위 실험 R 사이의 양적 관계이다. 그래서 대체적으로 말하면 위의 진술은 무작위 실험 R을 계속 실행해나감에 따라서 결과 O가 점점 접근해가는 상대 빈도를 말하고 있다.

하지만 이 두 가지 확률 개념은 서로 공통하는 수학적 특성을 지니고 있다. 두 확률 개념은 모두 수학적 확률 이론의 기초 원리를 만족시킨다.

a) 두 확률이 취할 수 있는 값은 0에서 1 사이에 있다.

$$0 \leq p(O, R) \leq 1$$
$$0 \leq p(H, K) \leq 1$$

b) 실험 R을 실행하여 얻은 두 개의 서로 독립된 결과 가운데 어

느 하나가 일어날 확률은 두 결과가 각각 지닌 확률의 합과 같다. 또한 임의의 증거 K를 근거로 하는 두 개의 서로 배척하는 가설 가운데 어느 하나가 성립할 확률은 두 가설이 각각 지닌 확률의 합과 같다.

만일 O_1과 O_2가 서로 독립적인 결과라면

$$p(O_1 \text{ 또는 } O_2, \ R) = p(O_1, \ R) + p(O_2, \ R)$$

만일 H_1과 H_2가 논리적으로 서로 배척하는 가설이라면

$$c(H_1 \text{ 또는 } H_2, \ K) = c(H_1, \ K) + c(H_2, \ K)$$

c) 모든 경우에 필연적으로 일어나는 결과 — 예컨대 O가 일어나거나 O가 일어나지 않는 경우 — 의 확률은 1이다. 또한 어떠한 증거에 대해서도 항상 논리적으로 옳은 가설, 즉 필연적으로 옳은 가설 — 예컨대 H가 성립하거나 H가 성립하지 않는 경우 — 의 확률은 1이다.

$$p(O \text{거나 } O \text{ 아님}, \ R) = 1$$

$$c(H \text{거나 } H \text{ 아님}, \ K) = 1$$

통계적 확률 형식을 사용하는 과학적 가설은 그것과 관련 있는 결과를 오랫동안 많이 모아 그 결과의 상대 빈도를 검사함으로써 시험될 수 있으며, 실제로 그런 식으로 시험되고 있다. 그래서 그런 가설의 확률은 대체로 가설이 주장하는 확률과 관찰된 상대 빈도가 얼마만큼 근사한가에 따라 판단되고 있다. 그러나 이런 실험을 뒷받침하는 논리는 예기치 못한 특이한 문제를 일으키는데, 이 점을 간략하게나마 살펴볼 필요가 있다.

다음과 같은 가설 H를 검토해보자. H는 "어떤 주사위를 굴려서 1의 면이 나오는 확률이 0.15다."라는 가설이다. 이 가설은 간단하게 "p (A, D) = 0.15"라고 쓸 수 있는데, D는 주어진 주사위를 굴리는 무작위 실험이다. 가설 H는 주사위를 굴리는 실험을 유한 횟수 실행했을 때에 1의 면이 몇 번 나올 것인가를 구체적으로 언급하는 어떤 시험 명제도 연역적으로 함의하지 않는다. 한 예로 이 가설은 주사위를 500번 굴리는 첫 번째 실험에서 정확하게 75번 1의 면이 나온다는 명제를 함의하지 않으며, 더 나아가 1의 면이 나오는 횟수가 50번에서 100번 사이에 있을 것이라는 명제조차 함의하지 않는다. 그러므로 많은 횟수의 실험을 통해서 실제로 1의 면이 나온 확인된 횟수의 비율이 0.15와 상당히 다르다 할지라도, 이 결과는 "모든 고니는 희다."라는 엄격하게 보편 명제 형식으로 된 가설을 하나의 반대 사례, 즉 한 마리의 검은 고니를 증거로 제시하는 **후건 부정 논법**의 논증에 의해서 반박하는 방식으로 가설 H를 반박하지 못한다. 마찬가지로 그 주사위를 던지는 실험을 많이 반복했을 때에 1의 비율이 0.15에 아주 근사한 값이 되었다 할지라도, 이 사실은 어떤 가설이 논리적으로 함의하는 시험 명제 I가 실제로 옳다고 밝혀짐으로써 그 가설이 확증되는 식으로 가설 H를 확증하지 못한다. 왜냐하면 방금 말한 경우에는 가설이 시험 명제 I를 논리적으로 함의하고 있으므로 시험 결과가 가설의 주장 내용 일부가 실제로 옳다고 밝혀준다는 뜻에서 가설을 확증하는 증거가 되기 때문이다. 하지만 이 일은 빈도 자료가 가설 H를 확증하는 일과는 전혀 다르다. 왜냐하면 가설 H는 분명히 D를 얼마나 반복했을 때에 1의 면이 나오는 빈도가 0.15에 아주 가까워진다는 주장을 연역적으로 함의하고 있지 않기 때문이다.

그러나 가설 H는 어떤 주사위를 계속 던져볼 경우에 1의 면이 나오는 비율이 0.15로부터 크게 이탈할 수 있다는 가능성을 논리적으로 미리 배제하지는 못하지만, **통계적 관점**에서는 그런 이탈이 거의 있을 법하지 않다는 주장, 다시 말해 주사위를 던져보는 횟수를 많이 잡는 실험 — 예컨대 1,000번 던져보는 것을 한 번의 실험으로 간주하는 실험 — 이 여러 차례 반복된다면 전체 실험 가운데 극소수의 실험에서만 1의 면이 나오는 비율이 0.15와 뚜렷한 차이를 보일 것이라는 주장을 논리적으로 함의한다. 주사위를 던지는 매번의 경우에 대해서 계속되는 실험의 결과 하나하나는 "통계적으로 독립되어 있다."고 가정하는 것이 보통이다. 대체로 말하면 이 말은 주사위를 한 번 던져서 1의 면을 얻는 확률이 그보다 앞선 실험의 결과에 의존하지 않는다는 뜻이다. 수학적 분석은 이 독립성의 가정을 전제로 삼고 n번 던져서 1의 면이 나올 비율이 0.15와 다를 확률이 일정한 값 이상을 넘지 않는다는 것을 가설 H가 연역적으로 결정한다는 사실을 밝혀준다. 가설 H는 주사위를 1,000번씩 던져보는 실험에서 1의 면이 나오는 비율이 0.125에서 0.175 사이에 있을 확률은 약 0.976이라는 주장을 함의하고 있다. 마찬가지로 가설 H는 주사위를 10,000번씩 던져보는 실험에서 1의 면이 나오는 비율이 0.14에서 0.16 사이에 있을 확률은 약 0.995라는 주장을 함의하고 있다. 따라서 가설 H가 옳다면 많은 횟수의 실험을 하면서 1의 면이 나오는 경우를 관찰할 경우에 그 비율이 가설의 확률 값 0.15와 지극히 작은 차이를 보일 것이 **실제적으로 확실하다**고 해도 좋을 것이다. 그러므로 많은 횟수의 실험을 반복하면서 얻은 결과를 관찰하여 확인한 빈도가 어떤 확률 가설이 그 결과에 대해서 예언했던 확률에 가깝지 않다면 그 가설은 **그른 가설**일 가능성이 매우 클 것이다. 이런 경

우에는 빈도 자료가 그 가설을 반증하는 증거로 간주되거나 신뢰 가능
성을 감소시키는 증거로 간주될 것이다. 그래서 충분히 강하게 반증하
는 증거가 발견되면 가설 H가 논리적으로 반박된 것으로 간주될 것이
고, 이에 따라서 가설 H는 거부될 것이다. 마찬가지로 가설 H가 주장
한 확률과 관찰된 빈도가 잘 일치하면, 이 사실은 확률 가설을 확증하
는 데 기여할 것이고, 그에 따라서 그 가설을 승인할 수 있게 된다.

　　그런데 확률 가설이 관찰된 빈도와 관련 있는 통계적 증거를 기초
로 하여 승인될 수 있거나 거부될 수 있다면 이번에는 관찰 빈도에 관
한 적절한 기준이 필요하게 된다. 이 기준은 a) 관찰된 빈도가 확률 가
설이 주장한 확률과 어느 정도의 차이를 보여야 그 가설을 거부하는 근
거로 간주될 수 있는가라는 문제와, b) 관찰된 빈도와 가설이 언급한
확률 사이에 성립하는 어느 정도의 근사성이 그 가설을 승인하는 조건
으로 필요한가라는 문제를 결정해야 할 것이다. 여기서 문제되어 있는
필요 조건은 어느 정도는 엄밀하게 정해질 수 있는데, 그 필요 조건의
내용을 정하는 것은 선택의 문제이다. **선택된 기준의 엄격성**은 당면한
연구의 진행 상황과 목표에 따라 변하는 것이 보통이다. 대체로 말해서
이 엄격성의 정도는 특수한 연구 상황 속에서 일어날 수 있는 두 종류
의 과오를 피하는 일이 얼마나 중요한가에 달려 있다. 일어날 수 있는
두 가지 과오 가운데 하나는 시험받고 있는 가설이 옳은데도 거부하는
과오이고, 다른 하나는 그 가설이 그른데도 승인하는 과오이다. 이 문
제의 중요성은 어떤 가설의 승인이나 거부가 실제 행위의 근거로 사용
될 때에는 특히 분명하다. 그렇기 때문에 가령 가설이 새로운 백신의
예상되는 유효성과 안전성에 관한 것이라면, 이 가설의 승인 여부를 결
정하는 일은 통계적 시험 결과가 가설에 의해서 주장된 확률과 얼마나

잘 일치하는가라는 것뿐만 아니라, 그 가설이 그른데도 승인하고 그에 따라 하는 행동, 이를테면 백신을 어린이에게 주사하는 일이 얼마나 심각한 결과를 초래할 것인가, 또 사실은 그 가설이 옳은데도 거부하고 그에 따라 하는 행동, 이를테면 그 백신을 폐기하고 제조 공정을 수정하거나 중지하는 일이 얼마나 심각한 결과를 초래할 것인가를 고려하지 않으면 안 될 것이다. 이러한 상황 속에서 제기되는 복잡한 문제가 통계적 시험과 결정에 관한 이론의 주제를 이루는데, 이 연구는 최근 수십 년 동안 확률과 통계에 관한 수학적 이론에 근거를 두고 발전하고 있다.[6]

　자연 과학의 중요한 법칙들과 이론적 원리들 가운데 대부분은 지금까지 살펴본 단순한 확률 진술에 비하면 흔히 훨씬 더 복잡한 형식의 것이긴 하지만 실은 확률적 성격을 지니고 있다. 예컨대 오늘날의 물리학 이론에 따르면 방사성 원자의 붕괴는 개개의 방사성 원소의 원자들이 일정한 기간 동안에 붕괴되는 일에 고유한 확률이 성립하는 **무작위 현상**이다. 개개의 붕괴 현상에 관한 확률 법칙은 보통 그 원소의 "반감기"에 대해 언급하는 진술로 표현된다. 그래서 라듐[226]의 반감기가 1620년이라는 진술과 폴로늄[218]의 반감기가 3.05분이라는 진술은 라듐[226]의 원자가 1620년 안에 붕괴되는 확률과 폴로늄[218]의 원자가 3.05분 안에 붕괴될 확률은 둘 다 1/2이라는 뜻을 지닌 법칙이다. 이미 앞에서 언급한 통계적 해석에 따르면 이런 법칙은 일정한 시간에 확인된 많은 수효의 라듐[226]의 원자나 폴로늄[218]의 원자 가운데 거의 1/2에 가까운 원자가

[6]　이 주제에 관해서는 R. D. Luce and H. Raiffa의 *Games and Decisions* (New York: John Wiley & Sons, Inc., 1957)를 보라.

1620년 후나 3.05분 후에 여전히 존재하고 나머지는 방사성 붕괴에 의해서 붕괴된다는 것을 뜻한다.

또한 기체 운동론에서는 기체의 움직임에 나타나는 여러 가지 규칙성이 그 기체를 구성하는 분자들에 관한 어떤 가정에 입각하여 설명되는데, 이 점은 고전 열역학의 법칙도 마찬가지다. 그런데 이 가정들 가운데 상당수가 분자의 운동과 충돌에서 발견된 통계적 규칙성에 관해서 언급하는 확률 가설이다.

확률 법칙이란 개념에 관하여 몇 가지 주의를 덧붙여야 하겠다. 어떤 사람은 모든 과학적 법칙이 그에 대한 입증 증거가 언제나 유한해서 논리적으로 결정적인 법칙이 못되는 일군의 경험적 발견이고, 그래서 법칙에 기껏해야 어느 정도의 높은 개연성을 부여할 수 있을 뿐이기 때문에 확률 법칙으로서의 자격밖에 인정되지 않는다고 생각할는지도 모르겠다. 그러나 이 논증은 보편 명제 형식의 법칙과 확률 명제 형식의 법칙 사이의 구별이 이 두 종류의 진술을 증거에 의해서 입증되는 정도에 입각한 것이 아니라 두 종류의 진술이 내세우는 주장의 **이론적 성격**을 반영하는 진술 형식에 따라 이루어졌다는 요점을 놓치고 있다. 근본적으로 보편 명제 형식의 법칙은 F라는 종류의 현상이 일어나는 모든 경우에 G라는 종류의 현상 역시 일어난다는 뜻을 지닌 진술이다. 반면에 근본적으로 확률 명제 형식의 법칙은 어떤 조건 아래서 무작위 실험 R을 실행에 옮기면 어떤 종류의 결과가 일정한 비율로 일어날 것이라고 주장한다. 이 두 유형의 주장은 — 옳은가 그른가 또는 훌륭하게 입증되었는가 빈약하게 입증되었는가에 관계없이 — **논리적으로 다른 성격**을 갖고 있으며, 그래서 이 두 유형의 진술에 대한 위의 구별은 바로 이 논리적 성격의 차이에 근거를 두고 이루어진 것임을 잊지 말아야 할 것이다.

　이미 앞에서 살펴본 바와 같이 "F일 때에는 언제나 G다."라는 보편 명제 형식의 법칙은 결코 지금까지 확인된 F의 발생 하나하나를 보고하는 진술과 동등한 의미를 갖고 있는 간결한 요약 진술이 아니다. 오히려 보편 명제 형식의 법칙은 과거는 물론 현재와 미래에 걸쳐 아직 검사되지 않은 모든 F의 사례에 대한 주장까지 함의하고 있다. 또한 보편 명제 형식의 법칙은 그와 관련 있는 반사실적 조건 명제와 가언적 조건 명제 ― 즉 F의 "가능한 발생" ― 에 대한 주장도 함의하고 있다. 그리고 보편 명제 형식의 법칙이 지닌 설명력은 바로 이 특성으로부터 나오는 것이다. 확률 명제 형식의 법칙도 비슷한 격위를 지니고 있다. 라듐^{226}의 방사성 붕괴가 1620년의 반감기를 가진 무작위 과정이라고 주장하는 법칙은 라듐^{226}의 어떤 견본에서 관찰되었던 붕괴 비율에 관한 보고와 동등한 내용을 갖고 있지 않다는 것은 명백하다. 이 법칙은 과거 현재 미래에 걸쳐 임의의 라듐^{226}이 붕괴하는 과정에 관해서 주장하고 있다. 그래서 이 법칙은 다음과 같은 가정법적 조건 명제나 반사실적 조건 명제, 즉 "두 개의 라듐^{226}의 덩어리를 하나로 합해놓으면, 붕괴 비율이 두 덩어리가 각기 떨어져 붕괴했을 때의 비율과 동일한 비율일 것이다."라는 진술을 함의하고 있다. 이 경우에도 확률 법칙이 지닌 **예언력**과 **설명력**은 바로 이 특성에서 나오는 것이다.

5.6 확률적 설명의 귀납적 성격　　앞에서 검토했던 짐이라는 어린이의 홍역 감염에 관한 예는 확률적 설명의 가장 단순한 종류 하나를 보여주었다. 이 사실을 설명하는 논증의 일반적 형식은 다음과 같이 표현될 수 있다.

p(O, R)은 1에 가깝다.
i는 R의 한 경우이다.
================================ [높은 확률이 있다.]
i는 O의 한 경우이다.

위의 논증에서 설명하는 것이 설명되는 것에 부여한다고 괄호 속
에 제시되어 있는 높은 확률은 확실히 통계적 확률이 아니다. 왜냐하면
이 확률은 **문장들 사이에 성립하는 관계**이지 사건들이나 사건의 종류들
사이에 성립하는 관계가 아니기 때문이다. 4장에서 도입했던 용어를
사용하면 이 확률은 설명하는 것에 의해서 제공된 정보를 근거로 했을
때에 설명되는 것이 지니는 **합리적 신뢰 가능성**을 나타낸다고 말해도
좋을 것이다. 그래서 이미 지적했던 바와 같이 이 신뢰 가능성이라는
개념이 확률로 해석될 수 있다 하더라도 그 확률은 **논리적 확률** 또는 **귀
납적 확률**을 표현하게 마련이다.

어떤 단순한 경우에는 이 확률을 수량 용어로 표현하는 자연스럽
고 명백한 방식이 있다. 바로 위에서 고찰한 그런 종류의 논증에서는
p(O, R)의 수치가 분명히 제시된다면 설명하는 것이 설명되는 것에 부
여하는 **귀납적 확증 정도**가 바로 그 값을 가진다고 말하는 것은 온당하
다. 이런 식으로 이루어지는 확률적 설명은 다음의 형식을 지닌다.

p(O, R) = r
i는 R의 한 경우이다.
================================ [r]
i는 O의 한 경우이다.

만일 설명하는 것이 더 복잡한 경우에는 설명하는 것이 설명되는 것에

부여하는 귀납적 확률을 결정하는 일에 어려운 문제가 생기는데, 그런 문제 가운데 일부는 아직 해결되지 않은 채로 남아 있다. 그러나 이런 설명에 명확한 수량적 확률을 부여하는 일이 가능하든 못하든 지금까지의 고찰을 통해서 어떤 사건이 확률 법칙에 의해 설명될 때에 설명하는 것이 설명되는 것에 다만 어느 정도의 강도를 지닌 귀납적 입증을 부여한다는 사실은 밝혀졌다. 그러므로 우리는 법칙-연역적 설명은 설명되는 것을 보편 명제 형식의 법칙 아래에 **연역적으로** 포섭시키고, 확률적 설명은 설명되는 것을 확률 형식의 법칙 아래에 **귀납적으로** 포섭시킨다는 사실을 기준으로 삼고 법칙-연역적 설명과 확률적 설명을 구별할 수 있다.

바로 이 귀납적 성격 때문에 확률적 설명은, 설명되는 사건이 발생하지 않는 경우를 설명하는 것이 논리적으로 미리 배제하지 못하므로 설명되는 사건의 발생을 설명하지 못한다고 주장되기도 한다. 그러나 확률적 법칙과 이론의 역할이 과학 자체와 응용 측면에 중요하기도 하고 또 꾸준히 확대되고 있는 사실을 감안한다면, 확률적 원리를 기초로 한 설명도 법칙-연역적 형식의 설명보다 덜 엄격한 것이긴 할지라도 설명을 제공하는 것으로 보는 편이 좋을 것 같다. 한 예로 1mg의 폴로늄[218]의 방사성 붕괴를 생각해보자. 이 최초의 질량이 3.05분 지난 후에 0.499mg 내지 0.501mg이 상실된 질량을 갖고 있는 사실이 발견되었다고 가정하자. 이 발견은 폴로늄[218]의 붕괴에 관한 확률 법칙에 의해서 설명될 수 있다. 왜냐하면 이 법칙은 수학적 확률의 원리와 공동으로 1mg의 폴로늄[218]을 이루고 있는 막대한 수효의 원자가 위에서 말한 결과를 일으킬 확률이 압도적으로 크다는 명제를 연역적으로 함의하고 있으며, 따라서 우리가 이 법칙을 근거로 삼고 어떤 경우에 정말 그런 결과가 발생할 것이라고 "실제적으로 확실하게" 예상할 수 있기 때문이다.

다른 예로 기체 운동론이 확산에 관한 그레이엄(T. Graham, 1805-1869)의 법칙으로 불리는 경험적으로 확증된 일반 명제에 대해 제시하는 설명을 검토해보자. 이 법칙에 의하면 용기 벽에 수많은 작은 구멍이 있는 용기에 담긴 여러 가지 기체가 일정한 온도와 기압 아래에서 그 벽을 통해서 달아나는 비율, 즉 확산 비율은 각 기체의 분자량의 제곱에 반비례하며, 따라서 매 초당 벽을 통해서 확산하는 기체의 양은 그 기체의 분자가 가벼우면 가벼울수록 크다. 이에 대한 설명은 매 초당 벽을 통해서 확산하는 기체의 질량은 그 기체 분자들의 평균 속도에 비례한다는 생각에 기초를 두고 있으며, 따라서 만일 여러 가지 순수한 기체의 평균 분자 속도가 분자량의 제곱에 반비례한다고 밝혀지면 그레이엄의 법칙이 설명될 수 있다. 이 점을 밝히기 위해 기체 운동론은 몇 가지 가정을 세우는데, 이 가정의 대체적 요지는 기체가 대단히 많은 수효의 분자로 이루어져 있고, 이 분자들은 제각기 다른 속도로 움직이면서 빈번히 충돌하여 속도에 변화를 일으키는 무질서한 운동 상태에 있지만, 이 무질서한 움직임은 어떤 확률적 규칙성을 가지고 일어나는데, 특히 특정한 온도와 압력 아래에 있는 기체 분자들 사이에서 다른 속도로 움직이는 분자의 출현은 일정한 확률로 일어난다는 것이다. 이 가정은 동일한 온도와 압력을 받는 여러 가지 기체의 분자가 지닐 평균 속도에 대해 확률적으로 예상되는 값 — "가장 개연성이 큰 값" 즉 **최확치**(最確値, most probable value) — 을 계산할 수 있도록 해준다. 임의의 기체에서 가장 개연성이 큰 평균 속도의 값은 참으로 그 기체의 분자량의 제곱에 반비례한다는 것을 기체 운동론은 증명한다. 그러나 실험을 통해서 측정되어 그레이엄의 법칙의 적용 대상이 되는 실제의 확산 비율은 일정한 부피의 기체를 이루는 막대한 수효이긴 하지만 유한한 분자의 부피 속에서 확인된 "실제적 평균 속도"의 값에 의존할 것이다. 따라서 실제의 평균 속도의 값은 그 각각에 대해 확률적으로 계산되었던 값, 즉 "가장 개연성이 큰 값"과 관련을 맺게 되는데, 이 관련 방식은 어떤 주사위를 막대한 횟수이긴 하지만 유한한 횟수를 던져 1의 면이 나왔던 비율이 그 주사위를 굴리면 1의 면이 나올 것으로 계산된 확률과 관련을 맺는 방식과 근본적으로 같다. 확률의 계산에 관해서 이론적으로 유도된 결론으로부터 끌어낼 수 있는 것은 단지 엄청나게 많은 수효의 분자가 관련된 점에서 보아 특정한 시간의 실제적 평균 속도가 계산된 확률에 아주 근사한 값을 가질 확률이 굉장히 크다는 것뿐이며, (그러므로) 실제의 평균 속도가 계산된 확률 예언대로 기체의 분자량의 제곱에 반비례하여 그레이엄의 법칙을 만족시킨다는 것은 **실제적으로 확실하다**고 할 수 있다.[7]

위의 이야기는 왜 기체가 그레이엄의 법칙이 언급하고 있는 규칙성을 보여주는가에 대해서 비록 "단지" 그렇게 될 고도의 확률이 있을 뿐이라고 말하고 있으나, 그래도 그 사실에 대한 설명을 제공한다고 인

---

[7]   여기서 말하는 "평균" 속도는 전문적으로 속도의 제곱의 평균 제곱근으로 정의된다. 이 값은 산술 평균이라는 일상적 의미의 평균 속도의 값과 크게 다르지는 않다. 그레이엄의 법칙에 관한 이론적 설명의 간결하면서도 명쾌한 개요는 Holton and Roller의 *Foundations of Modern Physical Science*의 25장에서 볼 수 있다. 유한 수효의 경우에 나타난 어떤 양의 평균치와 그 양에 대해 확률적으로 계산되거나 기대되는 값의 구별은 표현이 명백하지는 않지만, R. P. Feynman과 R. B. Leighton, M. Sands의 *The Feynman Lectures on Physics* (Reading, Mass.: Addison-Wesley Publishing Co., 1963)의 6장 특히 4절에 간결하게 설명되어 있다.

정하는 편이 합리적일 것 같다. 물리학 교과서나 논문 속에서 이와 같
이 확률적 성격을 지닌 이론적 해설들이 아주 널리 설명으로 인정받고
있는 것이 현실이기 때문이다.

이론과 이론적 설명

6

**6.1 이론의
일반적 특성** 　지금까지 각 장에서 이론이 과학적 설명에서 하는 중요한 역할에 대해 기회가 있을 때마다 여러 차례 언급하였다. 이제 이론의 성격과 기능을 체계적으로 더 자세히 살펴보고자 한다.

　이론은 통상 일군의 현상에 대해서 이미 진행된 연구가 경험적 법칙의 형식으로 표현될 수 있는 **규칙성의 체계**를 밝혀내었을 때에 도입된다. 따라서 이론은 이 규칙성에 대한 설명을 추구하므로, 일반적으로 문제의 현상에 대해 **더 깊고 정확한 이해**를 마련해준다. 이 목적을 위해 특정한 이론은 문제의 현상을 그 배후나 근저에 있는 대상과 과정을 드러내는 증거인 것처럼 해석한다. 이 대상과 과정은 특유한 **이론적 규칙**이나 **이론적 원리**에 의해서 지배된다고 가정되는데, 이미 발견되어 있는 경험적 규칙성이 바로 이 이론적 법칙이나 이론적 원리에 의해서 설명되고, 더 나아가 통상 비슷한 종류의 "새로운" 규칙성이 예언되기도 한다. 몇 가지 이론을 예로 삼아 생각해보자.

　태양계에 관한 **프톨레마이오스 체계**와 **코페르니쿠스 체계**는 천체에 관해서 관찰된 "겉보기 운동"을 우주의 천문학적 구조와 천체의 "실제

운동"에 관한 적절한 가정에 의해서 설명하는 **이론**이다. 빛에 관한 **입자설**과 **파동설**은 빛의 여러 가지 현상의 근저에 있는 어떤 과정에 의해 빛의 본성에 대한 설명을 제시하는 이론이다. 그래서 이 두 이론은 직진 법칙 · 반사 법칙 · 굴절 법칙 · 회절 법칙으로 알려져 있는 이미 확립된 규칙성이 그 근저에 있는 과정에 의해서 확증된다고 가정되어 있는 기초 법칙에 귀착된다고 설명한다. 따라서 호이겐스의 파동설은 빛이 공기로부터 유리 속으로 들어갈 때 일어나는 굴절을 밀도가 큰 매질 속에서는 빛의 파동이 늦어지기 때문에 일어난다고 설명하였고, 이에 반해서 뉴턴의 입자설은 빛의 굴절을 밀도가 더 큰 매질이 빛의 입자에 미치는 인력이 더 강하기 때문에 일어난다고 설명하였다. 덧붙여 말한다면 이 해석은 광선의 관찰된 굴절 현상에 한정되지 않는 다른 내용까지 함의하고 있다. 왜냐하면 이 해석이 뉴턴 이론의 다른 기초 가정과 결합되면 빛의 입자가 밀도가 더 큰 매질로 진입할 경우에 파동설이 예언하는 대로 속도가 줄어드는 것이 아니라 오히려 속도가 증가할 것이라는 주장을 함의하게 된다. 서로 상반되는 이 두 시험 명제는 거의 200년 후에야 3장에서 간략하게 검토했던 푸코의 실험을 통해서 시험되었는데, 그 실험 결과는 파동설에서 나오는 시험 명제를 입증하였다.

이론의 예를 하나 더 든다면 기체 운동론을 들 수 있겠는데, 이 이론은 경험적으로 잘 확립되어 있는 매우 다양한 규칙성을 그 근저에서 분자와 원자가 일으키는 현상의 통계적 규칙성에 대한 거시적 증거로 해석함으로써 설명하고 있다.

이론이 현상의 근저에 있는 것으로 설정한 근본적 대상과 과정 그리고 그 대상과 과정을 지배한다고 가정되는 규칙은 만족스러울 만큼 명료하고 정확하게 규정되어야 한다. 그렇지 않으면 이론은 원래의 과

학적 목적에 이바지할 수 없다. 이 점은 중요하기 때문에 생물학적 현
상에 대한 **신생기론**(新生氣論)의 견해를 예로 들어 분명하게 이해해보자.
생물체는 잘 알려져 있는 바와 같이 분명히 목적 지향적 성격이나 합목
적적 성격을 지닌 것으로 여겨지는 인상적인 특징을 다양하게 보여준
다. 그 가운데에는 다음과 같은 특징이 있다. 어떤 종(種)의 경우에는
신체의 지체 일부를 상실하게 되면 원래 상태로 재생되고, 다른 어떤
종의 경우에는 성장의 초기 단계에 상처를 받은 배(胚)도 ─ 심지어는
여러 조각으로 잘린 배까지도 ─ 정상적 생물체로 성장할 수 있으며,
또 생장하고 있는 생물체에 일어나는 많은 과정이 마치 하나의 공동 설
계에 따르기라도 하는 것처럼 놀랍게 조정되면서 성숙한 개체로 형성
되어간다. 신생기론은 이런 현상이 생물체 아닌 것들에서는 결코 일어
나지 않으므로 물리학과 화학의 개념과 법칙만으로는 설명될 수 없다
고 본다. 신생기론은 오히려 이런 현상이 그 근저에 있는 엔텔레키(en-
telechy)나 생명력(vital force)이라는 물리적 성질을 갖지 않은 목적론적
작인(作因)이 있음을 보여주고 있다고 주장한다. 신생기론은 이 작인이
생물학과 화학의 원리를 깨뜨리는 것이 아니라 물리-화학적 법칙이 적
용될 수 있는 한계 안에서 생물체의 생리 과정을 지도하는 방식으로 작
용한다고 가정하고 있다. 다시 말하면 이 작인은 배의 성장을 방해하는
요인이 있을 경우에도 배가 정상적 개체로 성장하도록 하고, 성숙한 생
물체가 정상적으로 기능하는 상태를 유지하며, 혹시 손상을 입으면 생
물체 내의 생리적 과정이 원래 상태를 회복하는 방향으로 진행되도록
지도하는 방식으로 작용한다는 것이다.

　　이 생각이 문제의 놀라운 생물학적 현상에 대해서 더 심오한 이해
를 우리에게 제공하는 것처럼 여겨지는 것은 당연하다. 이 생각은 사람

들로 하여금 그런 현상에 대해서 전보다 더 "정통하게 되었다는 느낌"을 갖게 하여 **마음을 훨씬 더 편하게** 해줄 수 있다. 그러나 이런 의미의 이해는 과학에 필요한 이해가 아니며, 자연 현상에 대해 이런 식의 직관적 통찰을 시사하는 사고 체계는 이 이유 하나만으로도 과학적 이론의 자격을 인정받지 못하게 된다. 과학적 이론이 현상의 근저에 있는 과정에 관해서 설정하는 가정은 그 이론이 설명하려는 현상에 관한 구체적 명제를 충분히 유도할 수 있을 정도로 명확하지 않으면 안 된다. 신생기론이란 신조는 이 점을 갖추지 못했기 때문에 실격이다. 이 신조는 엔텔레키가 어떤 상황에서 작용하기 시작하는가를 알려주지 못하며, 특히 엔텔레키가 생물학적 과정을 어떤 방향으로 이끌고 갈 것인가를 알려주지 못한다. 이를테면 배의 성장이 보여줄 어떤 구체적 모습도 이 신조로부터 추리될 수 없을 뿐만 아니라, 어떤 생물학적 반응이 구체적 실험 조건 아래서 일어날 것인가를 예측할 수 있게 하지도 못한다. 그러므로 새롭고 인상적인 "생물의 지향성"을 우연히 보게 되면, 신생기론자의 신조가 할 수 있게 하는 일은 "이 현상은 또 하나의 생명력 발현이다!"라고 사후에 선언하도록 하는 것뿐이다. 신생기론이라는 신조는 "이 사실은 이론적 가정을 근거로 하여 예측되었던 바로 그 현상이므로, 그 이론은 이 현상을 설명한다!"라고 주장할 수 있게 하는 근거를 전혀 제공하지 못한다.

신생기론이 과학적 이론일 수 없다는 판정은 엔텔레키가 눈으로 보거나 손으로 만질 수 없는 "비물질적 작인"으로 생각되고 있다는 사정으로 말미암아 내려진 것이 아니다. 이 사실은 행성과 달의 운동에서 발견된 규칙성에 대해 전개된 뉴턴의 이론에 대한 설명과 신생기론을 비교해보면 분명해진다. 이 두 이론은 모두 비물질적 작인을 도입하고 있다. 생기론은 생명력에 호소하고, 뉴턴의 이론은 중력에 호소하기 때문이다. 그러나 뉴턴의 이론은 중력 법칙과 운동 법칙으로 알려져 있는 명확한 가정을 포함하고 있고, 이 가정들이 (a) 일정한 질량과 위치를 지닌 일군의 물체 가운데 어떤 물체가 다른 물체에게 얼마만큼의 중력을 발휘할 것이고, (b) 중력에 의해 그 물체들이 지닌 속도에 얼마만큼의 변화가 일어날 것이며, 그에 따라 방향의 전환이 얼마만큼 일어날 것인가를 결정한다. 뉴턴의 이론이 이미 관찰된 규칙성을 설명하는 힘과 미래의 사건을 예언하고 과거의 사건을 추인하는 힘까지 갖게 되는 것은 바로 이 특성 때문이다. 그렇기 때문에 뉴턴의 이론은 핼리(E. Halley, 1656-1742)에 의해서 1682년에 관찰된 혜성이 1759년에 다시 나타날 것이라고 예언하는 데 사용되었고, 1066년 이래 여섯 차례 기록되어 있는 이 혜성의 출현을 과거로 거슬러 올라가면서 확인하는 데 사용되었다. 한편 뉴턴의 이론은 천왕성의 궤도에 나타나는 불규칙성을 근거로 하여 해왕성을 발견하는 일에서 그 사실을 설명하고 예언하는 역할을 아주 훌륭하게 하였다. 또한 뉴턴의 이론은 해왕성 궤도의 불규칙성을 근거로 삼아 명왕성을 발견할 때에도 이와 똑같은 역할을 하였다.

6.2 내부 원리와 교량 원리

그렇다면 대체로 말해서 어떤 이론을 만들기 위해서는 두 종류의 원리를 명확하게 설정할 필요가 있다고 하겠다. 앞으로 이 두 종류의 원리를 각각 간단히 **내부 원리**(內部 原理, internal principle)와 **교량 원리**(橋梁 原理, bridge principle)라고 부르겠다. 내부 원리는 어떤 이론이 설명하려는 현상의 근저에 있다고 가정되는 근본적 대상과 과정의 특성, 그리고 이 대상과 과정이 확증한다고 가정되는 법칙

의 특성을 서술하는 진술이다. 교량 원리는 어떤 이론에 의해서 묘사된
근본적 대상과 과정이 이미 발견되어 있으면서 그 이론에 의해서 설명
되고 예언되고 추인되어야 하는 경험적 현상과 어떤 방식으로 관련을
맺고 있는가를 알려주는 진술이다. 이 두 종류의 원리를 이해하기 위해
서 몇 가지 이론을 예를 들어 생각해보자.

　　기체 운동론을 예로 들어보면, 내부 원리는 분자 수준에서 일어나
는 "미시 현상"(微視 現象, microphenomenon)의 특성을 명확하게 서술하는
진술인 반면에, 교량 원리는 이 미시 현상의 어떤 측면을 그 각각의 측
면에 대응하는 기체의 "거시 특징"(巨視 特徵, macroscopic feature)에 연결
시키는 진술이다. 여기서 다시 5장 6절에서 검토했던 그레이엄의 확산
법칙에 대한 설명을 살펴보면, 이 설명이 설정한 이론적 내부 원리는
분자 운동의 혼돈성과 이 분자 운동을 지배하는 확률 법칙에 관한 가정
이고, 교량 원리는 기체의 거시 특징인 확산 비율이 분자들의 평균 속
도에 비례한다는 가설을 포함하고 있음을 알 수 있는데, 이 평균 속도
는 미시 수준의 용어로 정의된 양이다.

　　다른 예로 일정한 온도에서 일정한 질량을 유지하는 기체의 압력
은 부피에 반비례한다는 보일의 법칙에 대해서 기체 운동론이 전개하
는 설명을 살펴보자. 이 설명은 근본적으로 그레이엄의 법칙의 경우에
사용된 내부 원리와 똑같은 내부 원리를 설정하고 있으며, 거시적 양인
압력과의 관계는 연결 고리 역할을 하는 교량 가설, 즉 용기 속의 기체
가 발휘하는 압력은 분자가 용기의 벽에 부딪치는 충격으로 말미암아
생기며, 그 압력의 크기는 분자들이 매 초당 용기의 벽면의 단위 면적
에 주는 운동량 전체의 평균값과 양적으로 같다는 내용을 지닌 교량 원
리에 의해서 확립하고 있다. 이런 가정은 기체의 압력이 부피에 반비례

하고 분자의 평균 운동 에너지에 정비례한다는 결론을 만들어낸다. 그다음 이 설명은 두 번째 교량 원리, 즉 온도가 일정하게 유지되는 한 일정한 질량을 지닌 기체의 분자가 갖는 평균 운동 에너지가 일정하다는 원리를 사용한다. 그리고 이 교량 원리는 앞에서 말한 결론과 결합하여 보일의 법칙을 분명하게 만들어낸다.

지금까지 고찰한 예에서는 교량 원리가 직접 관찰되거나 측정될 수는 없고 다만 이론적으로 가정된 어떤 대상 — 예컨대 운동하는 분자, 분자의 질량과 운동량과 에너지 — 을 중간 크기의 물체가 지니고 있는 어느 정도 직접 관찰하거나 측정할 수 있는 측면 — 이를테면 온도계나 압력계에 의해 측정되는 기체의 온도나 압력 — 에 연결시킨다고 말할 수 있다. 그러나 교량 원리가 항상 "관찰할 수 없는 이론적 대상"을 "관찰할 수 있는 실험적 현상"에 연결시키는 것은 아니다. 이 점은 앞에서 검토했던 발머의 공식으로 표현된 경험적 일반 명제에 대한 보어의 설명이 실례를 보여준다. 발머의 공식은 수소의 방출 스펙트럼에 나타나는 불연속적 흑선이 만드는 (이론적으로 무한히 많은) 계열의 파장을 즉시 계산해낼 수 있는 형태로 명확하게 언급하고 있다. 이에 대한 보어의 설명은 세 가지 가정, 즉 (a) 전기나 열에 의해서 "들뜬" 수소 가스가 발하는 빛은 개개의 수소 원자 속의 전자가 높은 에너지 준위로부터 낮은 에너지 준위로 도약할 때에 방출되는 에너지로 말미암아 발생하며, (b) 불연속적 에너지 준위는 이론적으로 무한히 가능하지만 명확한 값을 갖는 일련의 특정한 에너지 준위만이 수소 원자의 전자에게 허용되며, (c) 따라서 전자 도약으로 말미암아 방출된 에너지 ΔE는 정확히 "$\lambda = (h \cdot c) / \Delta E$"라는 법칙에 의해서 결정되는 오직 하나의 파장 λ를 지닌 빛을 만들어낸다는 가정에 근거를 두고 있는

데, 이 경우 h는 플랑크 상수, c는 빛의 속도이다. 여기서 나오는 귀결로서 수소 스펙트럼에 나타나는 흑선 하나는 두 개의 특정한 에너지 준위 사이의 "양자 도약"에 해당한다는 것이 드러나며, 이렇게 해서 발머의 공식은 보어의 이론적 가정으로부터 참으로 세부에 이르기까지 정확한 수치로 유도된다. 보어의 설명에 설정된 내부 원리는 수소 원자가 양전기를 띤 하나의 핵과 그 주위에 성립할 수 있는 일련의 궤도 ─ 그 하나하나가 에너지 준위에 대응하는 일련의 궤도 ─ 가운데 어느 한 궤도에서 움직이고 있는 하나의 전자로 구성되어 있는 보어의 **수소 원자 모형**을 규정하는 가정과 방금 위에서 진술한 가정 (b)를 포함한다. 한편 교량 원리는 위의 (a)와 (c) 같은 가설을 포함하는데, 이런 가설은 "관찰할 수 없는 이론적 대상"을 설명되는 주제, 즉 수소의 방출 스펙트럼에 나타나는 어떤 흑선의 파장에 연결시킨다. "관찰할 수 있다"라는 말을 일상적 의미로 이해한다면 이 파장은 관찰될 수 없으며, 또한 그림 틀의 길이와 넓이나 토마토 바구니의 무게를 재듯이 직접적인 단순한 방법으로 측정될 수도 없다. 파장을 측정하는 일은 빛에 대한 파동설과 관련된 가정을 비롯하여 수많은 가정에 근거를 두고 있는 지극히 간접적인 절차를 거쳐 이루어진다. 그러나 지금 이 논의의 맥락에서는 이런 가정이 인정되어 있을 뿐만 아니라 이론적 설명의 대상이 되어 있는 바로 그 규칙성을 언급할 때조차도 전제되어 있다. 따라서 교량 원리가 이론에 의해서 현상의 근저에 있다고 가정되어 있는 대상과 과정을 연결시키는 현상은 반드시 "직접적으로" 관찰할 수 있거나 측정할 수 있어야 하는 것은 아니다. 왜냐하면 이런 현상은 당연히 이미 확립된 이론에 의해서 그 특성이 규정되어 있고, 그래서 이런 현상에 대한 관찰이나 측정은 그러한 이론을 성립시킨 원리들을 전제로 삼고 있을 것이기 때문이다.

교량 원리가 없으면 이미 살펴본 바와 같이 이론은 전혀 설명력을 갖지 못할 것이다. 왜냐하면 이론의 내부 원리는 그 이론에 의해서 가정되는 독특한 대상과 과정 — 예컨대 보어의 이론에서 한 원자 에너지 준위로부터 다른 에너지 준위에로의 전자 도약 — 에 관한 진술이며, 그렇기 때문에 내부 원리는 이 대상과 과정에 대해 언급하는 독자적 **이론적 개념**(理論的 槪念, theoretical concept)에 의해 주로 표현되게 마련이기 때문이다. 하지만 그러한 이론적 원리에 대한 시험을 할 수 있도록 해주는 시험 명제는 우리가 시험에 앞서 익숙해져 있는 사물과 현상 즉 우리가 이미 관찰 방법, 측정 방법, 기술 방법을 알고 있는 사물과 현상을 기술하는 용어로 표현되어야 할 것이다. 달리 말하면 이론의 내부 원리는 그 이론에 특유한 **이론적 용어**(理論的 用語, theoretical term) — 예컨대 "원자핵" "궤도 전자" "에너지 준위" "전자 도약" 같은 용어 — 를 사용하여 표현되는 반면에, 시험 명제는 흔히 쓰는 말로 "이미 이해되어 있는 용어", 즉 그 이론이 나오기 전부터 사용되어왔으므로 그 이론과 상관없이 사용될 수 있는 용어 — 예컨대 "수소 가스" "방출 스펙트럼" "스펙트럼의 흑선과 대응하는 파장"과 같은 용어 — 로 표현되지 않으면 안 된다. 이런 용어는 앞으로 "이론에 앞서 유용한 용어"나 **전이론적 용어**(前理論的 用語, pretheoretical term)라고 부르겠다. 이론의 내부 원리로부터 이런 시험 명제를 끌어내기 위해서는 이 두 부류의 개념 사이의 연결 관계를 확립하는 다른 전제가 분명히 필요하다. 그리고 이일은 지금까지의 예들이 보여주는 것처럼 적절한 교량 원리 — 예컨대 전자 도약으로 말미암아 방출된 에너지를 그 결과로서 발생되는 빛의 파장에 연결시키는 원리 — 에 의해서 이루어진다. 이론의 내부 원리는 교량 원리가 없으면 시험 명제를 전혀 만들어내지 못할 것이고, 따라서 시험 가능 조건을 만족시킬 수 없을 것이다.

6.3 이론적 이해   과학적 이론에서 **원리적 시험 가능성**과 **설명력**은 결정적으로 중요하기는 하지만 과학적 이론이 만족시켜야 하는 최소한의 필요 조건일 뿐이다. 따라서 이 두 조건을 만족시키는 이론일지라도 애초에 설명해야 했던 현상을 넘어서는 다른 현상에 대해서는 별다른 설명력을 발휘하지 못하기 때문에 과학적으로 흥미를 끌지 못하는 경우도 있다.

홀륭한 과학적 이론의 고유 특성을 엄밀히 정확하게 서술할 수는 없다. 이런 특징들 가운데 몇 가지는 4장에서 과학적 가설의 확증과 시험 가능성에 영향을 주는 고려 사항을 검토할 적에 제시하였다. 그러나 이제 몇 가지 고려 사항을 덧붙일 때가 되었다.

이미 경험적 법칙이 확립되어 있기 때문에 상당한 정도의 이해가 이루어져 있는 탐구 영역에서는 홀륭한 이론이 그 이해를 확장할 뿐만 아니라 심화시켜준다. 첫째로 이런 이론은 지극히 다양한 현상에 대해서 체계적으로 통일된 설명을 제공한다. 이런 이론은 그 현상 모두의 근저에서 공통으로 진행되는 과정까지 거슬러 올라가서 그 현상이 보여주는 여러 가지 경험적 규칙성이 그 규칙성 모두를 지배하는 일군의 기본 법칙을 드러내는 것으로 이해하도록 해준다. 이미 우리는 굉장히 다양한 경험적 규칙성, 예컨대 자유 낙하 운동, 단진자 운동, 달·행성·혜성·이중성·인공위성의 운동, 조수 운동 등이 보여주는 규칙성이 뉴턴의 중력 이론과 운동 이론의 기본 원리에 의해서 설명된다는 것을 알고 있다. 마찬가지 방식으로 기체 운동론은 폭넓은 다양성을 보이는 경험적 규칙성이 분자의 혼잡한 운동이 지닌 기본적 확률 규칙성을 나타내고 있다는 것을 밝혀준다. 또한 수소 원자에 대한 보어의 이론은 수소 스펙트럼에 나타나는 한 계열의 흑선에 대해서만 언급하는 발머의 공식이 보여주는 규칙성뿐만 아니라 수소 스펙트럼에 나타나는 다른 흑선 계열과 수소 스펙트럼에 속하지만 눈으로 볼 수 없는 적외선 영역이나 자외선 영역에 있는 여러 흑선 계열의 파장을 표현하는 비슷한 경험적 법칙도 설명한다.

　　이론은 통상 그 이론이 설명하려고 하는 이미 정식화되어 있는 경험적 법칙이 예외 없이 엄밀하게 성립하는 것이 아니라 다만 어떤 제한된 적용 범위 안에서 근사치로서만 성립한다는 것을 밝히는 또 하나 다른 방식으로 이해를 심화시킨다. 예컨대 행성의 운동에 대한 뉴턴의 이론적 설명은 케플러의 법칙이 단지 근사치로서만 성립한다는 것을 밝힐 뿐만 아니라 그럴 수밖에 없는 이유를 설명한다. 뉴턴의 원리는 태양의 주위를 도는 행성이 오직 태양 중력의 영향만 받는다면 궤도가 확실히 타원이지만, 그 행성에 미치는 다른 행성들의 중력이 그 행성을 엄밀한 타원 궤도로부터 이탈시킨다는 내용을 함의하고 있다. 뉴턴의 이론은 그 행성의 운동을 방해하는 다른 행성들의 질량과 그들의 공간적 분포에 의해서 야기되는 궤도의 동요를 양적으로 설명한다. 마찬가지로 뉴턴의 이론은 갈릴레오의 자유 낙하 법칙을 운동에 대한 기본 법칙이 중력 조건 아래서 보여주는 하나의 특수한 경우일 뿐이라고 설명하면서도, 이 설명 과정에서 뉴턴의 이론은 갈릴레오의 법칙이 (진공 속에서의 자유 낙하 운동에 적용되는 경우라 하더라도) 단지 근사치로서만 성립한다는 것도 밝혀놓는다. 갈릴레오의 법칙이 근사치로서만

성립하는 이유들 가운데 하나는 갈릴레오의 공식에서는 자유 낙하의
가속도가 ("$s = 16t^2$"라는 공식 속의 계수 16의 두 배 값으로) 일정한
데 반하여, 중력에 대한 뉴턴의 역제곱 법칙에 따르면 낙하하는 물체에
작용하는 힘은 그 물체와 지구 중심의 거리가 감소함에 따라 증가하며,
그렇기 때문에 떨어지는 물체의 가속도 역시 낙하가 진행됨에 따라 운
동에 관한 뉴턴의 제2법칙에 의해서 증가한다는 것이다. 이와 같은 논
평이 기하 광학의 법칙을 이론적으로 우월한 파동 광학의 관점에서 해
명하는 경우에 대해서도 가능하다. 예컨대 균일한 매질 속에서조차 빛
은 기하 광학의 주장대로 엄밀하게 직선 운동을 하는 것은 아니다. 빛
이 모서리 근처에서는 굽을 수 있기 때문이다. 또한 오목거울의 반사에
관한 기하 광학의 법칙과 렌즈에 의한 상의 형성에 관한 기하 광학의
법칙도 단지 제한된 영역 안에서 근사치로서만 성립할 뿐이다.

지금까지의 예로 말미암아 이론은 흔히 이전에 정립된 법칙을 설
명하는 일을 하는 것이 아니라 오히려 반박하는 일을 한다고 말하고 싶
어졌을는지 모르겠다. 그러나 이 생각은 이론이 제공하는 통찰을 왜곡
하고 있다. 어쨌든 이론은 어떤 분야에 이미 확립되어 있는 경험적 일
반 명제를 오로지 반박만 하는 것이 아니라 오히려 제한 조건에 의해서
규정된 한정된 범위 안에서는 이런 일반 명제가 아주 정밀한 근삿값으
로 성립한다는 것을 밝혀준다. 케플러의 법칙이 적용되는 한정된 범위
안에는 어떤 행성의 운동을 방해하는 다른 행성들의 질량이 태양의 질
량에 비해서 작은 경우나, 방해받는 행성으로부터 방해하는 행성까지
의 거리가 방해받는 행성으로부터 태양까지의 거리에 비교해서 큰 경
우가 포함된다. 마찬가지로 뉴턴의 이론은 갈릴레오의 법칙이 낙하 거
리가 짧은 자유 낙하 운동의 경우에는 아주 정밀하게 성립한다는 것을

입증한다.

　마지막으로 훌륭한 이론은 또한 그 이론이 정립될 때에 알려져 있지 않았던 현상을 예언하고 설명함으로써 우리의 **지식**과 **이해**를 확장시켜준다. 예컨대 "공기의 바다"라는 토리첼리의 생각은 파스칼로 하여금 기압계의 수은주가 해발 고도가 증가함에 따라 짧아질 것이라는 결론에 도달하게 하였다. 아인슈타인의 일반 상대성 이론은 이미 알려져 있던 수성 궤도의 근일점 이동을 설명할 뿐만 아니라, 나중에 천문학적 관측에 의해서 입증된 한 예측, 즉 빛이 중력장에서 굽는다는 것을 예언하였다. 맥스웰의 전자기 이론은 전자파가 실제로 있다는 내용을 함의하고 있었을 뿐만 아니라 전자파의 전파에 관한 여러 가지 중요한 특성도 예언하였다. 이런 시험 명제 역시 나중에 헤르츠의 실험적 연구에 의해서 확증되었고, 그래서 여러 가지 응용 분야 가운데서도 특히 무선 통신 기술의 기초를 마련하였다.

　이전에 확립된 법칙에 대해서 이미 체계적으로 통일된 설명을 해온 이론 — 흔히는 수정까지도 해온 이론 — 의 예언이 이처럼 인상적인 성공을 거두게 되면, 이 사실이 그 이론에 대한 확신을 굉장히 강화한다는 것은 두말할 것도 없다. 이론이 우리에게 주는 통찰은 경험적 법칙에 의해서 제공되는 통찰보다 훨씬 더 심오하다. 그러므로 일군의 현상에 대한 과학적으로 훌륭한 설명은 적절한 이론의 도움을 받아야 이루어진다는 주장이 널리 인정되고 있다. 실제로 우리가 연구를 이 세계의 많은 측면 가운데서 어느 정도 직접 관찰할 수 있거나 측정할 수 있는 측면에만 한정하고, "관찰할 수 있는 것"에 의해 표현된 법칙에 의해서 5장에서 살펴본 방식으로 설명하고자 한다 할지라도, 이런 노력이 다만 한정된 성공을 거둘 뿐이라는 것은 주목해야 할 사실이라 하겠다. 왜냐하면 관찰의 수준에서 정식화된 법칙은 일반적으로 제한된 영역 안에서 단지 근사치로서만 성립한다는 사실이 밝혀지는 데 반해서, 잘 알려져 있는 표면적 현상의 근저에 있는 대상이나 사건에 의거하여 확립된 이론을 이용하면 훨씬 더 **포괄적이고 정확한 설명**에 도달할 수 있기 때문이다. 모든 현상이 관찰할 수 있는 표면에서만 일어나는 더 단순한 세계 — 아마 색깔과 모양만 유한한 가능성 속에서 보편 명제 형식의 단순한 법칙에 따라 엄격하게 변하는 세계 — 를 생각할 수 있는지 없는지 궁리해보는 것은 그저 흥밋거리로나 해볼 일이라 하겠다.

6.4 이론적 대상의 격위 어쨌든 자연 과학은 잘 알려져 있는 경험적 현상의 수준 아래로 침투해 들어감으로써 각 분야에서 가장 심오하고 포괄적인 통찰에 도달하였다. 그러므로 어떤 사상가가 잘 확립된 이론에 의해서 표면적 현상의 근저에 있다고 가정된 구조나 힘이나 과정을 이 세계의 오직 한 가지 진정한 구성 요소로 간주한다 하더라도 별로 놀랄만한 일은 아닐 것이다. 에딩턴(A. S. Eddington, 1882-1944)이 쓴 『물리적 세계의 본성』의 서론은 이 책의 주제에 대한 흥미를 돋우고 있는데, 그가 이 서론에서 말하고 있는 생각이 바로 그런 생각이다. 에딩턴은 두 개의 의자를 두 개의 책상 가까이 끌어다놓고, 그 두 책상의 차이점을 독자에게 자세히 설명하면서 이야기를 시작하고 있다.

두 책상 가운데 하나, 즉 책상 1은 내가 어린 시절부터 사용해왔으므로 익숙한 책상이다. … 이 책상은 공간을 차지하고 있고, 반영구적이며, 색깔을 지니고 있는데, 다른 무엇보다도 **물질적 대상**이다. ··· 책상 2는 과학적인 책상이다. 이 책상은 ··· 거의 허공에 가깝다. 이 허공 속에는 전기를 띤 수많은 입자가 굉장히 **빠른** 속도로 이리저리 흩어져 날아다니고 있지만 전체 공간은 허공에 가깝다. 이 입자들 전체의 부피는 책상의 부피에 비해 십억분의 일도 안 된다. 그런데도 이 작은 양의 입자가 책상 1이 그럴 수 있는 것과 똑같이 성공적으로 원고용지를 받치고 있다. 그 까닭은 내가 원고용지를 책상 위에 놓게 되면 전기를 띤 그 작은 입자들이 맹렬한 속도로 종이의 밑면을 두드리게 되고, 그로 말미암아 종이는 배드민턴 공이 공중에 떠 있는 것처럼 거의 안정된 위치를 유지하게 된다. ··· 내 앞에 있는 종이가 말하자면 날아다니는 파리 떼 위에서 균형을 잡고 있는가, 아니면 종이 아래에 **물질**(物質, substance)이 있기 때문에 — 다시 말하면 다른 물질을 배척하면서 공간을 차지하는 물질의 고유 성질 때문에 — 종이가 그 위치를 유지하는가에 따라서 세계가 완전히 달라진다. ··· 현대 물리학이 정교한 시험과 냉정한 논리로 두 번째 책상만이 정말로 실재하는 책상이라고 보증한다는 것은 두말할 필요도 없다. ··· 하지만 다른 한편으로 누구나 눈으로 볼 수 있고 손으로 만질 수 있는 첫 번째 책상, 다시 말해서 외재성(外在性, external nature), 정신적 심상, 전래의 선입견이 만들어내는 기묘한 복합체인 첫 번째 책상을 현대 물리학이 결코 몰아내지 못할 것이라는 것도 분명하다.[1]

그러나 이 견해는 아무리 설득력 있게 표현되었다 할지라도 유지

---

[1]   A. S. Eddington, *The Nature of the Physical World* (New York: Cambridge University Press, 1929), pp. ix-xii. (볼드체 부분은 원문에 이탤릭체로 되어 있다.) Cambridge University Press의 친절한 허가를 받아 인용하였다.

될 수 없는 생각이다. 왜냐하면 어떤 현상을 설명한다는 것은 그 현상을 없는 것이나 다름없는 것으로 만드는 일이 아니기 때문이다. 일상의 경험을 통해서 익히 알고 있는 사물과 사건이 "실제로 거기에" 있지 않다고 증명하는 것은 이론적 설명의 목적도 아니고, 이론적 설명에 의해서 이루어지는 일도 아니다. 기체 운동론이 압력의 변화에 따라서 부피가 변하는 현상, 작은 구멍이 많이 뚫린 벽면을 통해서 특정한 비율로 확산하는 현상을 일으키는 여러 가지 기체의 "거시적 덩어리"는 있을 수 없고, "실제로는" 혼잡스럽게 날아다니는 분자 무리만 있다고 증명하지 않는다는 것은 명백하다. 오히려 반대로 이 이론은 그러한 거시적 사건과 규칙성이 있다는 것을 인정하고, 기체의 미시 구조와 기체의 다양한 변화에 영향을 미치는 미시 과정에 의해서 거시적 사건과 규칙성을 설명하려고 노력한다. 기체 운동론이 거시 현상을 전제로 하고 있다는 것은 이 이론의 교량 원리가 거시적 사물과 과정에 관련되어 있는 거시적 특징 — 예컨대 부피·압력·온도·확산 비율 — 에 대해서 명백하게 언급하고 있다는 사실이 분명하게 보여준다. 마찬가지로 물질에 관한 원자론은 책상이 물질로 이루어진 단단한 고체 사물이 아니라는 것을 증명하지 않는다. 원자론은 이런 특성을 의심할 여지가 없는 것으로 인정하고 나서, 책상이 그러한 거시적 특성을 보여주는 것은 그 근저에 있는 미시 과정의 어느 측면 때문인가를 밝히려고 한다. 이 일을 해냄으로써 물론 원자론은 기체나 고체의 본성에 대해서 사람들이 가질 수 있는 어떤 특정한 생각이 잘못된 생각임을 밝히는데, 어쩌면 그런 물리적 사물의 부분은 아무리 작게 나누어질지라도 그 모든 조각이 완전히 동질성을 유지한다는 생각이 그런 예일 것이다. 그러나 이런 종류의 오해를 바로잡는 일은 일상의 사물과 누구나 익히 아는 사물의 특성이 "실제로 있지 않다"는 것을 증명하는 일과는 현격하게 다른 일이다.

한편 일부 과학자와 과학 철학자는 앞에서 살펴본 에딩턴의 견해와 정면으로 반대되는 견해를 주장한다. 대체로 말하면 이들은 "이론적 대상"(理論的 對象, theoretical entity)이 실존한다는 것을 부정하든가 아니면 이론적 대상에 관한 이론적 가정이 관찰 가능한 사물과 사건에 관해서 단순하고 편리한 형식으로 기술하고 예언하기 위해 정교하게 꾸며낸 생각, 즉 허구(虛構, fiction)라고 주장한다. 이 일반적 주장은 여러 가지 근거에 입각하여 여러 가지 형태로 주장되고 있다.

첫 번째 유형의 논증은 이 문제에 관한 최근의 철학적 연구에 영향을 미치고 있는 주장인데, 다음과 같이 간략하게 정리할 수 있다. 어떤 제안된 이론이 명확한 의미를 가질 수 있으려면, 그 이론을 구성하는 데 사용된 새로운 이론적 개념이 그 이론에 앞서 분명한 의미로 사용되고 이해되는 개념에 의해서 객관적으로 명확하게 정의되어야 한다. 하지만 이론이 통상적인 방식으로 구성되는 경우에는 일반적으로 이처럼 **완전한 정의**는 마련되지 않는다. 더욱이 새로운 이론적 개념이 그 이론에 앞서 유효한 개념에 연결되는 방식을 좀 더 치밀하게 논리적으로 검토해보면, 그런 정의를 마련하는 일이 실제로 불가능하다는 것을 깨닫게 된다. 그렇기 때문에 이 논증에 의하면 이처럼 명확하게 규정되지 않은 개념에 의해서 구성된 이론도 완전히 명확한 의미를 갖지 못할 수밖에 없다. 다시 말해 그 이론 속에서 특정한 이론적 대상과 이론적 과정에 관해서 언급하는 소임을 지닌 원리는 엄밀히 말하면 전혀 명확한 진술이 아니다. 따라서 **그 원리는 옳지도 그르지도 않다**. 이 원리는 기껏해야 어떤 경험적 현상 — 예컨대 수소 가스를 통한 전기 방전의 진행 — 으로부터 다른 어떤 경험적 현상 — 예컨대 스펙트럼 내의 적당한 곳에 자리 잡는 특정한 흑선의 출현 — 을 추리할 수 있도록 해주는 **편리하고 효과적인 기호 장치**를 만들어낼 뿐이다.

과학적 용어의 의미를 명확하게 만드는 방법은 다음 장에서 더 자세히 살펴보게 될 것이다. 여기서는 잠시 위의 논증이 논거로 삼고 있는 완전한 정의에 대한 요구가 지나치게 강하다는 사실만 지적하고자 한다. 과학에서는 어떤 개념이든 그 개념에 대한 완전한 정의가 아니라 **의미의 일부**만 명확하게 밝혀져 있을지라도 그 개념을 명료하고 정확하게 사용할 수 있다. 예컨대 온도라는 개념을 수은 온도계의 눈금에 대한 언급에 의해서 규정하는 일은 온도에 대한 **일반적 정의**를 제공하지 못한다. 왜냐하면 수은 온도계는 수은의 응고점 이하나 비등점 이상의 온도에 대해서는 눈금이 있을 수 없기 때문이다. 그렇지만 수은의 응고점과 비등점 사이에서는 이 온도 개념이 객관적 방식으로 정확하게 사용될 수 있다. 그뿐 아니라 이 개념이 적용될 수 있는 범위는 온도를 측정하는 다른 방법을 이 개념에 의거하여 구체화시킴으로써 **확장**된다. 다른 예로 여러 가지 물체에 같은 크기의 힘을 가해서 가속도를 일으킬 경우에 그 물체의 관성 질량은 발생하는 가속도에 반비례한다는 원리를 검토해보자. 이 원리도 어떤 물체의 질량이라는 개념이 무엇을 의미하는가를 완전히 정의하지는 못한다. 그렇지만 이 원리는 질량이라는 개념을 부분적으로는 명확하게 밝히고 있으며, 이렇게 명확해진 부분적 진술에 대한 시험을 가능하게 해주고 있다. 이론의 교량 원리 역시 마찬가지여서 이미 이해되어 있는 개념을 사용하여 이론적 용어의 사용에 대한 **부분적 기준**을 마련한다. 그러므로 완전한 정의가 마련되지 못했다는 사실을 근거로 삼고 이론적 용어와 그런 용어를 포함하고 있는 이론적 원리를 단지 계산을 위해서 만들어진 기호적 고안물로 보는 견해를 정당화하기는 거의 불가능하다.

두 번째 논증은 위의 논증과 매우 다른데, 이론적 대상이 실존한 다는 생각에 대해서 다음과 같이 반론을 전개한다. 경험적으로 발견되는 일군의 사실은 아무리 풍부하고 다양하더라도 원리적으로는 여러 가지 다른 법칙이나 이론 아래에 포섭될 수 있다. 그래서 어떤 "독립 물리 변항"의 값과 "종속 물리 변항"의 값을 실험에 의해서 연관시켜 결정된 일련의 짝지어진 값을 그래프에 점으로 표시하면 — 이미 살펴본 바와 같이 — 그 점들은 여러 가지 다른 곡선에 의해서 연결될 수 있다. 그러기 때문에 그 곡선 하나하나는 지금까지 측정되어 짝지어진 측정 값들을 설명하는 하나의 실험 법칙을 나타낼 것이다. 이와 비슷한 주장이 이론에 대해서도 주장될 수 있다. 그런데 두 개의 대립하는 이론이 — 예컨대 19세기의 "결정적 실험"이 이루어지기 전의 입자 이론과 파동 이론처럼 — 주어진 일군의 경험적 현상을 동등하게 설명하는 경우에는 두 이론 가운데 한 이론이 가정한 이론적 대상을 "실제로 존재한 다"고 인정한다면, 이와 대립하는 이론이 가정하고 있는 전혀 다른 이론적 대상도 "실제로 존재한다"고 인정할 수밖에 없다. 그러므로 서로 대립하는 두 이론이 가정하고 있는 이론적 대상은 양쪽 다 실제로 존재한다고 주장할 수 없다.

그러나 이 논증을 인정한다면 우리는 다음과 같은 의외의 사정을 승인할 수밖에 없게 될 것이다. 즉 누구도 열려 있는 창문 밖에서 새의 울음소리가 들린다고 여길 때에 창 밖에 실제로 새가 있다고 가정해서는 안 될 텐데, 그 이유는 그 새 소리가 어떤 사람이 그런 새 소리를 흉내 내는 피리를 불고 있다는 다른 가설에 의해서 설명될 수 있기 때문이다. 그러나 이 두 설명 가운데 어느 하나가 실제로 옳다면 어느 쪽 가설이 옳은가를 밝히는 방법이 있다는 것은 분명하다. 왜냐하면 들은 소리를 설명하는 일은 별문제로 하고 우리가 그 소리를 내는 것이 "실제로" 새인가 피리인가 아니면 다른 어떤 것인가를 확인하고자 한다면, 이 두 설명은 우리가 시험해볼 수 있는 여러 가지 시험 명제를 함의하고 있기 때문이다. 마찬가지로 앞에서 예로 들었던 두 가지 광학 이론도 그들 사이의 우열을 시험할 수 있고 또 이미 시험해본 여러 가지 시험 명제를 함의하고 있다. 생각해볼 수 있는 여러 가지 대립하는 가설이나 이론 가운데 어떤 것을 점차로 제거해나가는 연구 절차가 결코 그 가운데 단 하나만 남을 때까지 경쟁 상태를 좁힐 수 없다는 것은 사실이다. 그러므로 우리는 가설로 제안된 이론이 정말 옳다는 것, 다시 말해 그 이론이 가정하고 있는 이론적 대상이 실제로 존재한다는 것을 결코 확실하게 정립할 수 없다. 그러나 이 점을 지적하는 일은 이론적 대상에 관한 위의 주장만이 지닌 결점을 밝혀 비판하는 일이 아니라 실은 모든 경험적 지식에 스며 있는 특성을 지적하는 일일 뿐이다.

　　세 번째 논증은 이론적 대상이 실제로 있다고 가정하는 일을 반대하기 위해서 제시된 논증인데, 간추리면 다음과 같다. 과학적 탐구는 궁극적으로 "사실", 즉 감각 경험에 직접 주어지는 현상에 대하여 체계적이고 정합적인 설명을 마련하는 것을 목적으로 한다. 따라서 엄격하게 말하면 설명에 사용되는 가정은 적어도 가능한 사실, 즉 감각 기관에 의해서 확인될 수 있는 대상과 과정만 언급하지 않으면 안 된다. 인간이 경험하는 현상의 이면을 탐구하는 것을 근본 목표로 삼고 있는 가설이나 이론은 기껏해야 연역 추리 활동에 편리한 고안물일 뿐이라서, 누구도 물리적 세계의 모습을 정말로 기술한다고 주장할 수 없다. 이런

종류의 근거에 입각하여 논증을 편 사람이 상당수 있는데, 그 가운데서
도 저명한 물리학자이면서 철학자인 에른스트 마흐(E. Mach, 1838-1916)
는 물질에 관한 원자론이 어떤 사실을 개념적으로 설명하기에 알맞은
수학적 모형을 제공하는 것은 사실이지만, 그렇다 해도 원자나 분자에
대해 "물리적 실재성"을 인정하는 주장은 결코 성립할 수 없다고 단언
하였다.

그러나 위의 논증이 주장하는 대로 과학이 관찰 가능한 현상에 대
한 연구에만 제한되어 있다면, 과학이 정확한 일반적 설명력을 지닌 법
칙을 하나라도 정립한다는 것은 거의 불가능할 터인데도, 오히려 반대
로 과학은 현상의 근저에 있다고 가정된 분자 · 원자 · 소립자 같은 이
론적 대상에 입각하여 수량적으로 정확하면서 포괄적 설명력을 지닌
원리를 정립할 수 있다. 더욱이 이런 이론은 어느 정도 직접적으로 관
찰할 수 있거나 측정할 수 있는 사물과 사건에 의거해서 표현된 가설을
시험하거나 확증하는 방법과 근본적으로 동일한 방법에 의해서 시험되
고 확증되기 때문에 이론적으로 설정된 대상을 모조리 허구라고 거부
하는 것은 근거 없는 독단으로 보인다.

하지만 관찰할 수 있는 현상과 그 근저에 있다고 가정되는 이론적
대상은 다른 수준의 것들이므로 중요한 차이가 있지 않을까? 이제 우
리가 여러 가지 방법에 대해 명확하긴 하지만 복잡한 출력으로 반응하
는 "블랙 박스"(black box)의 작동 과정을 설명하려고 한다고 가정해보
자. 이런 경우에 우리는 회전 바퀴 · 톱니바퀴 · 미늘 톱니바퀴에 의해
서든 아니면 전선 · 진공관 · 전류에 의해서든 과감히 그 상자의 내부
구조에 관한 가설을 구성해야 할 것이다. 이렇게 만들어진 가설을 우리
는 입력을 변화시키면서 그에 대응하는 출력을 검사함으로써 — 이를

테면 상자로부터 나오는 소리를 들어본다든가 함으로써 ─ 시험해볼 수 있을 것이다. 그러나 상자를 열고 상자의 내부를 직접 들여다봄으로써 그 가설을 검사할 수 있는 가능성이 언제나 남아 있다. 왜냐하면 가설이 가정하고 있는 구성 성분은 모두 거시적 사물이고, 그래서 원리적으로는 관찰될 수 있기 때문이다. 그런데 기체의 경우에는 이와 달리 일정한 온도 아래서의 압력 변화와 그에 수반되는 부피 변화 사이의 입력-출력 관계가 분자의 미시적 구조에 의해서 설명되므로 관찰에 의한 실험이 불가능하다.

　　그러나 이 논증이 관찰 가능한 것과 이론적인 것에 대해서 주장하는 차이점은 주장되는 바와 같이 명백하지 않을 뿐만 아니라 그 주장대로 구별되는 것도 아니다. 왜냐하면 이 논증이 언급하고 있는 "관찰 가능한 것"의 범위가 정확하게 한정되어 있지 않다. 아마 이 범위 속에는 정상적 관찰자가 특수한 기구의 도움이나 관찰되는 것을 해석하는 데에 필요한 가설이나 이론의 도움 없이 "직접적으로" 그 존재나 출현을 확인할 수 있는 모든 사물과 성질과 과정이 포함되어야 할 것이다. 앞에서 든 예에 나온 회전 바퀴·톱니바퀴·미늘 톱니바퀴가 이 범위 안에 속할 것이고, 또 이런 바퀴들이 맞물려 일으키는 운동도 그 범위 안에 속할 것이다. 마찬가지로 전선과 스위치도 관찰할 수 있는 것으로 간주될 수 있을 것이다. 그러나 진공관 같은 경우에는 이것을 관찰 가능한 것으로 보아야 할 것인가에 대해서 의문이 제기될 수 있다. 말할 것도 없이 진공관은 "직접적으로" 볼 수 있고 만질 수 있는 물리적 사물이다. 그렇지만 우리가 그 물체를 ─ 블랙 박스의 출력을 설명하면서 그랬던 바와 같이 ─ 진공관이라고 지칭한다면, 우리는 그 물체를 어떤 복잡한 성질 ─ 즉 그 물체에 특유한 물리적 구조 ─ 을 가지고 있는 것으로 기술하고 있다. 따라서 우리는 그 물체가 "기술된 그대로" 관찰될 수 있는가, 즉 그 물체가 진공관이기 위해서 가져야 하는 성질이 이 경우에 직접 관찰에 의해서 확인될 수 있는 성질인가 아닌가를 문제 삼지 않을 수 없다. 그런데 어떤 물체가 진공관인가 아닌가를 결정하는 일은 때로는 눈으로 진공관처럼 생겼는지 어떤지 보기만 해도 알 수 있지만, 아주 신빙성 있게 결정해야 할 경우 — 특히 위의 예가 가정하고 있는 바와 같이 그 물체가 제대로 기능을 발휘하는 진공관인가 아닌가를 결정해야 하는 경우 — 에는 여러 가지 물리적 시험을 필요로 할 것이다. 그렇다면 이 실험은 기구를 사용해야 할 것이고, 더 나아가 기구에서 얻는 자료를 해석하려면 수많은 물리적 법칙과 이론적 원리를 전제로 삼아야 할 것이다. 그러나 어떤 물체를 진공관이라고 규정하는 일이 "관찰 가능한 것"의 영역을 벗어난다고 결론지을 수밖에 없다면 블랙박스의 예는 설득력을 잃어버린다.

위의 세 번째 논증을 이제 약간 다른 방향에서 검토해보자. 누구나 그 상자 속에 배열되어 있는 전선은 관찰 가능한 것으로 간주되어야 한다고 주장할 것이다. 그러나 분명히 우리는 관찰자인 우리의 시력이 약해서 상당히 가는 그 전선을 보기 위해서 안경을 사용할 수밖에 없을 경우에도 그 전선이 가공의 것이라고 주장하지는 않을 것이다. 그렇다면 어떤 관찰자도 확대경을 사용하지 않고서는 볼 수 없는 지극히 가는 전선이나 실 또는 지극히 작은 먼지 같은 것은 물체가 아니라고 규정하는 것은 근거 없는 일일 것이다. 이런 점으로 보아 우리는 현미경의 도움을 받아야 볼 수 있는 것도 물체라고 인정해야 할 것이며, 이 점은 가이거 계수관 · 거품 상자 · 전자 현미경, 더 나아가 그 밖의 다른 기구에 의해서만 관찰할 수 있는 것에 대해서도 마찬가지로 인정되어야 할 것이다. 이와 같은 방식으로 일상의 경험에 주어지는 거시적 물체로부터 박테리아, 바이러스, 분자, 원자, 소립자로의 이행이 이루어지는 것이며, 따라서 이런 것들을 실제로 존재하는 물리적인 대상과 가공의 것으로 나누기 위해서 긋는 선은 어느 것이든 독단적인 것이라 해도 좋을 것이다.[2]

6.5 설명과 "익숙한 것으로의 환원"

과학적 설명은 우리를 어리둥절케 하는 현상 — 대부분의 경우에 낯선 현상 — 을 이미 익숙해져 있는 사실과 원리에 환원시킨다고 주장하는 사람들이 있다. 그리고 과학적 설명의 특성을 이렇게 보는 견해는 의심할 바 없이 어떤 과학적 설명에는 아주 잘 들어맞는다. 이전에 확립된 광학 법칙에 대한 파동 이론의 설명, 기체 운동론이 제공하는 설명, 더 나아가 수소와 그 밖의 원소의 원자에 대한 보어의 모형에 이르는 모든 이론은 우리가 익숙해져 있는 현상을 기술하고 설명할 때에 사용해왔기 때문에 익히 알고 있는 개념, 예컨대 물결의 전파, 당구공의 운동과 충돌, 태양 주위를 도는 행성의 운동 같은 개념을 사용하고 있다. 물리학자 노먼 캠벨(N. R. Campbell, 1888-1940)을 비롯한 상당수의 학자는 무언가 분명한 가치를 지닌 과학적 이론은 "이미 익숙한 것과의 유사성을 보여주어야 한다."고 주장하

---

[2]   이론적 대상의 격위에 관한 논의는 약간의 중요한 기초 문제에만 한정해서 고찰하였다. 더 치밀하고 심도 있는 연구와 더 많은 관련 서적은 E. Nagel의 *The Structure of Science*의 5장과 6장에 제시되어 있다. J. J. C. Smart의 *Philosophy and Scientific Realism* (London: Routledge and Kegan Paul Ltd.; New York: The Humanities Press, 1963)도 이 주제를 다루고 있는 또 하나의 자극적인 저작이다.

였다. 그들은 빛의 전파에 관한 법칙이 물결의 전파에 관한 법칙과 (동
일한 수학적 형식을 가진다는 점에서) 유사한 것처럼 "이미 알려져 있
는 어떤 법칙과 유사해야 한다."고 주장한다.

　　하지만 과학적 설명으로 인정받을 수 있는 설명은 "환원"(還元,
reduction)이란 말의 다소 정확한 의미에서 익숙한 것으로 환원시키는
일을 해야 한다는 이 견해는 엄밀하게 음미해보면 성립하지 못한다는
것이 드러난다. 우선 이 견해는 우리가 이미 익숙해져 있는 현상은 과
학적 설명을 필요로 하지 않거나 과학적으로 설명할 수 없다는 생각을
암암리에 전제로 삼고 있는 것 같다. 그러나 실제로 과학은 그러한 "익
숙한 현상" — 즉 밤낮과 계절의 변화, 번개와 천둥, 무지개와 물 위에
뜬 기름막에 나타나는 색깔들의 배열, 커피와 우유 또는 흰 모래와 검
은 모래가 동요를 받거나 흔들리면 섞이지만 다시는 순수하게 분리되
지 못한다는 관찰 등의 현상 — 을 설명하려고 참으로 노력하고 있다.
과학적 설명은 우리로 하여금 자연 현상에 대해서 제 집에 있는듯한 편
안한 느낌이나 친밀감을 느끼도록 만드는 일을 목표로 삼고 있지 않다.
이런 종류의 느낌은 — 예컨대 중력을 "자연의 친화력"으로 보는 해석
이나 생물학적 과정이 "생명력"의 인도를 받고 있다는 생각처럼 — 전
혀 설명으로서의 가치를 지니지 못하는 **은유적 진술**에 의해서도 충분히
만들어질 수 있다. 과학적 설명, 특히 이론적 설명이 목표로 삼고 있는
것은 이처럼 직관적이면서 지극히 주관적인 성질의 이해가 아니라 현
상들이 그 근저에 공통으로 존재하면서 "시험 가능한 구체적 기본 원
리"에 따르는 구조와 과정을 드러내 보여주고 있다는 것을 밝히는 일,
즉 체계적 통일에 의해서 달성되는 **객관적 성격의 통찰**이다. 만일 이런
설명이 이미 우리가 익숙해져 있는 현상과의 유사성을 보여줄 수 있는

용어를 사용하여 제시될 수 있다면 그것이야말로 금상첨화일 것이다.

　　다른 한편 과학은 "익숙한 것"조차도 "낯선 것"으로 환원시킴으로써 설명하는 일, 다시 말하면 처음 대할 적에 우리의 직관에 일치하지 않는 것으로 여겨지는 아주 새로운 종류의 개념이나 원리에 의해서 설명하는 일을 주저하지 않는다. 예컨대 길이의 상대성, 질량의 상대성, 시간의 상대성, 동시성의 상대성 등등 깜짝 놀랄만한 내용을 지니고 있는 상대성 이론의 경우와 불확정성 원리를 확립하여 개개의 소립자의 변화 과정에 대해서는 엄밀한 인과 개념의 적용을 포기하게 만든 양자역학의 경우에 실제로 이런 일이 일어났다.

개념 구성

7

7.1 정의
과학적 진술은 전형적으로 "질량" "힘" "자기장" "엔트로피" "위상 공간" 등의 특수한 용어를 사용하여 표현된다. 이런 용어가 과학의 목적을 만족시킬 수 있으려면, 용어들의 의미가 그 용어들로 이루어진 진술은 당연히 시험 가능하다는 것과 그 진술이 설명하고 예언하고 추인하는 일에 적합하다는 것을 확신시킬 만큼 명확해야 할 것이다. 이 장에서는 이 일이 어떻게 이루어지는지 살펴보고자 한다.

우리의 목적을 위해서는 질량, 힘, 자기장 등의 **개념**(概念, concept)과 이런 개념을 나타내는 언어적 표현이나 기호적 표현인 **용어**(用語, term)를 명확하게 구별하는 것이 편리하다. 우리가 특정한 용어에 대해 언급하기 위해서는 — 일반적으로 특정한 사물에 대해 언급하기 위해서는 그 사물의 **이름**이 필요한 것처럼 — 그 용어를 지칭하는 **이름**이 필요하다. 이 책에서도 논리학과 분석 철학에서 표준으로 정해놓은 약속에 따라 어떤 용어에 따옴표(" ")를 붙여서 그 용어를 지칭하는 이름을 만들기로 하겠다. 따라서 이미 이 절의 첫 문장에서 사용했던 방식으로 "질량" "힘" 등의 용어에 대해서 언급하게 될 것이다. 그러니까 이 장에서는 우리가 과학적 용어의 의미를 명확하게 만드는 방법과 이 방법이 만족시켜야 하는 필요 조건을 고찰하게 될 것이다.

정의(定義, definition)야말로 과학적 개념의 의미를 명확하게 만드는 가장 분명하고 어쩌면 적절하다고 볼 수 있는 유일한 방법일 것이다. 이제 정의하는 절차를 알아보자. 정의는 다음과 같은 아주 다른 두 가지 목적 가운데 어느 하나를 위해서 제안된다.

a) 이미 사용되고 있는 용어에 대해서 사람들이 인정하고 있는 하나의 의미나 몇 가지 의미를 진술하거나 기술하는 일.

b) 누군가가 새로운 약정에 의해서 어떤 용어에 특수한 의미를 부여하는 일.

이 경우 이렇게 정의된 용어는 새로 만들어진 언어적 표현이나 기호적 표현 — 이를테면 "파이 중간자" — 이거나 특정한 뜻으로 사용할 수 있게 된 "옛 용어" — 이를테면 소립자 이론에 사용되는 "기묘성" — 일 것이다.

첫 번째 목적을 위한 정의를 **기술적 정의**(記述的 定義, descriptive definition)라 하고, 두 번째 목적을 위한 정의를 **약정적 정의**(約定的 定義, stipulative definition)라 한다.

기술적 정의는 다음과 같은 형식으로 이루어진다.

—— 은 …… 과 같은 의미이다.

왼쪽 실선 자리에는 정의되는 용어가 놓이는데, 이 용어를 **피정의항**(被定義項, definiendum)이라 하고, 한편 오른쪽 점선 자리에는 정의하는 어구가 놓이는데, 이 어구를 **정의항**(定義項, definiens)이라 한다. 이제 기술적 정의의 예를 몇 개 살펴보자.

> "아버지"는 "남성인 어버이"와 같은 의미이다.
> "맹장염"은 "맹장에 일어난 염증"과 같은 의미이다.
> "동시적이다"는 "같은 시각에 일어난다"와 같은 의미이다.

이런 정의는 어떤 단어에 이미 인정되어 있는 의미를 다른 용어들의 도움을 받아 분석하거나 기술하고 있는데, 이 경우 정의의 목적이 이루어지려면 이 다른 용어들의 의미는 미리 이해하고 있어야 한다. 그러므로 위에 예로 든 세 정의는 기술적 정의이긴 하지만 **분석적 정의**(分析的 定義, analytic definition)라는 이름으로 부르는 것이 더욱 정확할 것이다. 다음 장에서는 기술적 정의이긴 하지만 분석적 정의가 아닌 정의라고 생각되는 진술을 고찰하게 될 것이다. 이런 정의는 어떤 용어의 **의미**(意味, meaning) 즉 **내포**(內包, intension)를 규정하는 것이 아니라, 그 용어의 **적용 범위** 즉 **외연**(外延, extension)을 구체적으로 지시한다. 이 두 종류 가운데 어느 쪽에 속하든 기술적 정의는 한 용어가 일반적으로 사용되고 있는 여러 측면 가운데 어떤 측면을 기술하게 마련이다. 그러므로 기술적 정의에 대해서는 어느 정도 정확한가를 문제 삼을 수 있으며, 더 나아가 옳은 진술인가 그른 진술인가까지도 문제 삼을 수 있다.

한편 **약정적 정의**는 토론이나 이론 또는 다른 맥락 속에 특정한 의미로 사용될 수 있는 용어를 새로 도입하는 데 사용된다. 약정적 정의는 다음과 같은 형식으로 제시된다.

> ── 은 …… 과 같은 의미를 갖는다고 하자.

또는

—— 은 …… 과 의미가 같다고 해석하자.

이 경우에도 왼쪽 실선 자리에 놓이는 용어를 **피정의항**이라 하고, 오른쪽 점선 자리에 놓이는 어구를 **정의항**이라 한다. 이 방식으로 이루어진 정의는 약정이나 규약의 성격을 지니고 있기 때문에 옳거나 그를 수 있는 자격을 가질 수 없는 것이 분명하다. 다음의 예는 이런 정의가 실제로 과학적 저작 속에서 사용될 수 있는 방식을 보여주는데, 그 하나하나는 위의 두 표준 형식 가운데 하나로 쉽게 바뀔 수 있다.

"무담즙성"이란 용어를 "담즙의 분비의 결여"라는 어구에 대한 간결한 표현으로 사용하자.

"밀도"라는 용어는 "1세제곱 센티미터의 어떤 물질이 지닌 질량을 그램 단위로 나타낸 것"에 대한 간결한 표현이다.

산은 수소 이온을 만들어내는 전해질로 간주할 것이다.

전하가 0이고 질량수가 1인 입자를 중성자라고 한다.

분석적 정의나 약정적 정의에 의해서 정의된 용어는 항상 그 용어의 정의항을 그 용어에 대치시킴으로써 그 용어를 포함하고 있던 문장에서 제거될 수 있다. 따라서 이 절차는 그 문장을 그 용어가 포함되어 있지 않으면서 그 문장과 동등한 의미를 지닌 문장으로 바꾸어놓는다. 예컨대 위에 예시한 정의들 가운데 하나에 입각하여 "금의 밀도는 납의 밀도보다 크다."는 문장이 "1세제곱 센티미터의 금이 지니는 질량을 그램 단위로 나타낸 것은 같은 부피의 납이 지니는 질량을 그램 단위로 나타낸 것보다 크다."는 문장으로 번역할 수 있다. 이런 의미에서 콰인 (W. V. O. Quine, 1908-2000)이 주장한 바와 같이 한 용어를 정의하는 것은 그 용어를 피하는 방법을 보여주는 것이다.

　　"당신의 용어를 정의하라!"는 명령은 건전한 과학적 격률처럼 들린다. 그래서 어떤 과학적 이론이나 특정한 과학 분야에서 사용되는 모든 용어가 정확하게 정의되어야 참으로 이상적 상태일 것으로 보인다. 하지만 이 일은 **논리적으로 불가능하다.** 왜냐하면 하나의 용어에 대한 정의를 완성하기 위해서는 정의항에 사용된 모든 용어를 다시 정의해야 할 것이고, 그다음에는 두 번째 정의에 등장한 모든 용어를 또다시 정의해야 하는 식으로 끝없이 계속될 것이기 때문이다. 그러나 우리는 이렇게 해서 계속되는 정의의 사슬 속에서 어떤 용어를 정의하는 일이 그 용어보다 앞서 그 사슬 속에 등장했던 용어를 다시 사용함으로써 "순환"에 빠지는 과오를 반드시 피해야 한다. 이런 순환을 아래에 예시하는 일련의 정의가 보여주는데, 각 정의에서 "같은 의미를 갖는다고 하자"라는 표현은 간단한 기호 "= $_{Df}$"로 대치되어 있다.

　　　　"어버이" = $_{Df}$ "아버지나 어머니"
　　　　"아버지" = $_{Df}$ "남성인 어버이"
　　　　"어머니" = $_{Df}$ "아버지 아닌 어버이"

"아버지"의 의미를 결정하기 위해 우리는 두 번째 정의 속의 "어버이"라는 용어에 첫 번째 정의에 나온 정의항을 대치시킬 것이다. 그러나 이렇게 대치시키면 "남성인 (아버지나 어머니)"라는 표현이 만들어지는데, 이 표현은 "아버지"라는 용어를 그 용어 자신에 의해서 정의하는 순환에 빠지게 되어 정의의 목적을 달성하지 못한다. 이런 정의는 우리로 하여금 그 용어를 피할 수 있도록 해주지 못하기 때문이다. 똑같은 문제가 세 번째 정의에서도 일어난다. 주어진 체계 속의 모든 용어를 정의하려고 함으로써 일어나는 이 난점을 피하는 유일한 방법은 이미 이루어진 정의에 의해서 정의된 용어를 지금 시도하는 정의의 정의항에서 사용하지 않는 것이다. 그러나 이렇게 한다면 정의의 사슬은 결코 끝나지 않을 것이다. 왜냐하면 정의를 아무리 많이 거듭해서 하더라도 마지막 정의항에 등장하는 용어들은 가정에 의해서 그 이전에 정의된 적이 없는 까닭에 여전히 정의되어야 할 용어일 것이기 때문이다. 물론 이와 같은 **무한 후퇴**는 스스로 좌절하고 만다. 하나의 용어에 대한 우리의 이해가 그다음의 용어에 대한 이해에 의존하고, 이 이해는 다시 그다음 용어에 대한 이해에 의존하는 식으로 끝없이 계속된다면 결국은 어떤 용어도 전혀 설명되지 못하고 말 것이다.

그러므로 과학적 체계 속에 사용되는 모든 용어가 그 체계 속의 다른 용어에 의해서 정의될 수는 없다. 그래서 과학적 체계 속에는 이른바 일군의 **원초 용어**(原初 用語, primitive term)가 있어야 하고, 이 원초 용어들은 그 체계 속에서 아무런 정의도 부여받지 않은 채 그 체계 속의 다른 모든 용어를 정의할 때에 기초 용어로 사용되지 않을 수 없다. 이 정의 방식은 수학의 이론을 공리 체계로 표현하는 경우에 용어의 해명을 위해서 아주 분명하게 사용되고 있다. 예컨대 근대 이후로 유클리드 기하학을 여러 가지 공리 체계로 구성하는 일이 진행되었는데, 이런 경우에는 일련의 원초 용어가 명확하게 제시된 다음, 다른 모든 용어는 약정적 정의에 의해서 연속적으로 도입되는데, 이 정의들은 오직 원초 용어들만 포함하는 표현에 거슬러 올라가야 의미가 명확해진다.[1]

이제 과학적 이론에서 사용하는 용어를 살펴보자. 6장에서 제시되었던 구별에 따라 우리는 과학적 이론에 사용되는 용어들이 두 그룹으로 나누어진다고 본다. 첫째 부류는 순수한 **이론적 용어** 즉 그 이론에 특유한 용어이고, 둘째 부류는 **전이론적 용어** 즉 그 이론에 앞서 유효한 용어이다. 그렇다면 이론적 용어의 의미는 어떻게 구체적으로 명확해지는 걸까? 먼저 순수한 수학 이론에서 그런 것과 마찬가지로 과학적 이론에서도 어떤 이론적 용어가 다른 이론적 용어에 의해서 정의될 수 있다는 사실을 주목하자. 역학에서 질점의 순간 속도와 가속도는 그 질점의 위치를 시간의 함수로 보아 그 질점의 위치에 대한 일차 도함수와 이차 도함수로 정의된다. 또 원자론에서는 중양자가 수소의 동위 원소로서 질량수가 2인 원자의 핵으로 정의될 수 있다. 이런 식의 정의는 얼마든지 있다. 그러나 이런 정의들이 과학 이론의 구성과 사용에서 중요한 역할을 한다 하더라도, 이런 정의가 정의된 용어에 명확한 경험적 내용을 주입시켜 그 용어를 경험적 사실에 적용할 수 있도록 만드는 데에는 충분하지 못하다는 것은 분명하다. 이 목적을 위해 우리는 이미 이해되어 있어서 그 이론과 관계없이 사용될 수 있는 용어에 의해서 이론적 용어의 의미를 명확하게 해주는 진술을 필요로 한다. 우리가 앞에서 전이론적 용어라고 부른 용어가 이 목적을 정확하게 수행한다. 이런 방식으로 어떤 이론 속의 순수한 이론적 용어, 즉 그 이론에 "고유한 용어"의 의미를 전이론적 용어, 즉 그 이론에 앞서 유효한 용어를 사용하여 명확하게 해주는 진술을 **해석 문장**(解釋 文章, interpretative sentence)이라

---

[1] 이 점에 관한 훨씬 더 자세한 논의가 이 총서에 속하는 다른 책인 S. Barker의 *Philosophy of Mathematics*의 22–26쪽과 40–41쪽에 있다.

부르겠다. 이제 이러한 문장의 성격을 좀 더 자세히 검토하기로 하자.

7.2 조작적 정의 해석 문장의 특성에 관해서는 **조작주의**(操作主義, operationism)를 지지하는 일군의 과학 철학자에 의해서 지극히 명확한 주장이 제시되었다. 이 생각은 물리학자 브리지먼(P. W. Bridgman, 1882-1961)이 쓴 과학 방법론에 관한 저작을 기점으로 해서 발전되었다.[2] 조작주의의 중심을 이루는 생각은 모든 과학적 용어의 의미가 그 용어의 적용 기준을 마련해주는 명확한 **시험 조작**(試驗 操作, testing operation)을 지적함으로써 명확해질 수 있어야 한다는 것이다. 이 기준을 흔히 **조작적 정의**(操作的 定義, operational definition)라 한다. 이 조작적 정의가 엄격한 의미에서 정의인가 아닌가라는 문제는 나중에 생각하기로 하겠다. 우선 예를 몇 개 살펴보자.

화학 연구의 초기 단계에서는 "산"(酸, acid)이란 용어가 "어떤 액체에 산이라는 용어를 적용할 것인지 말 것인지 ─ 그 액체가 산인지 아닌지 ─ 확인하기 위해서 파란 리트머스 시험지를 그 액체 속에 넣었을 때에 그 리트머스 시험지가 붉게 변하면 그리고 오직 그 경우에만 그 액체는 산이다."라는 식으로 "조작적으로" 정의되었던 것으로 여겨진다. 이 기준은 "산"이란 용어를 주어진 액체에 적용해야 하는가 말아야 하는가를 알아내기 위해서 파란 리트머스 시험지를 그 액체에 넣어본다는 명확한 시험 조작을 지적하고 있고, 또 그 용어가 주어진 액체

---

[2] 브리지먼이 지금은 고전적 견해로 여겨지고 있는 최초의 생각을 발표한 것은 *The Logic of Modern Physics* (New York: The Macmillan Company, 1927)에서였다.

에 적용된다는 것을 알려주는 표시로 간주되는 구체적 시험 결과, 즉 시험지가 붉게 변하는 현상을 진술하고 있다.

마찬가지로 광물에 대해서 사용되는 "보다 더 단단하다"라는 용어는 다음과 같이 조작적으로 정의될 수 있을 것이다. 광물 m_1이 광물 m_2보다 더 단단한가를 결정하기 위해서는 m_1 조각의 날카로운 모서리로 m_2 조각의 표면을 힘을 가해 긁어서(시험 조작), 긁힌 자국이 나는 경우(구체적 시험 결과)에만 m_1이 m_2보다 더 단단하다고 말할 수 있다.

시험 조작과 시험 결과에 대해서 분명하게 언급하지 않는 정의도 쉽게 조작적 정의의 형태로 정리할 수 있다. 자석에 관한 다음 문장, 즉 "무쇠 막대나 강철 막대는 쇳조각이 그 막대의 양쪽 끝에 붙는다면 자석이다."라는 문장을 예로 삼아 이 일을 해보자. 조작주의자는 이 문장을 분명히 다음과 같이 읽을 것이다. "자석"이란 용어를 주어진 무쇠 막대나 강철 막대에 적용해야 하는가 말아야 하는가를 결정하기 위해서 쇳조각을 그 막대 가까이 놓았을 때에 쇳조각이 막대의 양쪽 끝에 끌려가 붙으면 그 막대는 자석이다.

위에서 예로 들었던 세 용어 — "산" "보다 더 단단하다" "자석" — 는 지금까지 양적 개념이 아닌 용어로 간주되었다. 따라서 위에서 예로 살펴본 조작적 기준은 산성의 농도나 단단함의 정도나 자력의 강도에 대해서는 아무런 주장도 하지 않는다. 하지만 조작주의의 기본 방법이 "길이" "질량" "속도" "온도" "전하" 등의 경우처럼 그 값이 수치로 표현될 수 있는 양적 개념을 나타내는 용어의 특성을 규정하는 데에도 적용될 수 있음을 알 수 있다. 이런 경우에 조작적 정의는 특정한 경우에 나타나는 어떤 양의 값을 수치로 결정하여 표현할 수 있게 해주는 절차를 구체적으로 언급하는 것으로 생각된다. 이렇게 되면 조작적 정의는 **측정 규칙**의 성격을 띠게 된다.

그래서 "길이"에 대한 조작적 정의는 두 점 사이의 거리의 길이를 결정하기 위해서 변형되지 않는 측정 막대의 사용을 포함하는 절차를 자세히 언급할 것이고, "온도"에 대한 조작적 정의는 어떤 대상 — 이를테면 어떤 액체 — 의 온도가 수은 온도계에 의해서 결정되는 방법을 자세히 언급할 것이다. 다른 개념에 대해서도 이와 같은 방식이 적용될 수 있을 것이다.

어떤 조작적 정의든 조작적 정의의 토대가 되는 조작 절차는 능력 있는 관찰자라면 누구나 그 절차를 정확하게 수행할 수 있을 뿐만 아니라 그 결과를 객관적으로 확인할 수 있기 때문에 절대로 시험을 행하는 사람에 의존하지 않도록 마련되어야 한다. 회화에 대해서 언급하는 "미적 가치"라는 용어에 대한 정의는 이 요건을 갖추지 못하기 때문에 "그림을 찬찬히 바라본 다음, 1에서 10까지 순서가 정해진 10개의 점으로 이루어진 척도 위에다 그 그림의 아름다움을 가장 잘 나타낸다고 생각되는 등급의 점을 표시하라."는 식의 조작적 지시를 사용할 수 없을 것이다.

조작주의자가 모든 과학 용어의 사용에 대해서 명료한 조작적 기준이 있어야 한다고 역설하는 한 가지 이유는 모든 과학적 진술에 대해서 **객관적 시험 가능성**을 확보하는 데 있다. 예를 들어 다음과 같은 가설을 생각해보자. "얼음의 부서지기 쉬운 성질은 온도가 내려감에 따라 증가한다. 더 정확하게 말하면 어떤 두 덩어리의 얼음이 온도가 다르면 온도가 낮은 얼음 덩어리가 높은 얼음 덩어리보다 더 부서지기 쉽다." 이제 주어진 물체가 얼음인가 아닌가를 결정하고 또 두 얼음 덩어리의 온도를 측정하거나 적어도 비교해볼 수는 있는 적절한 조작 절차가 명확해졌다고 가정해보자. 그렇다 해도 여전히 이 가설은 부서지기 쉬운 성질을 비교할 수 있는 분명한 기준이 제시되지 않는 한 명확한 시험 명제를 만들어내지 못하기 때문에 명료한 의미를 갖지 못한다. "더 부서지기 쉽다"나 "부서지기 쉬운 성질이 증가한다"와 같은 어구가 직관적으로 분명하게 이해된다는 사실은 이 어구를 과학적으로 사용할 수 있도록 만들기에 충분하지 못하다. 그러나 만일 이런 용어의 사용에 대해서 명확한 조작 규칙이 제시된다면, 이 가설은 참으로 앞에서 검토했던 그런 의미로 시험 가능하게 된다. 이런 방식으로 일련의 용어의 사용에 대해서 적절하게 고안된 조작적 기준은 그 용어를 사용하여 이루어진 진술에 대한 시험 가능성을 보증해주고 있다.[3]

이런 일을 반대 측면에서 보면 조작적 정의가 부여되지 않은 용어의 사용은 — 그 용어가 아무리 직관적으로 명확하고 누구에게나 익숙한 용어일지라도 — 결국 **무의미한 진술**(meaningless statement)과 **무의미한 물음**(meaningless question)을 만들어낸다. 따라서 중력 현상이 자연의 근저에 퍼져 있는 친화력 때문이라는 앞에서 살펴본 주장은 자연의 친화력이란 개념에 대해서 아무런 조작적 기준도 제시하고 있지 않기 때문에 무의미한 진술이라고 단언해도 좋을 것이다. 마찬가지로 지구나 태양 또는 둘 다가 "정말로" 움직이는가 안 움직이는가라는 물음도 절대운동에 대한 조작적 기준이 없기 때문에 무의미한 물음으로 간주되어 과학에서 거부당하게 된다.[4]

---

[3]   이 주장은 문제의 진술이 지닌 논리적 형식에 관해서 어떤 제한을 필요로 하지만, 여기서는 조작주의에 대해 일반적으로 검토하고 있기 때문에 이 점을 지나쳐도 괜찮을 것이다.

[4]   이에 관해 Holton and Roller의 *Foundations of Modern Physical Science*의 13장의 3절과 4절은 흥미로운 예증과 논평을 제시하고 있다. 또한 브리지먼이 *The Logic of Modern*

조작주의의 이 기본적 주장은 심리학과 사회 과학의 방법론에 중대한 영향을 끼쳤다. 이 영향으로 말미암아 심리학과 사회 과학의 가설이나 이론에 사용되는 용어에 대해서 명확한 조작적 기준이 제시되어야 할 필요가 있다는 점이 굉장히 강조되고 있다. 이지적인 사람이 덜 이지적인 사람보다 정서적으로 더 불안정한 경향이 있다는 가설이나 수학에 대한 재능이 음악에 대한 재능과 강한 상관 관계가 있다는 가설은 이 두 가설을 구성하고 있는 용어의 사용에 대해서 명확한 기준이 실제로 제시되지 않는 한 객관적으로 시험해볼 수 없다. 막연한 직관적 이해는 이런 객관적 기준을 구체화시키는 방식을 암시할 수 있을지는 모르지만 객관적 시험이라는 목적에는 충분하지 못하다.

심리학에서는 보통 이런 기준이 **검사**(檢査, test) — 지능 검사, 정서 안정성 검사, 수학 재능 검사 등등 — 의 형식으로 구체화된다. 대체로 말해서 그 조작 절차는 자세한 지시에 따라 검사를 시행하는 일이다. 따라서 검사 결과는 검사된 주제에 대한 반응이거나, 더 일반적으로는 어느 정도 객관적이면서 정확하다고 여겨지는 절차를 이런 반응에 적용하여 정성적으로나 정량적으로 얻어지는 개괄이나 정성적으로나 정량적으로 결론짓는 평가이다. 예컨대 로르샤흐 검사(Rorschach test)에서는 주제에 대한 피험자의 반응 평가가 스탠퍼드-비네 검사(Stanford-Binet test)에 비해서 오랜 세월에 걸쳐 몸에 익혀야 하는 해석자의 판단 능력에 의존하는 비중이 정확하고 명백한 기준에 의존하는 정도보다도 훨씬 크다. 그러므로 조작주의의 관점에서 보면 로르샤흐 검사는 스탠퍼

---

*Physics*의 1장 마지막 가까이에서 검토해보라고 제시하고 있는 흥미로운 물음들의 과학적 의의를 조작주의와 시험 가능 조건이란 유리한 관점에서 음미해보면 아주 생생한 즐거움을 맛볼 것이다.

드-비네 검사에 비해서 덜 만족스럽다. 정신 분석의 이론화에 대해서 제기되어온 주요한 반론들 가운데에는 정신 분석에 사용되는 용어에 대해서 적절한 조작적 정의가 내려져 있지 않다는 반론과 이로 말미암아 이런 용어가 결정적 역할을 하고 있는 설명으로부터는 명확한 시험 명제를 끌어내기 어렵다는 반론이 있다. 조작주의자가 주장한 이런 경고는 과학에 대한 철학적 연구와 방법론적 연구를 크게 자극하였다. 이런 경고는 또한 심리학과 사회 과학의 연구 방법에 대해서도 강한 영향을 끼쳤다. 그러나 다음 절에서 알게 되는 바와 같이 과학의 경험적 성격에 대한 조작주의자의 지나치게 제한된 해석은 과학적 개념의 체계적 측면과 이론적 측면 그리고 개념 형성과 이론 형성의 강한 상호 의존 관계를 명료하게 밝히기보다는 오히려 덮어 감추는 경향이 있다.

7.3 과학적 개념의 경험적 의미와 체계적 의미

조작주의는 용어의 의미가 오로지 그 용어에 대한 조작적 정의에 의해서 완전히 결정된다고 주장한다. 한 예로 브리지먼은 다음과 같이 주장한다. "그러므로 길이라는 개념은 길이를 측정할 수 있는 조작이 확정될 때에 확정된다. 즉 길이 개념은 길이를 확정시키는 일련의 조작일 뿐이며 그 이상의 어떤 것도 전혀 관련이 없다. 일반적으로 어떤 개념이든 일련의 조작 이상의 것을 의미하지 않는다. **개념은 그에 상응하는 일련의 조작이다.**"[5] 이 견해는 과학적 용어가 그 용어를 "정의하는" 조작 절차가 실제로 이루어질 수

---

[5]   Bridgman, *The Logic of Modern Physics*, p. 5. (볼드체 부분은 브리지먼의 원문에는 이탤릭체로 되어 있다.)

있는 경험적 상황의 범위 안에서만 의미를 갖는다고 주장하고 있다. 예컨대 우리가 물리학이 없는 상태에서 물리학을 만들기 위해서 "길이"라는 용어를 변형되지 않는 측정 막대를 사용하여 직선 거리를 재는 조작에 의해서 정의함으로써 도입한다고 가정해보자. 이 경우에 "이 원통의 둘레는 얼마나 긴가?"라는 물음이나 이 물음에 대한 답으로 제시되는 진술은 전혀 의미를 부여받지 못한 상태에 있을 것이다. 왜냐하면 변형되지 않는 곧은 측정 막대를 사용하여 길이를 측정하는 조작이 원통의 둘레에 적용될 수 없다는 것이 분명하기 때문이다. 이 맥락에서 길이라는 개념이 명확한 의미를 가질 수 있으려면, 새로운 다른 조작적 기준이 명확하게 제시되지 않으면 안 된다. 이 일은 원통 둘레의 길이가 그 원통의 둘레에 꼭 맞게 감기면서 늘어나지 않는 줄자에 의해 측정된 다음, 그 줄자를 곧게 펴서 곧은 측정 막대로 길이를 잰다고 약정함으로써 이루어질 수 있다. 마찬가지로 길이를 측정하는 처음 방법은 지구를 멀리 벗어나 우주에 있는 물체들 사이의 거리를 결정하는 데에는 사용될 수 없다. 따라서 조작주의자는 이런 천문학적 거리에 관한 진술이 명확한 의미를 지닐 수 있게 하기 위해서 적절한 측정 방법을 우리에게 구체적으로 알려주어야 한다. 이런 방법들 가운데 하나가 지구 표면상의 거리를 측정하는 데 사용되고 있는 방법과 똑같은 광학적 삼각 측량법일 것이다. 또 다른 방법은 지구 밖의 물체를 향해 레이더 신호를 발사한 다음, 그 신호가 출발해서 반사되어 돌아올 때까지 걸리는 시간을 측정하는 방법일 것이다.

이처럼 추가되는 조작적 기준을 마련하는 일은 앞으로 **정합성 조건**(整合性 條件, requirement of consistency)이라 부르겠는데, 다음과 같은 중요한 조건을 반드시 만족시켜야 한다. 이 조건은 두 개의 서로 다른 조작 절차가 적용될 수 있을 때에는 언제나 그 두 절차가 동일한 결과를 만들어내야 한다는 것이다. 예컨대 만일 건축 부지 위에 세운 두 개의 푯말 사이의 거리가 변형되지 않는 측정 막대를 사용하는 방법과 광학적 삼각 측량 방법에 의해서 결정된다면, 이 두 절차에 의해 얻은 수치가 동일해야 한다. 다른 예로 온도에 대한 척도가 처음에 수은 온도계의 눈금을 읽는 일에 의해서 "조작적으로" 정의된 다음, 온도계의 체액으로 빙점이 수은보다 더 낮은 알코올을 사용해서 수은의 빙점 이하로 온도 척도를 확장할 수 있다는 사실을 생각해보자. 이 경우에도 두 종류의 온도계가 사용될 수 있는 범위 안에서 두 온도계가 동일한 눈금을 만들어낸다는 사실이 명확하게 확인되지 않으면 안 된다.

그러나 브리지먼은 이 단계에서 다음과 같은 주장을 전개한다. 두 온도계가 똑같이 적용될 수 있는 범위 안에서 두 가지 측정 조작이 동일한 결과를 만들어낸다는 사실은 경험적 일반 명제의 성격을 지니고 있고, 그렇기 때문에 그 사실이 주의 깊은 시험을 통해서 확인되었다 할지라도 이 경험적 일반 명제가 그를 가능성을 생각할 수 있다. 이 이유 때문에 브리지먼은 두 개의 조작 절차가 똑같은 하나의 개념을 만들어낸다고 생각하는 것은 "안전"하지 못할 것이라고 주장한다. 왜냐하면 여러 가지 다른 조작적 기준은 서로 특성이 다른 개념을 규정하는 것으로 간주되어야 하며, 따라서 이상적으로 말하면 이처럼 서로 다른 개념은 서로 다른 용어에 의해서 언급되지 않으면 안 되기 때문이다. 그래서 측정 막대를 사용하여 결정된 양을 언급하기 위해서는 "접촉 길이"라는 용어가, 광학적 삼각 측량법에 의해서 결정된 양을 언급하기 위해서는 "광학 길이"라는 용어가 각각 사용되어야 할 것이다. 마찬가지로 우리는 수은 온도와 알코올 온도를 구별하지 않으면 안 될 것이다.

그러나 곧 알게 되는 바와 같이 이 극단적 결론은 위에서 살펴본 논증에 의해서는 옳다는 보증을 거의 얻지 못한다. 위의 논증은 과학적 용어가 분명하게 경험적으로 해석되어야 한다는 필요성을 지나치게 강조하다 보니까, 과학적 용어가 지니고 있는 이른바 **체계적 의미**(體系的 意味, systematic import)에 생각이 미치지 못하고 있다. 이제 브리지면의 격률에 따라서 우리가 접촉 길이와 광학 길이를 구별하고 시험을 주의 깊게 행한 후에, 두 측정 절차가 모두 적용될 수 있는 모든 물리적 간격에 대해서 이 두 종류의 길이가 똑같은 수치를 갖는다는 상상의 법칙을 정립했다고 가정해보자. 만일 두 측정 절차가 서로 다른 결과들을 만들어내는 조건이 계속 발견된다면, 우리는 그 상상의 법칙을 버리지 않을 수 없겠지만, 그래도 "접촉 길이"와 "광학 길이"라는 용어만큼은 의미의 변경 없이 계속 사용할 수 있다.

하지만 두 가지 조작 절차가 브리지면의 격률과는 반대로 그저 "길이"라는 용어로 언급되는 단 하나의 양을 측정하는 다른 방법으로 해석된다면, 두 조작 절차가 각기 다른 결과를 가져온다는 사실이 어떤 문제를 일으킬까? 이 경우에는 두 측정 절차가 "정합성 조건"을 충족시키지 못할 것이기 때문에, 두 조작적 기준 가운데 하나는 폐기되어야 할 것이다. 다시 말해 우리가 "길이"라는 용어를 계속해서 사용할 수는 있겠지만, 이 일은 "길이"라는 용어에 대한 조작적 해석이 수정되어야 가능할 것이다.

따라서 두 개의 조작 절차가 서로 정합하지 않는 결과를 만들어내는 경우에 이에 대한 조정은 다음의 두 경우 가운데 어느 하나, 즉 잠정적으로 승인했던 법칙을 포기하든지, 아니면 그 용어에 대한 조작적 해석을 수정하는 두 가지 방법 가운데 하나로 이루어질 수 있을 것이다.

　　게다가 브리지먼의 격률을 엄격하게 고수하는 일은 사실상 불가능할 정도로 어려운데, 이 점이 훨씬 더 심각한 문제점이다. 하나의 탐구 분야에서 처음에는 일군의 법칙, 그리고 결국에는 일군의 이론적 원리가 점진적으로 확립되어감에 따라서, 이런 법칙 체계와 이론 체계 속의 개념은 다양한 방식으로 그 체계 속의 다른 개념들과 결합하게 되고, 또 이미 효과적으로 사용되고 있는 체계 밖의 개념들과도 결합하게 된다. 이런 결합은 용어의 사용에 대해서 전혀 새로운 "조작적 기준"을 마련하도록 만든다. 예컨대 금속 도선의 저항과 온도를 결합시키는 법칙은 저항 온도계를 만드는 일을 가능하게 하며, 일정한 압력을 받고 있는 기체의 온도와 부피를 결합시키는 법칙은 기체 온도계의 기초가 되고, 열전 효과의 법칙은 열전기 온도계라는 온도 측정 장치를 만드는 일을 가능하게 하며, 광학 고온 온도계는 극히 뜨거운 물체가 방출하는 복사선의 휘도를 측정함으로써 그 물체의 온도를 결정한다. 마찬가지로 여러 가지 법칙과 이론적 원리는 거리를 측정하는 방법도 굉장히 다양하게 제공한다. 예컨대 고도의 증가에 따라서 일어나는 기압의 감소에 관한 법칙은 비행기에서 사용하는 기압 고도계의 기초이며, 물속에서의 거리는 흔히 발사된 음파가 반사되어 돌아오는 시간을 확인함으로써 측정되고, 가까운 천체까지의 거리는 광학적 삼각 측량법이나 레이더 신호를 사용하여 측정되며, 구상 성단이나 섬 우주까지의 거리는 그 안에 있는 특정한 변광성의 주기나 겉보기 광도를 근거로 하여 법칙에 따라서 추리된다. 아주 짧은 거리의 측정은 광학 현미경, 전자 현미경, 분광 사진기, X선 회절법, 그리고 다른 많은 방법에 의해서 이루어질 수 있는데, 이 측정 기구들은 제각기 그에 대한 이론을 전제하고 있다. 브리지먼이 주장하는 격률에 따르자면, 우리는 위의 다양한 방법

하나하나에 따라 온도 개념과 길이 개념을 낱낱이 구별하지 않을 수 없을 것이다. 이처럼 모조리 구별해서 표를 작성한다 하더라도 그 표는 도저히 완벽하지 못할 것이다. 왜냐하면 고도를 측정하는 일에 서로 구조가 약간 다른 두 기압계를 사용하는 일조차도 두 기압계를 사용하는 과정에서 세부 절차가 어느 정도 다를 것이기 때문에, 엄밀히 말하면 종류가 다른 두 개의 고도 개념을 규정하는 것으로 간주되지 않으면 안 될 것이다. 이런 일은 약간 다른 구조로 만들어진 두 개의 현미경으로 세균의 길이를 측정하는 경우에도 마찬가지여서, 종류가 다른 두 개의 길이 개념이 형성된다고 보아야 할 것이다. 이런 까닭에 문제의 조작주의 격률은 우리로 하여금 길이 개념, 온도 개념, 그리고 모든 과학적 개념을 세포가 분열하듯 증식시킬 수밖에 없는데, 이런 일은 실제로 이루어질 수 없을 뿐만 아니라 이론적으로조차 끝을 맺을 수 없다. 따라서 이 일은 과학의 기본 목적들 가운데 한 가지 목적, 즉 경험적 현상들에 대해서 체계적으로 통일된 단순한 설명을 마련하는 일을 좌절시킬 것이다.

과학적 체계 구성을 위해서는 경험 세계가 지닌 여러 가지 측면을 결합시키는 개념들이 법칙과 이론적 원리에 의해서 확립될 필요가 있는데, 경험 세계의 여러 가지 측면은 과학적 개념을 통해서 분명히 식별될 수 있기 때문이다. 그래서 과학을 그물에 비유한다면 법칙과 이론적 원리가 이 체계적 상호 관계라는 그물의 실이라면 과학적 개념은 **매듭**이다. 여러 가지 온도 측정 방법의 기초를 형성하는 법칙은 온도 개념이란 **개념 매듭**과 다른 여러 개념 매듭을 결합하는 "보통의 실들" 가운데 몇 가닥을 보여주는 셈이다. 이 실들이 하나의 개념 매듭에 집중하면 할수록 — 다시 말해서 하나의 개념 매듭으로부터 실 가닥이 더욱 많이 나오면 나올수록 — 그 개념 매듭이 체계 구성에 기여하는 역할, 즉 **개념 매듭의 체계적 의미**는 더 강해질 것이다. 더욱이 개념의 수효가 적을수록 **경제적 체계**라는 의미에서의 **단순성**은 훌륭한 과학적 이론의 중요한 특징이다. 따라서 대체로 말하면 경제적인 이론 체계를 만들어내는 개념들의 체계적 의미는 동일한 주제에 대해서 그보다 비경제적인 이론 체계를 만들어내는 개념들의 체계적 의미보다 크다고 할 수 있다.

이처럼 개념의 체계적 의미를 고려하게 되면 다른 조작적 기준은 다른 개념을 규정한다는 격률에 의해서 생기게 되는 세포 분열 식 개념 분화는 강한 반론에 부딪힌다. 또한 우리는 과학적 이론 구성의 실제 과정에서 (한 예로 길이 개념을 들면) 저마다 자신의 조작적 정의에 의해서 정의됨으로써 서로 차이를 보이는 수많은 길이 개념을 전혀 찾아볼 수 없다. 오히려 실제의 물리학 이론은 길이에 대한 하나의 기초 개념과 여러 가지 상황에서 길이를 측정하는 데 사용되는 어느 정도 정밀한 다양한 방법을 보여주고 있는 것이 현실이다. 이론적 고찰은 어떤 측정 방법이 적용될 수 있는 범위와 그 측정 방법이 얼마나 정확한가를 알려주는 경우가 흔하다.

게다가 법칙 체계의 발전 — 특히 이론의 발전 — 은 어떤 중심 개념을 확립하기 위해서 처음에 인정했던 조작적 기준을 수정하도록 하는 경우가 흔하다. 예컨대 길이를 조작적으로 정의하기 위해서는 무엇보다도 먼저 측정 단위를 명확히 해야 한다. 길이의 측정 단위를 명확하게 정하는 한 가지 표준적 방법은 어떤 금속 막대에 파놓은 두 개의 표지 사이의 거리로 길이의 단위를 정의하는 것이다. 그러나 물리적 법칙과 이론적 원리가 이번에는 두 표지 사이의 거리가 그 금속 막대의 온도와 그 금속 막대에 영향을 줄만한 압력에 따라서 변한다는 것을 밝힌다. 그러므로 길이에 대한 일정 불변하는 측정 표준을 확보하기 위해서는 최초의 정의에 다른 조건을 덧붙임으로써 수정하게 된다. 예컨대 "미터"라는 길이 단위는 백금과 이리듐의 합금으로 만든 특이한 X자 모양의 단면을 가진 금속 막대인 **국제 미터 원기** 위에 새겨놓은 두 표지 사이의 거리로 정의된다. 좀 더 자세히 설명하면 이 두 개의 표지는 그 금속 막대가 얼음이 녹는 온도에서 두 개의 원주형 받침에 의해서 대칭이 되도록 양쪽에서 받쳐져 수평면 위로 0.571미터 되는 위치에 있을 때에 1미터의 거리를 나타내는 것으로 정의한다고 약속되어 있다. 이 막대의 특유한 X자형 단면은 이 막대의 변형을 최대한 막기 위해서 고안된 모양이고, 이 막대를 받치는 방식에 대한 세세한 지시는 막대가 굴절하면 두 표지 사이의 거리가 조금이라도 달라지게 된다는 점을 고려해서 정해진 것인데, 이론적 분석에 의하면 두 원주형 받침을 놓도록 정해진 위치는 두 받침의 위치에 약간 차질이 생겨도 표지들 사이의 거리에 실질적으로는 영향을 미치지 않는다는 의미에서 최선의 위치라는 것이 밝혀진다.[6]

예를 하나 더 살펴보자. 시간의 측정에서 최초의 기준이자 가장 중요한 경험적 기준은 태양과 항성의 겉보기 운동에 나타나는 규칙성에 의해서 마련되었다. 즉 천체가 겉보기 운동의 동일한 위치 — 예컨대 자오선상의 태양의 위치 — 에 나타났다가 그다음에 나타날 때까지 걸리는 시간이 시간의 단위로 정의되었다. 이보다 더 작은 시간 단위들

---

[6] 길이의 측정 표준 설정에 관한 자세한 설명과 이 일의 기초를 마련하는 이론적 고찰에 대한 설명은 Norman Feather의 *Mass, Length and Time* (Baltimore, Maryland: Penguin Books, 1961)의 2장을 참고하기 바란다.

은 해시계, 모래시계, 물시계, 그리고 나중에는 진자시계에 의해서 "조
작적으로" 정의된다. 그런데 이 단계에서 두 개의 다른 태양일이나 어
떤 진자의 두 번의 왕복 운동이 "실제로" 동일한 시간 길이를 갖는가를
묻는 것은 전혀 의미가 없다는 것을 주목해야 한다. 조작주의는 위에서
구체적으로 제시된 기준들이 이 단계에서는 동일한 길이의 시간을 정
의하는 데 사용되고 있기 때문에 이 기준들에 의해서 정의된 시간 길이
가 같은가라는 물음은 뻔한 대답, 즉 "그렇다, 왜냐하면 정의상의 약정
에 의해서!"라는 대답을 들을 뿐이라고 주장하는데, 조작주의의 이 주
장은 옳다. 위의 시간 단위들이 "동일한 길이의 시간을 갖는다"고 주장
하는 것은 우리가 잘못 진술할 수도 있는 경험적 사실에 대해서 진술하
는 일과는 전혀 다른 일이다.

　그러나 시간 개념을 포함하고 있는 물리 법칙과 물리 이론은 일단
정립된 다음에 점차로 정밀화되기 때문에 그런 법칙과 이론은 시간에
대한 최초의 조작적 기준을 수정하도록 만들 것이다. 예컨대 고전 역학
은 진자의 주기가 진자의 진폭에 따라서 변한다는 내용을 포함하고 있
으며, 그래서 지구가 매일 한 번 자전하는 사실과 일 년에 한 번 공전하
는 사실에 의해서 천체들의 겉보기 운동을 설명하는 태양 중심 이론도
뉴턴의 이론과 결합되면 지구의 자전 속도에 변함이 없다 할지라도 하
루하루의 길이는 언제나 똑같은 양의 시간이 아니라는 내용을 갖게 된
다. 더구나 조수의 마찰이나 이와 비슷한 다른 요인이 하루 한 번의 지
구 자전을 실제로 지극히 느리기는 하지만 틀림없이 늦어지게 한다고
생각하도록 만들고 있는데, 이 가정은 고대에 일어난 일식 기록 속의
시각과 현재의 천문학적 자료를 근거로 계산해서 추인된 시각을 비교
해봄으로써 입증되었다. 그래서 맨 처음 시간 측정에 사용된 절차는 바

람직한 방식이긴 하지만 다만 근사치만 제공하는 방법으로 취급하게 되었고, 결국 이론적 근거에 입각하여 새롭고 아주 다른 측정 체계 — 이를테면 수정 시계나 원자 시계 — 가 더욱 정확한 시간 측정의 척도로 채용되기에 이르렀다.

그러나 법칙이나 이론이 어떻게 바로 그 법칙이나 이론을 형성하는 데 사용된 용어들에 대한 조작적 기준, 즉 문제의 그 법칙이나 이론을 시험하는 일에 전제되어 사용되지 않을 수 없는 바로 그 기준의 부정확성을 밝힐 수 있는 것일까? 이 과정은 강에 다리를 놓는 일에 비유할 수 있다. 다리를 놓는 일은 먼저 강바닥에 박아 세운 임시 지주들이나 너벅선들 위에 다리를 만들고, 이 임시 다리를 발판으로 사용하여 그 임시 다리 자체를 보강하거나 때로는 그 임시 다리 자체를 변경한 다음, 기초가 확고하고 구조가 튼튼한 다리를 완성하는 작업을 하기 위해서 처음의 발판 위에 상부 구조물을 세우고, 그 상부 구조물을 계속 조정하고 확장하면서 진행된다. 이와 마찬가지로 과학적 법칙과 이론은 최초로 인정된 조작적 기준에 의해서 얻어진 자료를 근거로 하지만, 이렇게 만들어진 법칙과 이론은 원래의 자료에 엄밀하게 정확하지는 못할 것이다. 왜냐하면 이미 살펴본 것처럼 체계의 단순성을 비롯한 여러 가지 다른 고려 사항이 과학적 가설의 채택에서 중요한 역할을 하고 있기 때문이다. 그리고 여러 가지 고려 사항을 감안해서 채택된 법칙이나 이론은 적어도 잠정적으로는 그 법칙이나 이론 속에서 중요한 역할을 하고 있는 개념들 사이의 관계를 올바르게 나타내는 것으로 취급되기 때문에, 최초의 조작적 기준이 그런 개념들에 대해서 단지 근사치적 규정만을 제공하는 것으로 간주된다는 사실에 놀랄만한 점은 없는 셈이다.

이런 까닭에 과학적 개념의 **경험적 의미**가 그 적용 기준에 명확하게 나타난다 하더라도 — 그리고 이 점에 대해서 조작주의가 크게 강조하는 것은 옳지만 — 경험적 의미가 과학적 개념에 요구되는 유일한 조건은 아니다. 왜냐하면 과학적 개념이 지닌 **체계적 의미**가 또 하나의 필수 불가결한 조건이기 때문이다. 이론적 개념이 지닌 체계적 의미의 중요성은 이론적 개념이 이론적 그물을 짜는 힘을 강화시키기 위해서라면 이론적 개념에 대한 경험적 해석의 변경을 허용할 정도이다. 과학적 탐구에서는 **개념 형성**과 **이론 구성**이 반드시 상보적으로 진행되어야 한다.

7.4 "조작적으로 무의미한 물음"에 대하여

브리지먼이 조작적 기준의 사용이 중요하다는 것을 보여주기 위해 검토한 흥미로운 문제들 가운데에는 길이에 대한 **절대 척도**를 사용해서는 도저히 발견할 수 없는 변화 가능성에 관한 문제가 있다. 이를테면 우주 안의 모든 거리(길이)가 24시간마다 2배로 계속 늘어나는 변화가 가능하지 않을까?[7] 이 현상은 과학에 의해서는 결코 발견될 수 없다. 왜냐하면 길이를 조작적으로 결정하기 위해서 사용되는 막대 역시 같은 비율로 늘어나기 때문이다. 그래서 브리지먼은 이 물음을 "무의미한 물음"으로 단정한다. 조작적 기준에 입각하여 판단한다면 우주의 이런 팽창은 결코 있을 수 없을 것이다. 그럼에도 그런 팽창이 우리에게 알려지지도 않고 영원히 발견될 수도 없는 채로 일어난다고 주장한다면, 이 주장은 **조작적 의미**, 즉 측정

[7] 이 표현은 브리지먼이 *The Logic of Modern Physics*의 28쪽에서 제기한 물음보다 약간 더 구체적인 물음이다. 그러나 본질적 문제점은 아무런 차이가 없다.

이라는 조작에 의해서 시험할 수 있는 내용을 전혀 갖고 있지 않다.

그러나 우리가 물리학에서는 길이 개념이 고립되어 사용되지 않는다는 점과 길이 개념을 다른 개념들에 연결시키는 법칙이나 이론 속에서 길이 개념이 기능을 발휘한다는 점을 고려한다면 위의 평가는 바꾸어야 한다. 그래서 위의 **우주 팽창 가설**이 물리학의 다른 원리를 보조 가설로 사용하게 되면(3장 참조), 이 가설은 조작적으로 시험할 수 있는 명제를 실제로 만들어내게 되므로 무의미하지 않게 될 것이다. 예컨대 이 가설이 옳다면 소리 신호가 두 지점 — 이를테면 호수의 양쪽 기슭 — 사이를 왕복하는 데 걸리는 시간이 24시간마다 2배가 되어야 할 텐데, 이것은 시험할 수 있을 것이다. 그러나 이제 소리 신호와 전파 신호가 지닌 속도가 모든 길이가 늘어나는 비율과 정확하게 똑같은 비율로 증가한다는 가정을 덧붙여 원래의 우주 팽창 가설을 수정한다고 가정해보자. 이번에도 이 새로운 가설이 시험 명제를 만들어내게 될까? 예컨대 우리가 위의 우주 팽창이 태양과 같은 항성의 에너지 방출에 영향을 주지 않는다고 가정하면, 항성의 밝기가 24시간마다 원래의 밝기보다 1/4로 줄어들어야 할 것이다. 왜냐하면 24시간마다 항성의 표면이 4배로 늘어나기 때문이다. 이렇게 검토해보면 어떤 가설이 고립되어 취급될 때에 아무런 시험 명제도 만들어낼 수 없다는 사실은 그 가설에 경험적 내용이 없다고 간주하여 거부하거나 과학적으로 무의미하다고 간주하여 거부할 수 있게 하는 충분한 이유를 전혀 제공하지 못한다. 오히려 우리는 그 가설이 다른 법칙과 가설로 이루어진 체계 속에 들어가서 어떤 기능을 발휘할 수 있는가를 살펴보는 관점에서 그 가설을 고찰해야 하며, 또 이렇게 검토했을 때에 그 가설이 만들어낼 수 있는 시험 명제를 검사해야 한다. 이 절차는 결코 제안될 수 있는 모든 가설을

유의미한 가설로 만들지는 않을 것이다. 그 가운데서도 특히 이미 검토
했던 생명력 가설과 만유 친화력 가설은 여전히 배제될 것이다.

**7.5 해석
문장의 성격**　　지금까지 조작주의를 자세히 검토한 것은 만일 과학적 이론
이 경험적 현상에 적용될 수 있도록 이루어져 있다면 그 이
론에 특유한 용어가 그 이론에 앞서 이해되어 사용되고 있는
전이론적 용어의 도움을 받아 적절하게 해석되어야 한다는 생각이 의의
있는 생각이라고 인정하였기 때문이다. 이 검토에서 얻은 결론은 이런
해석에 관한 조작주의자들의 주장이 우리가 제대로 알아야 할 점들을
일깨워주기는 하지만 적지 않게 수정되어야 한다는 것이었다. 특히 우
리는 과학적 개념의 **"의미는 일련의 조작 바로 그것이다."**라는 견해를
거부하지 않을 수 없었는데, 그 이유는 다음과 같다. 첫째로, 하나의 용
어에 대해서 우리가 선택할 수 있는 여러 가지 적용 기준이 있을 수 있
고, 대개는 여러 가지 적용 기준이 있게 마련인데, 이 적용 기준들은 서
로 다른 일련의 조작을 기초로 해서 이루어진다. 둘째로, 과학적 용어
의 의미를 이해하여 적절하게 사용하기 위해서는 그 용어가 이론 체계
속에서 하는 역할을 또한 알아야 하는데, 이 체계 속에서의 역할은 그
용어가 그 속에서 여러 가지 기능을 발휘하고 있고 또 그 용어를 다른
이론적 용어들에 결합시키는 **이론적 원리**에 의해서 지시된다. 셋째로,
과학적 용어는 그 의미가 일련의 조작에 의해서 완전히 결정된다는 뜻
으로는 어떤 일련의 조작과 "같은 의미"라고 간주될 수 없다. 왜냐하면
이미 살펴본 바와 같이 어떠한 일련의 시험 조작도 제한된 조건 범위
안에서만 사용 가능한 적용 기준을 제공하기 때문이다. 따라서 측정 막

대나 온도계를 사용하는 조작은 "길이"와 "온도"라는 용어에 대해서 단지 부분적 해석만 제공하는데, 그 이유는 이런 조작은 제한된 범위 안에서만 적용될 수 있기 때문이다.

이 점에서 보면 조작적 기준이 완전한 정의에 필요한 것에 미치지 못하는 주장을 하고 있지만, 다른 한편으로는 일반적으로 "정의"로 이해되고 있는 그런 정의를 구성하기에는 너무 많은 내용 — 참으로 지나치게 많은 내용 — 을 주장하고 있는 점이 있다. 일반적으로 **약정적 정의**는 편리한 용어나 간명한 기호를 오직 그 의미만 명확히 규정하여 도입하는 문장으로 간주되는데, 이 문장은 사실에 대해서는 아무것도 주장하지 않는다. 그러나 하나의 용어에 대한 **두 개의 조작적 기준**은 흔히 그런 것처럼 만일 두 기준의 적용 범위가 서로 중첩하면 경험적 내용을 가진다. 이 점은 서로 다른 조작적 기준이 만족시켜야 했던 정합성 조건에 관한 앞서의 고찰로부터 당연히 나오는 귀결이다. 다시 말해서 만일 서로 다른 시험 절차가 하나의 용어에 대한 적용 기준으로 채용된다면, 이 기준들을 표현하는 진술로부터 둘 이상의 시험 절차가 적용될 수 있는 경우에 그 절차들이 동일한 결과를 만들어낼 것이라는 귀결이 당연히 나오게 된다. 그래서 이 주장은 경험적 일반 명제의 성격을 띠게 된다. 이미 살펴본 바와 같이 " '광학 길이' 와 '접촉 길이' 는 두 가지 측정 절차가 적용될 수 있는 모든 경우에 동일한 수치이다."라는 진술이 바로 그런 예다. 다른 예로는 "수은과 알코올이 액체 상태인 한에서 수은 온도계의 눈금과 알코올 온도계의 눈금은 동일한 수치이다."라는 진술을 들 수 있겠다. 이 진술은 두 가지 온도계가 모두 온도를 조작적으로 측정하는 데 사용될 수 있다는 약정의 귀결이다. 그렇다면 결국 과학적 용어에 대한 적용 기준을 마련하는 **해석 문장**은 정의의 약정적

기능에다 경험적 일반 명제의 기술적 기능을 결합시키는 수가 흔하다
고 하겠다.

　　그러나 해석 문장이 앞에서 살펴본 바와 같은 정의와 다르다고 보
아야 할 또 하나 다른 흥미롭고 중요한 측면이 있다. 과학적 용어는 흔
히 어떤 특유한 화법이나 표현 속에서만 사용된다. 예컨대 긁기 시험에
의해서 정의된 단단함이라는 개념은 오직 "광물 m_1은 광물 m_2보다 더
단단하다."는 형식의 표현과 이런 표현에 의해서 정의될 수 있는 다른
표현들 속에서만 사용되도록 되어 있다. 이런 경우에는 그와 같은 특유
한 표현을 해석할 수 있으면 그것으로 충분하다. 위의 예에서는 그런
해석이 긁기 시험에 의해서 마련되는데, 이 긁기 시험은 "광물 m_1은 광
물 m_2는 더 단단하다."라는 진술 전체에 경험적 의미를 부여하지, "단
단함"이라는 용어에다 경험적 의미를 부여하지 않으며, 또한 "광물 m
은 단단하다."든가 "광물 m의 단단함의 정도는 얼마이다." 등의 문장
에 경험적 의미를 부여하지도 않는다.

　　어떤 용어를 포함하고 있는 특수한 문맥의 의미를 완전히 밝히는
진술은 **맥락적 정의**(脈絡的 定義, contextual definition)라고 하는데, "'산'은
'수소 이온을 만들어내는 전해질'과 같은 의미를 갖는다."와 같은 이른
바 **해명적 정의**(解明的 定義, explicit definition)와 확연히 다르다. 그런데 해
석 문장도 이와 비슷해서 우리는 어떤 과학적 이론에 대한 해석 문장은
보통 이론적 용어에 대한 **맥락적 해석**(脈絡的 解釋, contextual interpretation)
을 제공한다고 주장할 수 있을 것이다. 예컨대 길이를 측정하는 여러
가지 방식은 "길이"라는 용어 자체를 해석하는 것이 아니라 "두 점 A와
B 사이의 거리의 길이"라든가 "선분 L의 길이"와 같은 표현에 해석을
제공할 뿐이다. 또한 시간 측정에 대한 여러 가지 기준은 시간이라는

개념 자체를 해명하는 것이 아니라 "시간"이란 용어를 포함하고 있는 표현을 맥락적으로 정의할 뿐이다. 이것은 다른 과학적 용어에 대해서도 마찬가지다. 어떤 이론적 개념의 경우에는 그 용어가 사용되는 매우 특수하고 제한된 맥락들만이 실험적 시험을 가능케 하는 기초가 확보될 수 있도록 해석될 수 있을 것이다. 예를 들어 "원자" "전자" "광자" 같은 용어를 생각해보자. "전자"라는 용어에 대해서 다음과 같은 **이론적 정의**(理論的 定義, theoretical definition), 즉 다른 이론적 용어들을 사용하여 이루어지는 정의를 부여할 수 있다는 것은 확실하다. "전자"에 대한 이론적 정의는 " '전자'는 '정지 질량 9.107×10^{-28}g, 전하 4.802×10^{-10} 스탯쿨롬, 스핀 1/2인 소립자'를 뜻한다."일 것이다. 하지만 "전자"라는 용어에 대해서 어떤 조작적 정의를 부여할 수 있을 것인가? 주어진 대상에 "전자"라는 낱말을 적용해도 좋은가, 즉 이 대상이 전자인가를 결정하는 조작적 기준이 만들어질 수 있다고 기대할 수 없는 것은 확실하다. 그러나 "전자"라는 용어를 포함하고 있는 어떤 종류의 진술에 대한 맥락적 해석은 이루어질 수 있다. 그런 진술의 예로 "절연된 금속 구의 표면에는 전자들이 있다." "전자들이 이 전극으로부터 달아나고 있다." "이 안개 상자 속의 응결된 자국은 전자가 지나간 길을 나타낸다." 등등을 들 수 있겠다. 우리는 전기장이나 자기장이라는 개념에 대해서도 똑같은 설명을 할 수 있다. 조작적 기준은 전기장이나 자기장이라는 개념 자체가 아니라 오직 어떤 주어진 영역 안에서의 그런 장의 구조와 강도를 확인하기 위해서만 만들어질 수 있다. 그래서 이러한 조작적 기준은 시험 입자의 동태, 그 장 속에서 움직이는 입자의 궤적, 그 장을 횡단하면서 움직이는 전선에 흐르는 전류 등등에 대해서 언급할 것이다. 그러나 이런 시험은 단지 어떤 특수하고 실험에 유리한 조건을 갖춘 장 — 예컨대 충분히 넓은 범위에 걸쳐 동질적인 장, 또는 일정한 거리 이상 강하게 기울어져 있는 장 등등 — 에만 적용될 수 있을 것이다. 이론적으로는 가능하지만 고도로 복잡한 조건을 지닌 장을 표현하는 진술 — 이런 진술에는 아마 지극히 짧은 거리를 사이에 두고 강하게 변하는 장에 대한 진술이 포함될 것이다 — 을 "조작적으로 시험해볼 수 있는" 구체적 시험 명제는 전혀 만들어지지 못할 것이다.

이제 과학적 이론에 사용되는 용어 하나하나가 유한 개의 조작적 기준이나 더 일반적으로 표현해서 그 하나하나에 부여된 해석 명제를 갖고 있다고 생각하는 것이 정확하지 않다는 점은 분명해졌을 것이다. 해석 명제는 해석되는 용어가 포함되어 있는 문장이 시험될 수 있는 방법을 결정하는 것으로 생각되기 때문이다. 다시 말해서 해석 명제들이 서로 결합되면 해석되어야 할 용어를 포함하고 있는 문장을 검사할 수 있는 시험 명제를 이미 이해되어 사용되는 용어로 만들어내야 하기 때문이다. 그렇기 때문에 긁기 시험에 의해서 이루어지는 단단함에 대한 조작적 해석은 "광물 m_1은 광물 m_2보다 더 단단하다."라는 형식의 문장으로부터 시험 명제를 끌어내는 일을 가능하게 한다. 또 리트머스 시험지 시험에 기초를 두고 있는 조작적 해석은 "액체 L은 산이다."라는 형식의 문장에 대해서 똑같은 일을 한다. 이것은 다른 경우에도 마찬가지다. 그런데 과학적 이론의 용어를 포함하고 있는 문장을 시험해볼 수 있는 여러 가지 방법 — 즉 그런 문장을 시험하는 데 사용되는 시험 명제 — 은 그 이론을 구성하는 **교량 원리**에 의해서 결정된다. 이 교량 원리는 이미 6장에서 살펴본 바와 같이 그 이론에 특유하게 가정된 대상과 과정을 전이론적 용어에 의해서 기술될 수 있는 현상에 연결시킨다. 따라서 교량 원리는 이론적 용어를 이미 이해되어 있는 용어들에 연결시킨다. 그러나 이 교량 원리는 유한 개의 적용 기준을 이론적 용어에 부여하지는 않는다. 다시 한 번 "전자"라는 용어를 생각해보자. 이 용어를 포함하는 문장 하나하나가 제각기 명확한 시험 명제를 만들어내지 않는다는 점은 이미 지적하였다. 그렇지만 "전자"라는 용어를 포함하고 있으면서 시험 명제를 만들어내는 문장은 한없이 다양하며, 따라서 임의로 단정하지 않는 한 이에 대응하는 무수한 시험이 "전자"라는 용어의 사용에 대해서 각기 달리 규정하고 있는 꼭 2개나 7개나 20개의 적용 기준에 따라야 한다는 식으로 생각할 수 없다. 그렇다면 우리는 개개의 이론적 용어가 유한 개의 조작적 기준에 의해서 개별적으로 해석된다는 생각을 버리고, 일련의 교량 원리는 이론적 용어를 개별적으로 해석하는 것이 아니라 하나 이상의 이론적 용어를 포함하고 있는 진술에 대해서 한없이 다양하지만 동등한 시험 명제를 결정함으로써 한없이 다양한 적용 기준을 제공한다는 생각에 찬성하지 않을 수 없다.

이론적 환원

8

우리는 앞에서 생물체의 어떤 특성들은 — 그 가운데에는 적응성과 자율성이 포함되는데 — 물리학과 화학의 원리만으로는 설명될 수 없고, 물리 과학들이 밝히지 못하는 새로운 종류의 인자, 즉 엔텔레키나 생명력에 의해서 설명될 수밖에 없다는 신생기론을 고찰하였다. 이 주장을 세밀히 검토해본 결과, 신생기론자가 사용하는 엔텔레키라는 개념은 어떠한 생물학적 현상에 대해서도 설명을 제공할 수 없다는 사실이 밝혀졌다. 그렇긴 하지만 우리로 하여금 이런 결론에 도달하도록 했던 근거가 신생기론자의 기본 생각, 즉 생물체와 생물학적 과정이 어떤 근본적 측면에서 완전히 물리-화학적 물체나 물리-화학적 과정과 다르다는 생각까지 자동적으로 논박한 것은 아니다. 신생기론자의 이 견해는 이른바 **기계론**(機械論, mechanism)이라는 신조, 즉 생물체는 (비록 옛날의 "기계론"이 주장했던 것처럼 순전히 기계적 존재는 아닐지라도) 매우 복잡한 물리-화학적 물체에 지나지 않는다고 보는 견해와 대립하고 있다. 서로 상충하는 이 두 가지 생각은 광범위하게 격렬한 논쟁을 일으켰는데, 여기서 이 논쟁의 세세한 내용을 검토할 수는 없다. 그러나 이 문제에 대한 성과 있는 토론은 이 문제에 유효하고 적절한 **논증**과 **증거**가 어떤 종류의 것인가라는 문제와 이 논쟁을 마무리 지을 수 있는 **방법**이 무엇인가라는 문제가 명백하게 밝혀질 수 있을 만큼 두 가지 상반되는 주장의 의미가 충분히 명료해졌을 때에만 가능하다는 것은 분명하다. 이제 우리가 살펴보려는 것은 바로 이 상충하는 두 생각의 의미를 명료하게 드러내는 문제인데, 이 문제는 그 성격상 철학적 문제이다. 어쨌든 이런 음미에 성과가 있어서 두 생각의 의미가 명료하게 드러난다면, 우리는 그 성과에서 이 문제의 해결 가능성에 관한 어떤 암시까지도 얻을 수 있을 것이다.

이 논쟁은 겉보기에는 생물체가 "오로지" 또는 "완전히" 물리-화학적 물체인가 아닌가라는 문제를 둘러싸고 전개되고 있다. 그러나 생물체는 오로지 물리-화학적 물체라든가 생물체는 완전히 물리-화학적 물체가 아니라고 말하는 것은 도대체 무엇을 의미하는가? 이 절의 서두에서 기계론에 대해서 언급한 내용은 기계론의 기본 신조가 다음과 같은 두 가지 주장 M_1과 M_2로 이루어진다고 해석할 수 있음을 암시하고 있다. M_1 — 생물체가 지닌 모든 특성은 물리-화학적 특성이다. (달리 말하면 생물체가 지닌 모든 특성은 물리학과 화학의 개념을 사용하여 완전히 기술될 수 있다.) M_2 — 생물체가 보여주는 행동의 모든 측면은 (설명될 수 있기만 하다면) 물리-화학적 법칙과 이론에 의거해서 설명될 수 있다.

첫 번째 주장에 관한 한 어쨌든 현재로서는 생물학적 현상에 대한 기술이 물리학적 용어와 화학적 용어뿐만 아니라, 물리-화학적 용어에 포함되지 않는 생물학에 고유한 용어의 사용을 필요로 하고 있다. 한 예로 "유사 분열 전기의 특징은 분열하고 있는 세포의 핵 속에서 염색

체 수축이 일어난다는 사실이다."라는 진술을 생각해보자. 아니면 훨
씬 더 비전문적 진술의 예로 "수정된 거위 알은 잘 부화시키면 거위 새
끼가 된다."라는 진술을 생각해보자. M₁의 주장은 위의 두 진술이 언급
하는 생물학적 대상과 과정 — 즉 거위 새끼, 거위 알, 세포 핵, 염색체,
수정, 유사 분열 등 — 이 물리-화학적 용어에 의해서 완전히 기술될
수 있다고 주장하는 셈이다. 이 주장에 대한 가장 온당한 해석은 "거위
새끼" "세포" 등의 생물학적 용어를 대신할 수 있는 어떤 용어가 물리
학과 화학의 용어들 가운데서 택한 용어들로 정의될 수 있다는 것이다.
M₁의 주장을 이처럼 더욱 명확하게 바꾸어 표현한 진술을 M′₁이라 하
자. 마찬가지로 만일 모든 생물학적 현상과 더 나아가 특히 생물학적
법칙에 의해서 표현된 모든 규칙성이 물리-화학적 원리에 의해서 설명
될 수 있다면, 생물학의 모든 법칙은 물리학과 화학의 법칙과 이론적
원리로부터 나올 수 있어야 할 것이다. 이처럼 생물학의 모든 법칙을
물리학과 화학의 법칙과 이론적 원리로부터 끌어낼 수 있다는 주장은
M₂의 주장을 더욱 명확하게 바꾸어 표현한 것으로 생각할 수 있으므
로, 이 진술을 M′₂이라 부르겠다.

    진술 M′₁과 M′₂는 서로 결합해서 이른바 생물학은 물리학과 화학
으로 환원될 수 있다는 주장을 표현하게 된다. 이렇게 되면, 이 명제는
물리학, 화학, 생물학이 지닌 개념과 법칙 둘 다에 관해서 주장하게 된
다. 다시 말하면 어떤 과학의 개념을 다른 과학의 개념으로 환원시킬
수 있다는 말은 전자를 후자에 의해서 정의할 수 있다는 뜻이며, 또 어
떤 과학의 법칙을 다른 과학의 법칙으로 환원시킬 수 있다는 말은 전자
를 후자로부터 끌어낼 수 있다는 뜻이다. 그러니까 기계론은 **생물학을
물리학과 화학으로 환원시킬 수 있다**고 주장하는 셈이다. 이 주장에 대

한 반대 주장은 흔히 **생물학의 자율성**에 관한 주장 또는 좀 더 적절한 표현으로 **생물학의 개념과 원리의 자율성**에 관한 주장이라 부른다. 신생기론은 이런 식으로 생물학의 자율성을 인정하고, 거기에 생명력 신조를 추가하여 보강시킨 생각이다. 이제는 준비가 되었으니까 기계론의 주장을 좀 더 자세히 검토하기로 하자.

8.2 용어의 환원

생물학적 개념의 정의 가능성에 대한 주장인 M'_1이 임의의 약정적 정의에 의해서 생물학의 용어에 물리-화학적 의미를 부여할 수 있다고 주장하는 것이 아님은 두말할 것도 없다. M'_1이 주장하는 것은 생물학의 용어가 명확한 전문적 의미를 갖는다는 것을 인정하지만, 그럼에도 우리가 생물학적 용어의 의미를 명료하게 해야 할 경우에는 생물학적 용어의 의미가 물리학의 개념과 화학의 개념에 의해서 적절하게 표현될 수 있다는 것이다. 그렇다면 M'_1은 생물학적 개념에 대해서 물리-화학적 용어를 사용하여 **"기술적 정의"**(7장 참조)를 부여하는 가능성을 인정하는 셈이다. 그러나 이 정의가 분석적 정의이기를 기대하기는 거의 불가능하다. 왜냐하면 모든 생물학적 용어 하나하나에 대해서 — 예컨대 "거위 알" "망막" "유사 분열" "바이러스" "호르몬" 등에 대해서 — "배우자"라는 말은 "남편이나 아내"와 같은 의미를 갖는다든가 동의어라는 식으로 동일한 의미를 갖는 표현을 물리-화학적 용어를 사용하여 만들어낼 수 있다고 주장하는 것은 분명히 그른 주장일 것이기 때문이다. 더 나아가 물리-화학적 용어를 사용하여 동의어가 만들어질 수 있는 단 하나의 생물학적 용어를 지적하는 일조차도 지극히 어려울 것이다. 그러므로 이처럼 "기술적 정의"를 분석적 정의라고 보는 입장에서 기계론의 주장을 이해하려고 하면, 그 해석은 기계론에 도저히 맞지 않는 것 같다. 그러나 기술적 정의에 대해서는 약간 완화된 입장에서 이해할 수도 있는데, 이 입장에 따르면 정의항이 피정의항과 똑같은 의미 즉 동일한 **내포**(內包, intension)를 가질 필요는 없고, 다만 동일한 적용 범위 즉 동일한 **외연**(外延, extension)을 갖는 것만으로 족하다고 보게 된다. 기술적 정의를 이렇게 이해하는 경우에는 정의항은 오직 피정의항이 적용되는 실례만이 실제로 만족시켜야 하는 조건을 구체적으로 나열한다. 이런 경우에 대한 전통적 실례는 "인간"이라는 낱말을 "깃털 없는 두 발 동물"로 정의하는 경우이다. 이 정의는 "인간"이란 낱말이 "깃털 없는 두 발 동물"이란 어구와 똑같은 의미를 갖는다고 주장하지 않는다. 이 정의는 다만 그 두 표현이 동일한 **외연**을 갖는다는 것, 다시 말해서 "인간"이란 용어는 깃털 없는 두 발 동물인 것에 적용된다는 것, 또는 깃털 없는 두 발 동물이라는 사실은 인간이기 위한 **필요 충분 조건**이라는 것만 주장할 따름이다. 이런 종류의 진술은 **외연적 정의**(外延的 定義, extensional definition)라 할 수 있다. 이 정의는 다음과 같은 형식을 취하는 것이 상례이다.

　　　　── 은 …… 과 같은 외연을 갖는다.

　　기계론자가 생물학적 개념에 관한 자신의 주장을 예시하거나 입증하기 위해서 내세울만한 정의는 바로 이 외연적 정의이다. 그래서 이 외연적 정의는 생물학적 용어의 적용 가능성을 대신하기에 필요 충분한 물리-화학적 조건을 표현한다. 그러므로 흔히 이 외연적 정의는 굉장히 힘든 생물리학적 연구나 생화학적 연구 끝에 얻어진 결과를 표현한다. 예컨대 페니실린, 테스토스테론, 콜레스테롤 같은 물질의 특성을 분자 구조에 의해서 규명한 일이 그런 실례다. 이런 일은 생물학적 용어를 순전히 화학적 용어에 의해서 "정의"할 수 있음을 보여주고 있다고 하겠다. 그러나 이러한 정의가 생물학적 용어의 의미를 분명히 드러내려고 만들어지는 것은 아니다. 예컨대 "페니실린"이란 용어의 원래의 의미는 페니실륨 노타툼이라는 곰팡이에 의해서 만들어진 항균 물질을 가리키는 것이었고, 또 테스토스테론은 고환에서 만들어지는 남성의 성호르몬을 뜻한다고 정의되었다. 다른 생물학적 용어도 이와 마찬가지 방식으로 의미가 부여될 것이다. 이런 물질을 그 분자 구조에 의해서 규정하는 일은 그 용어의 의미 분석에 의해서 달성되는 것이 아니라 화학적 분석에 의해서 달성된다. 따라서 그 결과는 논리적 발견이나 철학적 발견이 아니라 생화학적 발견이다. 이 발견은 두 어구의 **동의성**(同義性)을 주장하는 진술에 의해서 표현될 수 있는 것이 아니라 경험적 법칙에 의해서 표현될 수 있을 뿐이다. 실제로 화학적으로 이러이러한 특성을 갖는다는 규정을 어떤 생물학적 용어에 대한 새로운 정의로 승인하는 일은 그 용어의 의미나 내포의 변화뿐만 아니라 외연의 변화까지도 일으킨다. 왜냐하면 화학적 특성만으로 이루어진 기준은 생물체에 의해서 만들어진 것이 아니라 실험실에서 합성된 물질을 어떤 것은 페니실린으로 인정하고, 어떤 것은 테스토스테론으로 인정할 것이기 때문이다.

하지만 이러한 외연적 정의를 확립하는 일은 어쨌든 경험적 연구를 필요로 한다. 그러므로 우리는 일반적으로 생물학적 용어가 물리학적 용어와 화학적 용어만으로 "정의될 수" 있는가라는 문제는 그 생물학적 용어의 의미를 그저 음미함으로써 해결될 수 없으며, 또 어떠한 비경험적 절차에 의해서도 해결될 수 없다. 그러므로 M′₁의 주장은 **선천적 근거**(先天的 根據, a priori ground)에 입각한 논증, 다시 말해서 경험적 증거에 "선행하는" 논증 — 더 나은 표현을 말하면 경험적 증거와 "관계없이" 전개되는 사변 — 에 의해서는 확립될 수도 없고 논박될 수도 없다.

8.3 법칙의 환원   이제 앞에서 기계론을 해석할 때에 나타났던 두 번째 주장 즉 M′₂를 검토해보자. M′₂는 생물학의 법칙과 이론적 원리는 물리학과 화학의 법칙과 이론적 원리로부터 유도될 수 있다고 주장한다. 순전히 물리학적 용어와 화학적 용어로만 표현된 진술로부터 진행되는 **논리적 해석**이 참으로 생물학적 법칙을 만들어내지는 못할 것이다. 왜냐하면 진정한 생물학 법칙이라면 분명히 생물학적 용어를 포함해야 할 터인데, 전제에 생물학적 용어가 없으니까 결론에도 생물학적 용어가 나타날 수 없기 때문이다.[1] 참으로 생물학적인 법칙을 얻

---

[1]   일련의 전제로부터 논리적으로 연역할 수 있는 귀결이 어떤 "새로운" 용어, 즉 전제 속에 등장하지 않은 용어를 포함할 수 없다는 것은 명백한 것처럼 보일 것이다. 그러나 사실은 그렇지 않다. "기체가 일정한 압력 아래서 가열되면 팽창한다."는 물리학적 진술은 "기체가 일정한 압력 아래서 가열되면 팽창하거나 모기떼로 변한다."는 진술을 논리적으로 함의한다. 그렇다면 이런 방식으로 생물학적 진술이 오로지 물리학적 진술만으로부터 연역될 수 있다. 그러나 동일한 물리학적 전제로부터 "기체가 일정한 압력 아래서 가열되면 팽창하거나 모기떼로 변하지 않는다."라는 진술 역시 연역될 수 있으며, 또 "기체가 일정한 압력 아래서 가열되면 팽창하거나 쥐로 변한다." 등등의 진술도 연역될 수 있다. 일반적으로 주어진 물리학적 법칙으로부터 연역될 수 있는 여하한 생물학적 진술도 이와 같은 기이한 특성을 지니게 마련이다. 즉 만일 물리학적 법칙으로부터 연역된 진술에 나타나는 생물학 고유의 용어가 그 부정이나 임의의 다른 용어에 의해 대치되면, 그렇게 해서 얻어진 문장도 마찬가지로 물리적 법칙으로부터 연역될 수 있다. 이 점에서 물리학적 법칙은 어떤 특수한 생물학적 현상에 대해 설명을 제공하지 못하고 만다.

기 위해서는 물리-화학적 특성과 생물학적 특성 사이의 연결 관계를 설명하는 전제가 추가될 필요가 있을 것이다. 이 경우의 **논리적 상황**은 이론을 전제로 삼고 설명하는 경우와 똑같다. 이론을 전제로 삼고 설명하는 경우에는 전이론적 용어로만 표현될 수 있는 귀결을 연역해내기 위해서 **교량 원리**가 **내부 원리**에 추가될 필요가 있기 때문이다. 물리-화학적 법칙으로부터 생물학적 법칙을 연역하기 위해서 추가될 필요가 있는 전제는 생물학적 용어와 물리-화학적 용어를 둘 다 포함해야 할 것이고, 그래서 현상이 지닌 어떤 물리-화학적 측면을 어떤 생물학적 측면에 연결시키는 법칙의 성격을 띨 것이다. 현상의 물리-화학적 측면과 생물학적 측면을 결합시키는 이런 종류의 진술은 방금 고찰한 바와 같은 특수한 형식의 법칙으로 이해될 수 있는데, 이런 법칙이 생물학적 용어에 외연적 정의를 부여할 수 있는 기초를 마련한다. 요컨대 이런 진술은 어떤 물리-화학적 특성 — 이를테면 어떤 물질이 이러이러한 분자 구조로 이루어졌다는 것 — 이 있다는 사실이 어떤 생물학적 특성 — 예컨대 남성의 성호르몬이라는 성질 — 이 있기 위한 필요 충분 조건이라고 주장한다. 그러나 현상의 물리-화학적 측면과 생물학적 측면을 결합시키는 진술들 가운데에는 **필요 충분 조건**을 언급하지 않는 진술이 있는데, 이런 진술은 어떤 주어진 생물학적 특성에 대해서 필요 조건이긴 하지만 충분 조건은 아닌 물리-화학적 조건, 또는 충분 조건이긴 하지만 필요 조건은 아닌 물리-화학적 조건을 표현할 것이다. "척추동물이 있는 곳에는 산소가 있다." "모든 신경 섬유는 전기 충격에 반응을 보인다."와 같은 일반 명제는 첫 번째 종류의 진술, 즉 필요 조건이긴 하지만 충분 조건은 아닌 관계를 표현하는 진술이다. "신경 가스 타분(tabun)은 (이 물질의 분자 구조에 의해서 규정되었다 치고) 사람의 신경 활동에 장애를 일으켜 죽음에 이르게 한다."는 진술은 두 번째 종류의 진술, 즉 충분 조건이긴 하지만 필요 조건은 아닌 관계를 표현하는 진술이다. 이외에도 다른 유형의 결합 관계를 주장하는 진술이 있을 수 있을 것이다.

생물학적 법칙이 물리-화학적 법칙으로부터 유도되는 매우 단순한 한 가지 형식이 다음과 같이 개략적으로 설명될 수 있을 것 같다. 이제 "P_1" "P_2"가 오직 물리-화학적 용어만으로 이루어진 표현이라 하고, "B_1" "B_2"가 분명히 생물학적 용어를 하나 이상 포함하고 있는 (그리고 그 밖에 물리-화학적 용어도 포함할 수 있는) 표현이라고 하자. 그리고 "P_1이 성립하는 모든 경우에 P_2가 성립한다."는 진술이 물리-화학적 법칙인데(이 진술을 L_p라 하자), 다음과 같은 결합 법칙 "B_1이 성립하는 모든 경우에 P_1이 성립한다."와 "P_2가 성립하는 모든 경우에 B_2가 성립한다."는 두 진술이 주어졌다고 하자. (첫 번째 결합 법칙은 P_1이라는 물리-화학적 조건이 B_1이라는 생물학적 상태나 조건이 출현하기 위한 필요 조건이라고 주장하고 있으며, 두 번째 결합 법칙은 P_2라는 물리-화학적 조건이 B_2라는 생물학적 상태가 일어나기 위한 충분 조건이라고 주장하고 있다.) 그렇다면 바로 깨달을 수 있는 바와 같이, 최초의 전제인 물리-화학적 법칙 L_p에 두 개의 결합 법칙을 전제로 추가하면, L_p로부터 순수하게 생물학적인 법칙, 즉 "B_1이 성립하는 모든 경우에 B_2가 성립한다."(또는 "B_1이라는 생물학적 상태가 나타날 때에는 언제나 B_2라는 상태도 나타난다.")는 법칙이 논리적으로 연역될 수 있다.

그래서 일반적으로 생물학적 법칙이 물리-화학적 법칙에 의해서 설명될 수 있는 범위는 적절한 결합 법칙이 확립될 수 있는 범위에 의해서 결정된다. 따라서 이 문제의 경우에도 **선천적 논증**에 의해서 결말

이 날 수 없고, 그 답은 오직 생물학적 연구와 생물리학적 연구에 의해서만 발견될 수 있을 뿐이다.

8.4 기계론에 대한 새로운 해석

물리학의 이론과 화학의 이론, 그리고 현재 사용할 수 있는 결합 법칙은 확실히 생물학의 용어와 법칙을 물리학과 화학의 용어와 법칙으로 환원하기에 충분하지 못하다. 그러나 이 분야에서 진행되는 연구는 급속히 발전하고 있고, 또 생물학적 현상을 물리-화학적으로 해석할 수 있는 범위를 끊임없이 확대하고 있다. 그렇기 때문에 기계론의 주장은 과학적 연구가 계속 진전되면, 결국에는 생물학이 물리학과 화학에 환원될 것이라는 견해로 해석하는 사람이 있을 수도 있겠다. 그러나 기계론을 이렇게 생각하는 것은 약간의 주의를 필요로 한다. 지금까지의 논의에서는 한쪽에 물리학과 화학의 용어가 있고 다른 쪽에 명백히 생물학적인 용어가 있다는 식으로 둘 사이에 분명한 구별이 이루어질 수 있다고 가정했다. 그리고 실제로도 현재 사용되고 있는 어떤 과학적 용어가 우리에게 제시되는 경우에, 아마 우리는 그 용어가 물리-화학적 용어에 속하는지 생물학적 용어에 속하는지, 아니면 그 어느 쪽에도 속하지 않는지 직관적으로 결정하는 데 아무런 어려움도 느끼지 않을 것이다. 그러나 지금 사용되고 있는 어떤 과학적 용어와 장래에 도입될지도 모르는 어떤 용어가 어떤 하나의 개별 과학만 사용하는 특정한 어휘군에 속한다고 명백하게 결정할 수 있도록 해줄 **일반적 판정 기준**을 분명하게 정립하는 일은 지극히 어려울 것이다. 사실 그런 기준을 제시하기는 불가능할 것이다. 왜냐하면 앞으로 연구가 진전됨에 따라서 오늘날 물리학과 화학 사이의 경계선이 모호해진 것과 마찬가지로 생물학과 물리학-화학 사이를 나누는 경계선이 모호해질 것이기 때문이다. 미래의 이론은 당연히 새로운 종류의 용어, 즉 지금 생물학적 현상으로 간주되는 현상과 지금 물리학적 현상이나 화학적 현상으로 간주되는 현상을 둘 다 함께 설명하는 더 포괄적 이론 속에서 기능을 발휘하는 용어에 의해서 표현될 것이다. 이처럼 포괄적이고 통일된 이론이 사용하는 어휘에 대해서 물리-화학적 용어와 생물학적 용어를 나누는 구별을 적용하는 일은 아무런 의의도 없을 것이고, 생물학이 결국에는 물리학과 화학으로 환원될 것이라는 생각은 아무런 의미도 갖지 못하게 될 것이다.

그렇지만 그런 이론적 발전은 아직 우리 눈앞에 이루어져 있지 않다. 그래서 당분간은 아마 기계론이 생물학적 과정의 특성에 관한 구체적 주장이나 이론은 아니지만 **발견으로 이끄는 격률**, 즉 **연구의 진행을 이끄는 지도 원리**로 해석할 수 있다고 생각하는 것이 가장 좋을 것이다. 기계론을 이렇게 이해하면, 기계론은 과학자들에게 물리학과 화학의 개념과 원리는 생명 현상에 대한 적절한 설명을 만들어내는 데 무력하다고 생각하여 단념하지 말고 생물학적 현상에 대해서 기초적인 물리-화학적 이론을 탐구하는 일에 몰두하라고 요구하고 있는 것이다. 기계론을 연구의 지도 원리로 받아들이고 진행된 생물리학적 연구와 생화학적 연구가 매우 성공적이라는 것은 확실하게 증명되어오고 있다. 기계론의 이 성과야말로 생명에 대한 생기론적 견해가 이에 필적할만한 것을 제시할 수 없는 기계론만의 신임장이다.

8.5 심리학의
환원 – 행동주의

환원 가능성에 관한 문제는 생물학 이외의 과학적 연구 분야에 대해서도 제기되어왔다. 이 문제는 심리학의 경우에 특히 흥미롭다. 그 이유는 심리학의 경우에는 환원 가능성의 문제가 유명한 **심신 문제**(心身 問題, psycho-physical problem), 즉 마음과 몸의 관계에 관한 문제와 직접 관련되어 있기 때문이다. **환원주의자**가 심리학에 관해서 주장하는 견해를 개략적으로 말하면, 모든 심리적 현상은 성격상 근본적으로 생물학적 현상이거나 물리-화학적 현상이라는 것이다. 좀 더 정확히 말하면 심리학에 특유한 용어와 법칙은 생물학 · 화학 · 물리학의 용어와 법칙에 순차적으로 환원될 수 있다는 것이다. 이 경우의 환원도 이미 앞에서 정의했던 뜻으로 이해될 수밖에 없고, 그래서 이 문제에 대해서 개진되었던 일반적 논평이 심리학의 경우에도 역시 적용된다. 그러므로 심리학적 용어를 환원시키는 "정의"는 심리학적 용어가 나타내는 정신적 특성 · 상태 · 과정(예컨대 지능 · 배고픔 · 환각 · 꿈)이 일어나기 위해서 필요하고 충분한 생물학적 조건이나 물리-화학적 조건을 명확하게 진술해야 할 것이다. 그리고 심리학적 법칙의 환원은 심리학적 용어뿐만 아니라 생물학이나 물리-화학적 용어를 포함하는 적절한 결합 법칙을 필요로 할 것이다.

이처럼 환원을 위해서 소용되는 **결합 원리**, 즉 어떤 특정한 심리적 상태가 일어나기 위한 필요 조건이나 충분 조건 또는 필요 충분 조건을 나타내는 결합 원리의 실례로 다음과 같은 것을 들 수 있다. 사람에게 먹을 것 · 마실 것 · 휴식의 기회를 주지 않는다는 것은 각각 배고픔 · 목마름 · 피로가 일어나는 충분 조건이다. 어떤 약을 투여하는 일은 환각이 나타나기 위한 충분 조건일 것이고, 어떤 신경 결합이 이루어지는 것은 어떤 감각의 생성 — 한 예로 시지각(visual perception) — 이 이루어지는 필요 조건이며, 뇌에 산소를 적당히 공급하는 일은 정신적 활동은 물론 의식 자체가 존재하기 위한 필요 조건이다.

심리적 상태와 사건을 나타내는 생물학적 표지들이나 물리학적 표지들 가운데서 특히 중요한 것은 그런 심리적 상태나 사건을 일으키고 있다고 여겨지는 사람이 보여주는 **공개적으로 관찰할 수 있는 행동**이다. 이처럼 심리적 상태나 사건을 나타내는 행동은 직접 관찰할 수 있는 굉장히 많은 현상을 포용하는 두 그룹으로 나누어 이해해볼 수 있는데, 하나는 신체의 움직임 · 얼굴의 표정 · 홍조 · 언어적 발언 · 어떤 일(심리학적 시험이 부과하는 것과 같은 일)의 수행 등이고, 또 하나는 혈압이나 맥박의 변화 · 피부의 전기 저항 · 혈액의 화학적 성질 변화 등과 같은 훨씬 미세한 여러 가지 반응이다. 그래서 피로는 언어적 발언 — "나는 피곤하다." 등 — 을 하는 것 · 어떤 일을 수행하는 능률과 품질의 저하 · 하품 · 생리적 변화로 나타날 수 있을 것이다. 어떤 감정적 과정과 정서적 과정은 "거짓말 탐지기"에 의해서 측정되는 바와 같이 피부의 전기 저항으로 나타나는 변화를 수반한다. 어떤 사람이 주장하는 선호와 가치는 문제의 사물과 관련된 선택의 상황이 주어지면 그가 보이는 반응으로 나타난다. 어떤 사람의 신념은 그 사람으로부터 끌어낼 수 있는 언어적 발언으로 나타나기도 하고, 그 사람이 행동하는 방식, 예컨대 도로가 폐쇄되었다고 믿고 있는 운전자의 신념은 우회로를 택하는 것으로 표현되는 방식으로 나타나기도 한다.

심리학에서는 어떤 심리적 상태에 있거나 어떤 심리적 특성을 지닌 피험자가 특정한 "자극"이나 "시험 상황"에 대해서 특유하게 보여주는 경향이 있는 어떤 종류의 "공공연한 행동"(누구나 관찰할 수 있는 행동)이 문제의 심리적 상태나 심리적 특성이 어떤 사람에게 실제로 있는가 없는가를 확인하기 위한 **조작적 기준**으로 널리 사용되고 있다. 지능이나 내향성을 알아보기 위해서라면, 시험 상황은 피험자에게 그 목적에 적절한 질문지를 제시함으로써 만들어질 수 있는데, 이 경우 피험자의 반응은 피험자가 작성하는 대답으로 나타난다. 또 동물의 식욕의 강도는 침의 분비, 그 동물이 식품에 도달하기 위해서는 받을 수밖에 없도록 되어 있는 전기 충격의 강도, 그 동물이 먹어치우는 식품의 양 등등과 같은 여러 가지 행동상의 특징으로 나타날 것이다. 자극과 반응이 생물학적 용어나 물리-화학적 용어로 기술될 수 있는 범위까지는 위의 방식으로 이루어진 기준이 심리학적 표현의 의미를 생물학, 화학, 물리학의 전용 어휘를 사용하여 부분적으로 명료화한다고 인정해도 좋을 것이다. 흔히 이런 기준이 조작적 정의로 불리는 수가 있지만, 사실은 이런 기준은 심리학적 용어가 나타내는 심리적 상태나 사건에 대한 필요충분 조건을 결정하지 못한다. 따라서 이 경우의 논리적 상황은 앞에서 물리학적 용어와 화학적 용어에 대한 생물학적 용어의 관계를 검토할 때에 부딪혔던 논리적 상황과 아주 비슷하다.

　행동주의(行動主義, behaviorism)는 여러 가지 형태로 주장되면서도 하나의 학파를 형성하고 있지만, 그 모든 형태의 행동주의가 근본적으로 **환원주의**를 지향하고 있다. 좀 더 엄밀히 말하면 행동주의는 심리 현상에 관한 논의를 행동 현상에 관한 논의로 환원시키려고 노력하고 있다. 행동주의에 속하면서 심리학의 가설과 이론에 대한 객관적이고 공개적인 시험 가능성을 확보하는 일에 지대한 관심을 가지고 있는 한 학파는 모든 심리적 용어가 행동을 나타내는 용어에 의해서 분명하게 구체화된 적용 기준을 가져야 하며, 따라서 심리학의 가설과 이론이 공개적으로 관찰할 수 있는 행동에 관한 시험 명제를 만들어내야 한다고 강조한다. 이 학파는 특히 **내성**(內省, introspection)과 같은 방법에 대해서는 전혀 신뢰할 수 없다고 거부하는데, 그 이유는 내성이라는 방법이 오직 피험자가 스스로의 정신 세계를 현상주의적으로 탐사할 때에만 사용될 수 있기 때문이다. 따라서 이 학파는 내성적 방법에 의해서 확인되었다고 주장되는 "사적"(私的) 심리 현상, 예컨대 감각 · 감정 · 희망 · 공포 등은 어느 것도 심리학의 자료로 인정하지 않는다.

행동주의자들은 심리적 특성 · 상태 · 사건에 대해서 행동에 입각한 객관적 기준을 강조하는 점에서는 일치하지만, 심리 현상이 그에 대응하는 (흔히 지극히 미세하고 복잡한) 행동 현상과 구별되는가 안 되는가라는 문제 — 즉 행동 현상은 과연 심리 현상의 공개적 징후인가라는 문제나 심리 현상은 행동이 보여주는 복잡한 특성이나 상태나 사건과 (어떤 명확한 의미에서) 동일한가라는 문제 — 에 관해서는 의견이 서로 다르거나 아니면 확실한 대답을 하지 않는다. 심리학적 개념에 대한 철학적 분석에 강력한 영향을 끼치고 있는 최근의 **변형된 행동주의 학파**는 심리적 용어가 표면상으로는 정신 상태와 "마음속의" 과정에 대해서 언급하지만 실제로는 행동이 지닌 다소 복잡한 측면 — 특히 특정한 상황 속에서 특유한 방식으로 행동하는 성질이나 성향 — 에 관해서 말하는 도구로 사용되고 있을 뿐이라고 주장한다. 이 견해에 따르면 어떤 사람에 대해서 이지적이라고 말하는 것은, 그가 어떤 특유한 방식 — 즉 보통 우리가 그 상황 속에서의 그런 행동이라면 이지적인 행동이라고 인정할만한 행동 방식 — 으로 행동하기 쉽다거나 행동하는 성향을 갖고 있다고 말하는 것과 같다. 어떤 사람에 대해서 러시아어를 할 줄 안다고 말하는 것은 물론 그가 무언가를 표현하기 위해서 러시아어로 끊임없이 말하고 있다는 것이 아니라, 그가 어떤 특별한 종류의 행동 — 즉 특정한 상황에서 나타나고 또 러시아어를 이해하고 말하는 사람에게만 특유하다고 일반적으로 인정되는 행동 — 을 할 수 있다고 말하는 것이다. 비엔나에 대하여 생각하다, 재즈를 좋아하다, 정직하다, 잊어버리다, 어떤 사물을 보다, 어떤 욕망을 갖고 있다 등등도 모두 똑같은 방식으로 이해될 수 있다. 이 행동주의 학파는 심리적 용어를 이런 방식으로 해석하면 심신 문제의 이해하기 어려운 측면이 해결된다고 주장한다. 왜냐하면 그렇게 해석할 경우에는 "기계 속의 유령"[2]을 찾는 일, 즉 신체라는 표면의 "배후에서" 움직이는 정신적 대상과 과정을 찾는 일이 무의미해지기 때문이다. 하나의 비유를 생각해보자. 우리는 정확하게 시각을 알려주는 시계에 대해서 아주 고도의 정확성이 있다고 말한다. 그런데 이 시계에 아주 고도의 정확성이 있다고 말하는 것은 이 시계가 시각을 잘 맞추는 경향이 있다고 말하는 것이나 마찬가지다. 그러므로 "정확성"이라는 비물질적 요인이 시계라는 기계에 어떤 방식으로 작용하는가라고 묻는 것은 무의미한 물음이다. 한편 시계의 작동이 멈출 때에 "정확성"에 어떤 일이 일어나는가를 묻는 것도 무의미한 물음이다. 이와 마찬가지로 어떻게 정신적 사건이나 특성이 생물체의 행동에 영향을 미치는가라고 묻는 물음도 이 행동주의 학파의 해석에 따르면 무의미한 물음이다.

이 생각은 심리학적 개념의 역할을 명료하게 하는 데 대단히 큰 기여를 했는데, 기본 주장은 분명히 **환원주의**이다. 이 생각은 심리학의

---

2   이 표현은 Gilbert Ryle의 것이다. Ryle은 *The Concept of Mind* (London: Hutchinson, 1949)라는 자극적이고 영향력 있는 책에서 심리적 현상을 표현하는 어법에 관해 자신의 견해를 자세히 설명하고 있는데, Ryle의 견해는 이 절에서 간략하게 서술한 그런 점에서 행동주의적 견해이다.

개념들을 행동의 미묘한 유형에 관해서 언급하는 효과 있고 편리한 방식을 제공하는 것으로 설명하고 있다. 하지만 이 생각을 입증하려는 논증은 심리학의 모든 개념이 공개적 행동과 행동 성향을 기술하기 위해서 필요한 그런 종류의 비심리학적 개념의 도움을 받아 실제로 정의될 수 있다는 결론을 확립하지 못하는데, 거기에는 두 가지 이유가 있다. 첫째는 한 사람이 (한 예로) "이지적으로 행동할 수 있는" 모든 종류의 상황과, 그런 상황 하나하나 속에서 이지적인 행동으로 간주될 모든 특수한 행동이 분명하고 완전한 해명적 정의에 의해서 총괄될 수 있다는 것이 매우 의심스럽다. 둘째는 지능이나 용기나 악의가 스스로를 공개적 행동으로 드러나도록 만드는 상황과 방법이 "순수하게 행동주의적 용어"에 의해서 정확하게 진술될 수 없는 것 같다. 이런 진술 속에는 생물학적 용어 · 화학적 용어 · 물리학적 용어뿐만 아니라 일상 언어의 비전문적 표현 — 예컨대 "머리를 흔들다" "손을 내밀다" "몸을 움츠리다" "얼굴을 찡그리다" "소리 내어 웃다" 등의 표현 — 이 등장할 것이다. 또 "피로하다" "이지적이다" "러시아어를 안다"와 같은 용어가 암시한다고 여겨지는 행동 유형이나 행동 성향과 행동 능력을 종류별로 가려 규정하기 위해서 당연히 심리학적 용어가 필요할 것 같다. 왜냐하면 어떤 행위자가 주어진 상황 속에서 행한 공공연한 행동이 이지적이다, 용감하다, 무모하다, 예의 바르다, 무례하다 등으로 인정되는 것은 오로지 그 상황을 형성한 사실이 어떠한 사실인가에만 의존하는 것이 아니라, 그 행위자가 자신이 처해 있는 상황에 관해서 알고 있거나 믿고 있는 것에 훨씬 더 근본적으로 의존할 것이기 때문이다. 굶주린 사자가 웅크리고 숨어 있는 수풀을 향해서 활달하게 걸어가고 있는 사람이 있다 하더라도, 만일 그가 그 수풀 속에 사자가 있다는 것을 믿지 않는다면 — 그러므로 또한 알지 못한다면 — 그 사람은 용감하게 행동하고 있는 것이 아니다. 마찬가지로 어떤 사람이 주어진 상황 속에서 행한 행동이 이지적인가 아닌가는 그가 그 상황에 관해서 믿고 있는 것과 그가 자신의 행위를 통해서 이루려고 원하는 목표에 달려 있을 것이다. 심리학적 용어가 언급하는 행동 유형·행동 성향·행동 능력의 특징을 묘사하기 위해서는 우리는 적절한 행동주의적 용어뿐만 아니라 심리학적 용어도 필요로 하는 것 같다. 이제까지의 고찰은 물론 심리적 용어를 행동주의적 용어로 환원시키는 일이 불가능하다는 것을 증명하지 못했지만, 그러한 환원의 가능성이 지금까지 검토해본 그런 종류의 분석에 의해서는 확립되지 못했다는 것을 우리에게 알려주고 있다.

심리학이 결국에는 이 학문으로 환원되어버리지 않을까라고 생각되었던 또 다른 과학으로는 생리학, 특히 정신 생리학이 있다. 그러나 이 경우에도 앞에서 우리가 구체적으로 열거했던 그런 의미의 완전한 환원은 희미하게조차도 눈에 띄지 않고 있다.

환원 가능성의 문제는 사회 과학에서도 일어난다. 이 경우에는 특히 **방법론적 개인주의**(方法論的 個人主義, methodological individualism)라는 신조와 관련해서 일어난다.[3] 방법론적 개인주의는 모든 사회적 현상이 반드시 개인으로서의 행위자가 행동할 때에 처해 있었던 상황과 개인의 행동에 관한 법칙과 이론을 참조해서 기술되고 분석되고 설명되어야 한다는 주장이다. 행위자가 처한 "상황"에 대한 기술은 행위자의 생리적 상태와 환경이 지니고 있는 다양한 생물학적 요인·화학적 요인·

---

[3] 이 주장에 대한 명쾌한 논의는 Ernest Nagel의 *The Structure of Science*의 535-546쪽에서 볼 수 있다.

물리학적 요인뿐만 아니라, 행위자의 동기와 신념도 고려하지 않으면 안 될 것이다. 그러므로 방법론적 개인주의라는 신조는 사회 과학 — 집단 심리학, 경제 행동 이론 등등까지 포함하는 넓은 의미의 사회 과학 — 에 고유한 개념과 법칙을 개인에 관한 심리학 · 생물학 · 화학 · 물리학의 개념과 법칙으로 환원시킬 수 있다고 주장하는 것으로 간주될 수 있다. 그러나 이 주장에 의해서 야기되는 문제는 이 책의 범위를 벗어나 있다. 이런 문제는 사회 과학 철학, 즉 사회 과학에 관한 철학에 속한다. 여기서는 다만 이론적 환원 문제에 대한 예증을 조금 더 확장하면서 자연 과학과 사회 과학 사이에 성립하는 많은 논리적 유사성과 방법론적 유사성의 실례를 보여주기 위해서 언급했을 따름이다.

독서 안내

아래의 목록은 과학 철학의 이해를 심화시키기 위해서 저자가 선택한 소수의 책일 뿐이다. 그러나 이 목록에 실려 있는 대부분의 책은 과학 철학 분야의 많은 저술을 참고하면서 소개하고 있으므로 더 많은 책을 알고 싶은 독자는 아래의 책들을 살펴보면 될 것이다.

과학 철학의 주제들에 관한 논문집

A. Danto and S. Morgenbesser, eds., *Philosophy of Science*, New York: Meridian Books, 1960. (Paperback.)

H. Feigl and M. Brodbeck, eds., *Readings in the Philosophy of Science*. New York: Appleton-Century-Crofts, 1953.

E. H. Madden. ed., *The Structure of Scientific Thought*. Boston: Houghton Mifflin Company, 1960.

P. P. Wiener, ed., *Readings in Philosophy of Science*. New York: Charles Scribner's Sons, 1953.

한 저자에 의한 저서

N. Campbell, *What Is Science?* New York: Dover Publications, 1952. (Paperback.) 법칙, 이론, 설명, 측정에 관한 명쾌한 입문서.

R. Carnap, *Philosophical Foundations of Physics*, ed. Martin Gardner. New York, London: Basic Books, Inc., 1966. 가장 저명한 현대의 논리학자이면서 과학 철학자 중의 한 사람이 펴낸 "물리학에 관한 철학"의 광범위한

문제들에 대한 매력 있는 입문서.

P. Caws, *The Philosophy of Science*. Princeton: D. Van Nostrand Co., 1965. 과학적 이론 구성이 지니고 있는 현저한 세 측면들, 즉 논리적 측면, 방법론적 측면, 철학적 측면을 검토한 명석한 입문서.

A. Grünbaum, *Philosophical Problems of Space and Time*. New York: Alfred A. Knopf, 1963. 공간과 시간에 관한 최근의 물리학적 이론과 수학적 이론에 비추어서 공간과 시간의 구조를 매우 충실하고 주의 깊게 음미한 아주 수준 높은 저작.

N. R. Hanson, *Patterns of Discovery*. Cambridge, England: At the University Press, 1958. 물리학에서 고전적 입자 이론과 현대적 입자 이론을 인용해서 과학적 이론의 기초와 기능에 대하여 논하고 있는 시사하는 바가 많은 저작.

C. G. Hempel, *Aspects of Scientific Explanation and Other Essays in the Philosophy of Science*. New York: The Free Press, 1965. 자연 과학, 사회 과학, 역사학에서의 개념 구성과 설명에 관한 여러 편의 논문을 담고 있다.

E. Nagel, *The Structure of Science*. New York: Harcourt, Brace & World, Inc., 1961. 자연 과학, 사회 과학, 역사학에서의 법칙, 이론, 설명 양식에 관해서 폭넓고 다양한 방법론적 문제들과 철학적 문제들을 세세한 구석까지 해명하는 체계적 개관과 분석을 보여주는 탁월한 저작.

K. R. Popper, *The Logic of Scientific Discovery*. London: Hutchinson and Co., New York: Basic Books, Inc., 1959. (Also in paperback.) 특히 과학적 이론의 논리적 구조와 시험에 관한 문제들을 다루고 있는데, 흥미를 북돋우는 독창적 저작. 상당히 수준이 높은 저작.

H. Reichenbach, *The Philosophy of Space and Time*. New York: Dover Publications, 1958. (Paperback.) 특수 상대성 이론과 일반 상대성 이론에 비추어 공간과 시간의 본성에 대해서 명쾌하게 고찰하고 있다. 상당히 전문적인 저작.

I. Scheffler, *The Anatomy of Inquiry*. New York: Alfred A. Knopf, 1963. 설명, 경험적 의미, 확증이라는 개념에 대해서 분석적으로 접근한 수준 높은

저작.

S. Toulmin, *The Philosophy of Science*. London : Hutchinson's University
　　Library, 1953. 특히 법칙과 이론의 성격, 그리고 과학적 결정론을 다루고
　　있으며, 시사하는 바가 많은 입문서.

물리 과학만 자세히 음미한 저서

　　과학에 관한 어느 정도의 지식, 그리고 될 수 있으면, 과학사의 지식을 겸해
서 지니는 일은 과학 철학의 문제들에 대한 연구에 지극히 바람직한 일이다. 왜냐
하면 이 분야의 수준 높은 저작들을 이해하기 위해서는 과학에 관한 지식이 반드
시 필요하기 때문이다. 아래의 두 책은 물리 과학의 기초 개념들과 방법들, 그리
고 그것들의 역사적 발전 과정을 크게 중시하면서, 물리 과학에 관하여 감탄할만
큼 명쾌하고 또 풍부한 내용을 갖춘 설명을 보여주는 입문서이다. (그러나 분명
히 통속적 과학서가 아니다.)

G. Holton and D. H. D. Roller, *Foundations of Modern Physical Science*.
　　Reading, Mass. : Addison-Wesley Publishing Co., 1958.

E. Rogers, *Physics for the Inquiring Mind*. Princeton : Princeton University
　　Press, 1960.

찾아보기

[ㅇ]